总主编 ◎ 楼宇烈

羊皮卷珍藏版

中|华|优|秀|传|统|文|化|经|典|丛|书

吕洞宾《百字铭》

华胥子 ◎ 译注

华龄出版社
HUALING PRESS

图书在版编目（CIP）数据

吕洞宾《百字铭》/ 华胥子译注 . -- 北京 ：华龄
出版社 , 2023.5
（中华优秀传统文化经典丛书 / 楼宇烈主编）
ISBN 978-7-5169-2497-6

Ⅰ . ①吕… Ⅱ . ①华… Ⅲ . ①道家－哲学思想－研究
Ⅳ . ① B223.05

中国国家版本馆 CIP 数据核字 (2023) 第050379号

| 策　　划 | 善品堂藏书 | 责任印制 | 李未圻 |
| 责任编辑 | 陈　馨　彭　博 | 装帧设计 | 田越铎 |

书　名	吕洞宾《百字铭》	译　注	华胥子
出　版	华龄出版社 HUALING PRESS		
发　行			
地　址	北京市东城区安定门外大街甲 57 号	邮　编	100011
发　行	（010）58122255	传　真	（010）84049572
承　印	天津创先河普业印刷有限公司		
版　次	2023 年 5 月第 1 版	印　次	2023 年 5 月第 1 次印刷
规　格	889mm×1194mm	开　本	1/32
印　张	12	字　数	212 千字
书　号	ISBN 978-7-5169-2497-6		
定　价	86.00 元		

中华优秀传统文化经典丛书

编委会秘书处

何德益　江　力　于　始　邹德金

出版缘起

文化是一个国家、一个民族的灵魂。泱泱华夏，五千年文明历史所孕育的中华优秀传统文化，是中华民族生生不息、发展壮大的丰厚土壤。

党的十八大以来，以习近平同志为核心的党中央高度重视中华优秀传统文化的传承与发展。2013 年 11 月 26 日，习近平总书记在山东曲阜孔府和孔子研究院考察时强调："要大力弘扬中国传统文化。"2022 年 6 月 8 日，习近平总书记在四川眉山三苏祠考察时指出："要善于从中华优秀传统文化中汲取治国理政的理念和思维。"2017 年 1 月，中共中央办公厅、国务院办公厅印发《关于实施中华优秀传统文化传承发展工程的意见》，系统部署传承发展中华优秀传统文化的战略任务，把传承中华优秀传统文化提升到新的历史高度。2022年4月，中共中央办公厅、国务院办公厅印发《关于推进新时代古籍工作的意见》，明确指出，要完善古籍工作体系、提升古籍工作质量，"挖掘古籍时代价值""促进古籍有效利用""做好古籍普及传播"。

中华传统文化是中华民族的"根"与"魂"。文化兴则国家兴，文化强则民族强。没有高度的文化自信，没有文化的繁荣兴盛，就没有中华民族的伟大复兴。党的十九届六中全会强调，要"推动中华优秀传统文化创造性转化、创新性发展"。为适应全民阅读、共读经典的时代需求，我们组织出版《中华优秀传统文化经典丛书》，以展示古籍研究领域的成果，推广、普及中华优秀传统文化经典，传承、弘扬中华优秀传统文化，提振当代中国人的文化自信。

激活经典，熔古铸今。丛书精选中华优秀传统文化经典，既选取广为人知的历史沉淀下来的传世经典，也增选极具价值但多部大型丛书未曾选入的珍稀出土文献（如诸多竹简、帛书典籍），充分展示中华传统文化的历史脉络与宏富多元。丛书由众多学识渊博的专家学者担任编委，遴选各领域杰出研究者与传承人担任解读（或译注）作者，切实保证作品品质。

丛书定位为中华优秀传统文化经典普及读物，力求能让广大读者亲近经典、阅读经典，充分领略和感受中华优秀传统文化的魅力，并从中获益。为此，解读者（或译注者）以当代价值需求为切入点解读古代典籍，全方位解决古文存在的难读难解、难以亲近的问题，让中华优秀传统文化贴近现实生活，走进人们的心中，最大限度地发挥以文化人的作用。

"问渠那得清如许？为有源头活水来。"博大精深的中华文化源远流长，五千年文脉绵延不绝，中华优秀传统文化是中华儿女奋发图强、继往开来、实现民族伟大复兴的强大精神来源。"洒扫应对，莫非学问。"读者诸君若能常读经典、读好经典，真正把传统文化的精义、真髓切实融入生活和工作，那各位的知与行也一定能让生活充满希望，让工作点亮未来，让国家昌盛，让世界更美好！

丛书编委会
2022 年 6 月 9 日

前　言

　　吕洞宾，名喦（"喦"或作"岩"），字洞宾，道号纯阳子，自称回道人，河东蒲州河中府（今山西芮城永乐镇）人。吕洞宾原为儒生，游庐山遇火龙真人传天遁剑法，游长安酒肆遇钟离权传丹法，道成之后，普度众生，世间多有传说。道教全真派北派（王重阳真人的全真教）、南派（张紫阳真人）、东派（陆潜虚）、西派（李涵虚），还有隐于民间的道门教外别传，皆自谓源于吕祖。

　　《百字铭》是吕祖的经典之作，历来广受重视。正如铭文最后所述，"都来二十句，端的上天梯"。短短二十句，一百字，确是讲出了修道的完整过程。看似简单明了的道理，想要真正领悟却并不简单，更何谈多少人能去实践呢。"真常须应物，应物要不迷，不迷性自住，性住气自回 。气回丹自结，壶中配坎离，阴阳生反复，普化一声雷。"这一连串的过程，正如化学反应一般，一环不可缺漏且讲求"内功"之深厚。在当今时代，再看《百字铭》，这其中不仅是修道，更是包含了做人修养、处事应物、内圣外王的要诀，中华优秀传统文化的精华正在于此。

本书分为三部分，第一部分以吕洞宾的《百字铭》为主体，收录了张三丰、陆西星、刘一明、魏尧四位祖师高人的注解，并进行了阐述评析，力求透彻准确地展现出《百字铭》的内涵，对我们修身养性、养生修道起到良好的指导作用。

第二部分收录了吕洞宾的一些诗文作品，作品或潇洒飘逸、超然物外，或劝善戒恶、敦促伦常，或体认修真、长生久视，或谈玄论丹、运汞迎铅，包罗万象，内涵丰富。养生修道之人，经常吟诵这些诗文作品，可以陶冶性情、培养灵性、启发悟性、开启道性，对身心健康有很好的助益作用。

第三部分收录了"吕祖年谱"，以显真人之迹，有利于读者深入了解吕祖的生平事迹。

从中国历史来看，修道可以说是养生的极致，历代杰出的养生家、医家也多是道家人物。道家文化"综罗百代，广博精微"。可以说，中国的养生的文化，正是根源于道家文化。吕洞宾的《百字铭》包含了正统的修养守则，同时也是养生的根本要诀。第二部分的"吕洞宾诗文"，与《百字铭》

的内涵是相通的，某种意义上，这些诗文精选，就是《百字铭》内涵的展演。第三部分的"吕祖年谱"，为我们立身行事，树立了一种别样的典范。

　　不论是出于养生的目的，还是修身的需要，不论是为了增加定力、提升智慧，还是洗涤心灵、陶冶情操，抑或应人接物、为人处世，在本书中都能够找到相应的内容，解答人生的困惑，去领悟更深的哲理。

目　录

百字铭

吕洞宾诗文

吕祖年谱《海山奇遇》

百字铭

　　按：本篇以《百字铭》原文及以下四位大家对《百字铭》的注解为核心，展开简释与解读。张三丰，名通，字君宝，道号三丰。宋末元初真人，武当山道人，武当派始祖，内家拳始祖、太极拳始祖、武学泰山北斗、龙行书法始祖。陆西星，字长庚，号潜虚子，又号方壶外史。明朝时期道教人士，道教内丹派东派的创始人。刘一明，清代著名道士，号悟元子，别号素朴散人。全真道龙门派第十一代宗师，乾隆嘉庆年间全真龙门派最有影响人物。魏尧，四川人，字则之，号后觉道人。师承体真山人汪东亭先生，既得师丹诀，后又参以三教精华，证以身体力行，所获颇丰。

养气忘言守，降心为不为。

[译文]

涵养元气，忘掉说话，去掉念头；守持神气，心灵安宁，为而不为。

[张注]

凡修行者，先须养气。养气之法，在乎忘言守一。忘言则气不散，守一则神不出。诀曰：缄舌静，抱神定。

凡人之心，动荡不已。修行人，心欲入静，贵乎制伏两眼。眼者心之门户，须要垂帘塞兑。一切事体，以心为剑，想世事无益于我，火烈顿除，莫去贪着。诀云，以眼视鼻，以鼻视脐，上下相顾，心息相依，着意玄关，便可降伏思虑。

[陆注]

夫学道修真之子，进步入门，先须理会性命二字。性有性源，命有命蒂，性源要清净，命蒂要坚固。命蒂固则元气充，气充而精自盈矣。性源清则元神定，神定而气自灵矣。何谓命蒂？真息是也。何谓性源？心地是也。我师教人有法，开口便说养气降心，而养气降心自有真诀，故曰"养气忘言守"。"忘言守"，养气之真诀也。五字之中，"忘"字

"守"字要有下落。

盖忘言者，非缄闭其口而使之不言也。涵固精神，沉潜内守，情境两忘，无心于言，而言自不出也。若存心缄默，固闭深藏，反成心病。

守之云者，守此气也。守之者谁？神守之也，守于何处？《道德经》云："多言数穷，不如守中。"中者，神气归复之处，人之大中极也。《参同契》云："闭塞其兑，筑固灵株。"闭兑者，即忘言之义。灵株者，即神气之根。盖能常守于此，则心息相依，子母相见，神气混融，打成一片，绵绵迤迤，久之而成大定，少焉静极生动，真火熏蒸，金精吐华，冲关透顶，灌注上下，气得其养，其妙用有如此者。《道德经》云："负阴而抱阳，冲气以为和。"要知人身中之气，即天地之冲气也尔，其升降阖辟，常与天地之气相为流通。医书谓此气周流人身，随呼吸以往来，昼夜八百一十丈，一呼一吸为一息，昼夜一万三千五百息，而息息各归于其根。庄子云："真人之息以踵，众人之息以喉。"以踵者，心息相依，归乎其根也。古仙有云："昔日逢师传口诀，只要凝神入气穴。"忘言守中，非凝神入气穴而何？此之谓归根，此之谓复命，深根固柢，长生久视之道端在于此。

夫养气之诀，既已直露于前，故此下复说降心之诀，盖降心者降伏妄心，非真心也。夫人之一心，本来无二，但以迷觉而分真妄。《金刚经》云："云何降伏其心？"人生而静，天之性也，感于物而动，性之欲也。既有欲矣，则情随境转，真以妄迷，纷然而起欲作之心。故《道德经》云："化而欲作，吾将镇之以无名之朴。"今夫众人皆欲为而我独镇之以不为，则妄念息而此心将自降矣。妄本无体，皆因真心迷惑而然，今而不为则必有以真见。夫一切有为之法，皆如梦幻泡影，虚妄不常，是以忘机绝虑，将此希求贪着之心，裂教粉碎。是谓以真销妄，妄尽真存，正觉现前，方名见性。如此则言不期忘而自忘，守不期固而自固，是知了命之宗关于性地。我师十字之中，千古内炼之丹诀无出于此。直至采药行火、抱元守一，彻始彻终，无过此诀，妙哉！妙哉！

[刘注]

性命之道，始终修养先天虚无真一之气而已，别无他物。采药采者是此，炼药炼者是此，还丹还者是此，脱丹脱者是此，服丹服者是此，结胎结者是此，脱胎脱者是此，以术延命，延者是此，以道全形，全者是此，始而有为，有为者是此，终而无为，无为者是此，长生，长者是此，无生，无者是此。古经云：知得一，万事毕。此语可了千经万卷矣。但此气，非色非空，无形无象，不可以知知，不可以识识，视之不见，听之不闻，搏之不得，恍恍惚惚，杳杳冥冥，不可形容。强而图之，这个而已。强而名之，儒曰太极，道曰金丹，释曰圆觉。本无可言，有何可守？如其可言可守，则非先天虚无之气，乃是后天呼吸之气。先天之气，历万劫而不坏；后天之气，随幻身而有无。

世间未得真传之流，不知先天之气为何物，误认后天有形之气，或言在气海，或言在丹田，或言在黄庭，或言在任督二脉，或言在两肾中间，或闭口调呼吸以匀气，或闲息定胎息以藏气，或搬运后升前降于黄庭以聚气，或守或运，等等不一，皆欲妄想结丹。试问将此有形之气，终久凝结于何处？凝结作甚模样？其必凝结成气块乎！每见世之守上者，多得脑漏；守下者，多得底漏，守中者，多得膨胀；守明堂者失明；守顽心者得癫症。欲求长生，反而促死。哀哉！殊不知先天虚无之气，包罗天地，生育万物，其大无外，其小无内，放之则弥六合，卷之则退藏于密，仅可知，不可言，仅可养，不可守，无言无守，言守两忘，不养而养，人于养气之三昧矣。夫大道活活泼泼，不落于有无边界。落于有则着相，落于无则着空，着相着空，皆非天地造化流行之道，亦非圣贤真空妙有之道。曰养气，则必有所养者在，不着于空也。曰忘言守，则必无方所，无定位，不着于相也。不着空不着相，则必有不空不相之养者在。不空不相之养，寂然不动，感而遂通，感而遂通，寂然不动，养气之道在是矣。

上言养气忘言守，似乎一无所为矣。夫人有生以后，先天之气充足，阳极必阴，于此而能保全先天之气不失者，其惟上德之圣人乎！其次中下之人，一交后天，先天之气潜藏，后天之气用事，阳渐消，阴渐长，历劫根尘俱发，一身气质俱动，识神张狂，客邪作乱。当此之时，四大一身皆属阴，不知何物是阳精，虽欲养气，无处可养，而亦不得其养。祖师《黄鹤赋》云：上德者，以道全实形，是其纯乾之未破；下德者，以术延其命，乃配坎离而方成。以道全其形者，无为之事；以术延命者，有为之事。上德之人，先天之气未失，纯阳之体，守中抱一，即可全其本来之真形。中下之人，先天之气已伤，阳为阴陷，必须窃阴阳，夺造化，先固命基，从有为而入无为，方能成真。又古仙云："还丹最易，炼己最难。"又《沁园春》云："七返还丹，在人先须，炼己待时。"炼己之功，莫先于降心，但降心须要识得心。心有人心、道心之分，有真心、假心之别。道心者，本来"不识不知，顺帝之则"之心，为真心。人心者，后起有识有知、七情六欲之心，为假心。真心益人性命，假心伤人性命。降心者，降其人心之假也。然降人心，非是守心空心，亦非是强制定心，须要顺其自然。《悟真》云："顺其所欲，渐次导之。"只此二语，便是降心妙诀。故曰：降心为不为。曰为者，心必降也；曰不为者，不强降也。降而不降，不降而降，"有用用中无用，无功功里施功"矣。盖人之顽心，积习成性，如火炼成顽铁一块，至坚至固，牢不可破。若束之太急，是以心制心，心愈多而块愈坚，反起心病。《阴符经》云："'火生于本，祸发必克'者是也。故降心必用渐修之功，方能济事。渐修之功，无伤于彼，有益于我，为而不为矣。"

［魏注］

养气为一事，而须忘言，忘守。忘言者，塞兑也；忘守者，不守之守也：是应知而不守。若"守"字看重，真去守窍、守气，即不合矣，故曰"忘守"。言守俱忘，方能养气也。忘言不动，忘守清净，亦即"勿忘勿助"之意。气与神相因而至，所以不说须以神守，盖归窍即守也，不必别有所守。神居之地有三：天谷，应谷，灵谷是也。天谷即泥丸；应谷即绛宫，有感即应是为应谷；灵谷即谷道也，亦即阴跷一窍是也。归于天谷，寂然不动；归于应谷，可以外驰；归于灵谷，即事潜藏矣。元神返天谷，识神归灵谷，即潜藏而归于无矣。应谷者，内外相应，与气相合之地也，是为绛宫。修道者应在绛宫下手也。

"降心"者，"降服其心"之谓也。泯去识神，是为降服其心。"为而不为者"，以无为为有为，于有意无意间为而不为，以降服其心。盖若为即着有，不为即落空。为而不为，即是一意不散，一念不起，亦即"绵绵若存""勿忘勿住"之意也，降心到此，因而生动静工夫矣。

[解读]

养气忘言守。"气"在中国文化中是一个非常重要的概念，《老子》言："专气致柔，能婴儿乎？"《庄子》言："真人之息以踵，众人之息以喉。"《论语》言："屏气似不息者。"《孟子》言："善养吾浩然之气。"佛家密宗有"安那般那"修定方法，即由出入息入手，修证佛法。《黄帝阴符经》言："禽之制在气"，这是一个重要的口诀，讲的是只要气不散，思想就能专一，心就不会乱。此外，兵家讲究气势，拳术家练习用气，中医认为百病由气而生，风水要藏风纳气……吕洞宾出生于晚唐，作为道教开创性的人物，同时他也集儒释道大成，风光独耀，所以被尊称为吕祖。吕祖言"养气"，直接抓住了中华文化的精华。

从人自身的生命状态和处事待人的外用，到天地万物的生长收藏，无不由一股"气"所支撑。"气"具体来看，又可以细分为三种意义，分别为炁、氣、气。炁，受之于父母精血，代表元气、先天之气；氣，产自米谷粮食中的精微营养物质之气，为后天之气；气，自然界的空气，为清气，也属于后天之气。我们"养气"的目的，便是使先天之气不再衰减，并保持充盈，自可以身体健康、延年益寿，甚至长生不老。然而先天之气，看不见摸不着，必须借后天呼吸之气及我身所处的自然之气，以作修养沟通之用，称之为真元之气，简称真气——《黄帝内经》言："恬淡虚无，真气从之。"

即由先天之气和后天之气结合而成。这个结合的过程，就是
道家的内丹修炼。

养气之法，吕祖给出了核心秘诀，即从"忘言守"开
始。关于这三个字，四家注解大致分为两类，张三丰和陆西
星的观点是"忘言取守"，即"忘言"而做"守"的功夫；
刘一明和魏尧的注解为"忘言忘守"。表面看来似乎不同，
实际是统一的。

"忘言"就是去掉说废话的习惯、多嘴的习惯、胡说妄
言的习惯。对"言"来说，很显然它不只是指说出来的语
言。语言只是表达出来的念头，而思想，是没有表达出来的
语言，而且人们的思想总是以杂念、妄念为多。"忘言"应
当是指"说"与"想"两者俱忘。陆西星的注解便指出了这
一层意思，他说："无心于言，而言自不出也。"如果"忘
言"仅仅是指忘却言语，憋着不说话，那么这一憋，便是陆
西星所说的"反成心病"。

"守"字，张三丰的解释是守一，守于一境，守于一意。
守一是道教早期修炼方术之一。其主旨为守持人之精、气、
神，使之不内耗、不外逸，长期充盈体内，与形体相抱而为
一。其源于老子的"载营魄抱一，能无离乎"之句，即说守
一于道。《庄子》言："我守其一，以处其和。"就是说守心
一处，处于身内阴阳二气的和谐之中。庄子又言："纯素之
道，唯神是守。守而勿失，与神为一。一之精通，合于天

伦。"道家认为千千万万也是由一开始，千千万万最终也不敌于一。

后世行者演化出两大类守法，一类是守精气神。分为守神，如《老君戒经》言："凡存一守神，要在正化，心正由静，静身定心，心定则识静，识静则道会也。"又分为守气，如陆西星的解释"守此气也"；也称守精气，如《老子河上公章句》言："人能抱一，使不离于身，则长存。一者，道德所生太和之精气也。""专守精气使不乱，则形体能应之而柔顺。"还分为"守三一"。最早的道教重要典籍《太平经》言："三气共一，为神根也。一为精，一为神，一为气。此三者，共一位也，本天地人之气。神者受之于天，精者受之于地，气者受之于中和，相与共为一道。……故人欲寿者，乃当爱气尊神重精也。"

二类是守三丹田。李治《敬斋古今黈》卷六："盖三丹田，精、气、神之舍也。曰下丹田，关元精之舍；中丹田，绛宫神之舍；则上丹田，泥丸为气之舍也。"下丹田在脐下气海处，中丹田在心窝膻中处，上丹田在两眉之间印堂处。意念集中到哪一个部位并不意味着境界高低或功夫深浅，更多只是流派有别，法门不同，目的有所差异而已。当然，守窍修炼，往往流弊很大。正如刘一明所说，"每见世之守上者，多得脑漏；守下者，多得底漏；守中者，多得膨胀；守明堂者失明；守顽心者得癫症。欲求长生，反而促死"。其实守三丹田的本质也是为了守住精气神。

张、陆言守，则并不言其所守之处，只言归一也。刘、魏言不守，则兼谈其不守之守，亦非漫无边际。要而言之，四家之注，皆归于复其本体自然之态也，故说统一。老、庄的"守一"显然就是保持清净的心态。这种道理很简单，但要学会最为困难。因此，《百字铭》第一句所讲，是所有修行人的第一关，也是内丹修炼的第一步，是众妙之门。所以张三丰言："呼则龙吟云起，吸则虎啸风生，一阖一辟，一动一静，贵乎心意不动，任其真息往来，绵绵若存。调息至无息之息，打成一片，斯神可凝、丹可就矣。"

降心为不为。整个《百字铭》虽为一百字，分为二十句，但实为两句合成一小节，后一句对前一句进行补充或阐明，也是前一句的成果。所以养气、忘言、守一都是降服其心的前因。降心者，就是降伏自己的心，平抑心中之杂念私欲也，将躁动不安的心绪给予理顺，从而达到心平气和的状态。佛教《华严经》言："若人欲了知，三世一切佛，应观法界性，一切唯心造。"所以才要降服其心。

儒家《大学》言："所谓修身在正其心者：身有所忿懥，则不得其正。有所恐惧，则不得其正。有所好乐，则不得其正。有所忧患，则不得其正。"忿懥、恐惧、好乐、忧患这些情绪，都是影响人心复于本然状态的因素，也是"降心"所需要真正降伏的东西。陆西星把忿懥、恐惧、好乐、忧患归之为妄心，而把这些都摒弃掉，不再任其留滞的状态，称之为真心，他说："人之一心，本来无二，但以迷觉而分真妄。"迷则为妄心，觉则为真心。人心是如何迷掉的呢？陆西星说："情随境转。"就是外界环境所造成的。

有道教第一真经之说的《黄帝阴符经》言："心生于物，死于物，机在于目。"张三丰也指出，"修行人，心欲入静，贵乎制伏两眼"。制伏两眼，就是自身对外界环境的一种警觉。老子言："不见可欲，使民心不乱。"但人生二目，便为实用，不可不用，张三丰给出了一个直观的法门："以眼观鼻，以鼻观心，上下相顾，心息相依，着意玄关，便可降伏思虑。"这与佛家的"都摄六根"可以说是异曲同工。所以佛家有一首修持的偈子说："学道犹如守禁城，昼防六贼夜惺惺；将军主帅能行令，不用干戈定太平。"所谓定太平，即是真心常住。佛教重要经典《金刚经》言："善男子、善女人，发阿耨多罗三藐三菩提心，应如是住，如是降伏其心。"意思是，发菩提心并始终保持着菩提心，就是降伏其心，所以修行也叫修心。

"为不为"就是不为而为，为而不为，为之以无为之道，即不能强制性地压制念头，必须合情合理地化解心结——所以才要从养气开始。降心功夫，犹如大禹治水。大禹的父亲鲧在河岸设置河堤，水却越淹越高，大禹顺水"就下之性"，导之入海，终于治水成功。刘一明指出，"人之顽心，积习成性，如火炼成顽铁一块，至坚至固，牢不可破。若束之太急，是以心制心，心愈多而块愈坚，反起心病"。简单来说，就是不必与妄心相对抗，越对抗它越强，强制压服下去也终究有反复起来的时候。南怀瑾先生曾作过一首词来说明降伏妄心的道理，"秋风落叶乱为堆，扫尽还来千百回。一笑罢休闲处坐，任他着地自成灰"。这便是为而不为，当然，这需要很强的觉察力，才能不为妄心所拘。必用渐修之功，方能济事。

修行之法分为有为法与无为法，也有分为渐法与顿法。两者之间的关系：凡是有意念有作为的属后天渐法；凡是虚无自然无作为的属先天顿法。禅宗也有南顿北渐之分——神秀的"身是菩提树，心为明镜台，时时勤拂拭，勿使惹尘埃"即是有为渐法；六祖慧能的"菩提本无树，明镜亦非台，本来无一物，何处惹尘埃"却是无为顿法。渐法分段修炼，逐步上升，循序渐进，好比孩子上学，先上幼儿园、学前班，再上小学、初中、高中，大学毕业拿上文凭就等于渐法成功。炼丹环节在时间上有百日筑基、十月怀胎、三年哺乳、九年面壁等。顿法无招无式，无思无为，顺其自然，古代先哲多用此法，老子言"守中"，庄子言"坐忘"，孔子言"心斋"，《易经》言："无思也，无为也，寂然不动，感而遂通之故也。"

《金刚经》里也专门讲到有为法与无为法，同样也强调，一切贤圣皆以无为法而有差别。有为法？无为法？我们怎么办？难道只能从幼儿园开始，却不能直入清凉境？张伯端《悟真篇》言："始于有为人难见，及至无为众始知。但见无为为要妙，岂知有为是根基。"也就是说要从有为入手，才能逐渐进入清静无为的境界。因此，寻常人等，因缘具足的话，只能通过有为之法修到无为之境。这至少比无动于衷要好得多，南宋著名教育家、理学家陈普在诗中写道："当为不为为虾蟆，爬沙脚手何陋欤。"只要像《黄帝阴符经》首句所言"观天之道，执天之行，尽矣！"总之，谁适合用什么法，就用什么法，法无定法，我有我法，就是最好的修炼法。

动静知宗祖，无事更寻谁？

[译文]

行动为征，静止是兆，宗祖之质；无事无非，自由自在，太平之根。

[张注]

动静者。一阴一阳也。宗祖者，生身之处也。修行人当知父母未生之前，即玄牝也。一身上下，乾坤八卦，五行四象，聚会之处，乃天地未判之先，一点灵光而成，即太极也。心之下，肾之上，仿佛之内，念头无息，所起之处，即是宗祖。所谓动静者，调和真气，安理真元也。盖呼接天根，吸接地根，即阖户之谓坤、辟户之谓乾。呼则龙吟云起，吸则虎啸风生，一阖一辟，一动一静，贵乎心意不动，任其真息往来，绵绵若存。调息至无息之息，打成一片，斯神可凝、丹可就矣。

　　若能养气忘言守，降伏身心，神归炁穴，意注规中，混融一炁，如鸡抱卵，如龙养珠，念兹在兹，须臾不离。日久功深，自然现出黍米之珠，光耀如日，默化元神，灵明莫测，即此是也。

[陆注]

　　上言养气降心，静守内炼，乃无为之道，复恐世人不知此外复有有作之基，乃高真上仙以术延命之事，故吃紧提出动静二字，要人知宗认祖。盖金丹之道，无为为体，有为为用，动中采，静中炼，二者不可偏废。故知动而不知静，则基址不立，而无积精累气之功，知静而不知动，则天机不合，而失临炉采药之旨。要之，动其宗也，静其祖也。祖者性祖，静则得之；宗者命宗，非动不立也。知性祖，故修定于离宫；知命宗，故求玄于水府。如是双修，方为究竟。然方其无事之时，忘言默守，屏事息机，无思也，无为也，寂然不动，泰然大定，斯已矣。更俟寻谁？何以学道之人，寻铅觅地，结侣求财，种种外求，席不暇暖，此中正好参详，方见良工心苦。我师说到此地，已将肝胆照人分明；指出修行门径，奈何世人不能领悟，直将容易读过，良可惜哉！

[刘注]

先天真一之气，为生天生地生人之祖气，无理不具，无时不在，所谓性命之宗祖，存此者圣，昧此者凡。但此气落于后天，隐而不现。即或一现，人为利名所牵，私欲所扰，当面错过，旋有而旋失。欲寻此气，先要认得道心，盖先天之气，藏于道心也。道心为体，先天之气为用，同出异名。道心即修道之宗祖。夫道心者，主人也；人心者，奴仆也。认得道心为宗祖，以主人而使奴仆，奴仆听命于主人，不降而自降，一动一静，皆是道心运用，即人心亦化为道心，内无妄念，外无妄事，内外安静，客气难入，处于无事之境矣。能至无事，空空洞洞，只有道心，别无他物，此外更寻谁耶?

[魏注]

"祖"者，乾元祖气，在人为性；"宗"者，坤元元气，在人为命。祖为元神，宗即元气，两者同出异名，分而为铅汞，但汞实在气中也。祖为先天太极之理气也，宗则父母精神凝合而生出之一气也。后天身上之宗祖，祖是元神，宗为有情识之命根，亦即外来之气也。宗祖全在动静上分，动知宗而静知祖，知即"活子""活午"时也。身心两静，元神出现，即性也，祖也；静极生动，空中真阳收归身上即命也，宗也。动极而静，静极又生动，循环转辗，周而复始。静为神，动为气，神气相合，方知动静。静极而动，一阳来复，元气到身，即须进阳火；动极而静，一阴来媾，凉液下降，即须退阴符。而知动知静，即是知宗知祖；有此二者，方成人道，而可进修仙道。其进修途程，即在"知"字之中。盖此中有息息归根，心息相依之理在内也。

仅仅以上三句而修道之要，已发挥无余蕴矣。照此行功，即可转凡为圣，无事它求也。若以为不足，而更寻它道，即是"外道"矣。以不守之守养气，以不为之为养心。动者气也。静者神也，养气养心，方知动静有宗有祖。备言火候，大道简易，本无它事也。

[解读]

动静知宗祖。迷者，寻常之人，非静即动，非动即静；行者，修行之人，动极生静，静极生动。"动静"是一切事物存在的形式，人生所处的动静皆源于人之内心的活动状态，所以说："念头无息，所起之处，即是宗祖。"张三丰还用阴阳来解释动静，所以，宗祖本是阴阳之祖，也是动静之母，动静本由它而生，同时又要符合于它。张三丰是太极拳发明者，太极生两仪，两仪即是阴阳，表现为拳，即为动静。太极拳开合无拘，却步步不离桩，即不离宗祖。动静若不偏离，那就说明宗祖正统；动静若有所背离，那就说明宗祖假冒，或者说被篡位了。

这个"宗祖"是什么呢？就是道家所说的"元神"，也就是我们最清净的心态。我们真正与外界环境沟通的不只是眼睛，眼睛只是更为明显，作用更为重大。实际上眼耳鼻舌身都在与外界沟通，都在受外界影响，这些影响从小到大，从少到多，逐渐形成了人的认识与经验，从而成为操控身体行动的意识体，它属于后天的意识，道教称之为识神。正如有妄心就有真心，有识神就有与之对应的元神，妄心就是识神，真心就是元神。所谓元神，也是人类生命的真正意义与一切的精华，元神是智慧生命的特征，唤醒元神即为修行的目的。近人张锡纯，中西医汇通学派的代表人物之一，近现代中国中医学界的医学泰斗，他说："元神者，无思无虑，自然虚灵也；识神者，有思有虑，灵而不虚也。"（《医学衷中参西录·人身神明诠》）

识神与元神，这一对影响深远的概念来自吕祖另一部经典著作《太乙金华宗旨》。西方著名心理学家荣格，曾任国际心理分析学会会长、国际心理治疗协会主席等职位，他所主张的把人格分为意识、个人无意识和集体无意识三层的心理学就是受吕祖《太乙金华宗旨》所启发而架构完成的。荣格对《太乙金华宗旨》无限推崇，并把自己对它的深刻解读写成了《金花的秘密》出版，此书轰动欧洲，又被翻译成英文，畅销到全世界。后日本人又从德文译成日文，使该书在日本也极为畅销，《太乙金华宗旨》遂成为近当代全球最为著名的中国道教内丹理论著作。

识神就如同强藩、悍将一样，篡夺元神的君位，挟天子以令诸侯，以自己的欲望为主导，"假如一日不食，心上便大不自在，至闻惊而跳，闻怒而闷，见死亡则悲，见美色则眩"，控制着人的整个身体和行为，并日渐为此耗尽精气乃至付出生命的代价，以满足识神的欲望。我们所具有的各种各样的想法或者观念大都是识神所发出的指令。所谓人是观念的囚徒，指的就是为识神所控。修道，就是要修炼元神，使被识神控制的命运，重新回归到元神那里，因此，《黄帝阴符经》言："宇宙在乎手，万化生乎身。"张伯端——道教金丹派南宗祖师，"丹经之王"《悟真篇》的作者——所言："一粒灵丹吞入腹，始知我命不由天"的内丹修炼真言，正是表明此意，揭示了内丹修炼的使命。

可是，谁又能知道自己的念头真正所起之处究竟是来自识神还是元神呢？佛家的解决方案，就是深厚的定慧功夫。这个功夫从哪里来呢？还是从"养气忘言守，降心为不为"中来。论到这种降服其心的定慧境界，没有修证，说得再形象、再精彩也是隔靴挠痒，说食不饱。所以我们要真修行，不应图口头功夫，仅作积累谈资，以盲导盲之用。真修实证，那便是做好养气功夫，忘言守，为不为，勿忘勿助，既不执着，也不散漫。一动一静，能够清清楚楚，知动之所起，知静之所落，不迷茫于动中，不耽搁于静中，便是"动静知宗祖"。

无事更寻谁? 俗话说，世上本无事，庸人自扰之。致力于身心性命之实践修养，起心动念，待人处事，用过便休，又有何事? 又更寻个谁去? 禅宗的参话头总是寻个究竟出来，一旦桶底脱落，更去寻谁? 为什么这么说呢? 因为只要你依动离动、依静离静，却从不脱离那颗清清净净的心，始终团聚在那个至高无尚的元神周围。识神退位，元神归位，这就是标准的悟道的状态，就不用再去特别地造作了，没有事情可干了，还要去搞什么? 身心性命自然复归其本然。张元干，南宋著名诗人，他写道："无事闭柴门。搔首烟波上，老去任乾坤。"大诗人陆游写道："老境虽深身更健，清秋欲半日犹长。闭门莫道都无事，又了移花一段忙。"宋代大儒朱熹也曾写道："有酒径须醉，无事莫关情。……只恐买山隐，却要练丹成。"

生活中的很多烦恼，都是由于我们想得太多，有时候人忙碌起来，顾不上想那么多，反而没有那么多的烦恼；不过这是一种躲避方式，而非真正的解决方法。内在的妄想杂念让我们烦恼丛生，心不得静，浮躁不已。所以，北宋大书法家、画家米芾诗中写道："人生无事须行乐，富贵何时且健身。"外在的形体劳动，一旦过劳或过闲，都会对身体造成不良影响。对此，乾隆有诗："前日采茶我不喜，率缘供览官经理；今日采茶我爱观，吴民生计勤自然。云栖取近跋山路，都非吏备清跸处，无事回避出采茶，相将男妇实劳劬。嫩荚新芽细拨挑，趁忙谷雨临明朝；雨前价贵雨后贱，民艰触目陈鸣镳。由来贵诚不贵伪，嗟哉老幼赴时意；敝衣粝食曾不敷，龙团凤饼真无味。"

　　如何去主动地改变这种伤害身体的状况呢？就是要"动静知宗祖"：内在妄念起落，我们能够即时了然，则不至于随波逐流，陷入各种妄想境界而扰乱心神；外在形体过闲或过劳时，我们能够即时了然，则不至于患上过劳或过逸导致的疾病。"动静知宗祖"的这种洞察力，是我们养生的利器，一旦得心应手，则自然安定无事。北宋著名词人周邦彦说得很直接："此时情绪此时天，无事小神仙。"然而，举世茫茫，几人能保持一份"知"，更有几人能知动静之"宗祖"？所以绝大部分人沦为凡夫俗子，只有极少数念念不离宗祖者，才能离苦得乐，了凡脱俗，成就大道。元朝牧常晁词中写道："大道不由别物，只由心上行持。念头才动汞铅飞。止要定心专气。杀盗淫邪不纪，利名恩爱休迷。无心无事是丹基。说破元来容易。"

真常须应物，应物要不迷。

[译文]

大道常在，真实不虚，无所不宜；与时迁移，不将不迎，澄心遣欲。

[张注]

此道乃真常之道，以应事易于昏迷，故接物不可迷于尘事。若不应接，则空寂虚无。须要来则应之，事去不留。光明正大，乃是不迷，真性清静，元神凝结。诀曰：着意头头错，无为又落空。

[陆注]

何谓真常？性祖是也。何以明之？凡所有相，皆是虚妄，会有变灭而不能久。故佛经云："万法无性，惟此一真法界方为实相。"故曰真常。然所谓真常者，非与物即，非与物离，要在能静、能应，常应、常静，而常不迷。能不迷则应物无迹，而真性见矣。是谓炼己纯熟，而有为之道始可行也。二"要"字，上不要断灭，下不要着相，皆吃紧醒人之辞。

[刘注]

既知宗祖，处于无事，则真者可以能常矣。真者能常，一切外假不得而伤，但真常之道，不是避世离俗，亦非静坐止念，需要脚踏实地，身体力行，从大造炉中煅炼出来，方为真，方是常。若知真而不知行真，虽能无事，如同木雕泥塑之物，外虽无事，而内难免有事，所谓禅机本静，静生妖也。此乃闭门捉贼，假者不能去，而真者必受伤，何能真常乎？故曰：真常须应物，应物要不迷。曰真常应物者，以真应假也；曰应物不迷者，借假修真也。盖真藏于假之中，假不在真之外，无假不能成真，无真不能化假，只在常应常静，于杀机中盗生机，于波浪里稳舵槁耳。果能不迷，即是真常，果能真常，虽终日应物，未曾应物，处于无事之境，而不为万物所移，何碍于应乎！

[魏注]

此道为"真常"之道，能养心养气，即得"真常"，而保其元神，元气矣。然一面仍须应物，能扩然大公，物来顺应，事事物物，顺其理而应之，即是"应物不迷"也。物中有六根，六尘。内而六根，外而六尘。根尘相接之时，应即物付物，而不为所炫惑。譬如见财物、女色等，能处之有道，而不为所诱惑。能保住元神、元气而不失，即是真常之道也。

[解读]

真常须应物。真常是养气功夫和降心功夫的成果。真常，与无常相对，意思是真实常在，常见于道教、佛教和魏晋玄学，就是众生不生不灭的本来面目。在禅宗表达为"自性具足""见性成佛"的主张；在道家表达为"顺其自然""任性逍遥"的信念；在儒家表达为"三纲五常""纲常名教"的说法。以上所有概念，都可统一表达为"真常"。《道德经》言："道可道，非常道。""真常"就是那个不可言说的常道。真常之道，本无相无名，不可言说。凡可言者，则非真常之道矣。

万物生灭，总要自然。"真常"既然是天道、道性、佛性，它没什么阻碍，对待万事万物，动则任其动，静则任其静。道教重要经典《太上老君说常清静经》言："真常应物，真常得性；常应常静，常清静矣。"正一道第三十代天师张继先诗中写道："自得逍遥趣，从来乐静居。水边红杏小，烟外翠篁疏。有物真常应，忘形内本虚。人间役尘虑，到此尽消除。"说的是一个道理。"任性逍遥，随缘放旷，但尽凡心，别无圣解。"这是唐朝道悟禅师所说的一段话，意思是，听任自性流转，不以凡世见解去束缚它；顺应各种因缘变化，就得自由自在。佛教修行大全《楞严经》言："性真常中，求于去来，迷悟生死，了无所得。"真常无生无灭，不可见不可得，不像万物是有一个具体的存在。"真常"是如此的玄妙，时刻都顺应着万物。因为有生灭循环，万物没有常态，所以又说万物是无常的。但是，生灭循环的过程，本身又是常态。世事无常啊，既然本来就是留不住的东西，又何必去苦苦追寻呢！

北宋大思想家范仲淹《上执政书》言："夫释道之书，以真常为性，以清净为宗，神而明之，存乎其人。"意思是，修真常之道的人还是要入世待人接物，也就是不能消极避世，方为人生最高境界。《百字铭》前文说"忘言守，为不为"，好像容易使人流入枯寂。我们也强调说过，要忘却语言，还要宁心静虑；要制伏两眼，乃至把守六根。那是不是什么话也不说了，什么事也不想了，甚至于一个人离群索居呢？非也！刘一明就指出："真常之道，不是避世离俗，亦非静坐止念，须要脚踏实地，身体力行，从大造炉中煅炼出来，方为真，方是常。"否则那便是"木雕泥塑之物"。

有人可能会问：既要忘却语言，宁心静虑，又要应人接物，处理事情，这不是矛盾吗？处理事情的时候，怎么能不说话、不用思虑呢？这不是矛盾吗？非也。岂不知，忘中有守，无为有为。所谓"忘言守，为不为"者，物来则应，过去不留也，就像大雁飞过一潭静水，水面反映过大雁的影子，但是雁过影灭。所以《太上老君说常清静经》中说，"常应常静，常清静矣"。有事则应事，无事更寻谁？不做私欲杂念的计较，一派君子坦荡荡的胸怀，就是了。试观古之大英雄、大豪杰，成大功、立大事之人，哪个没有待人接物、处理事情的非常手段，只是这手段却根由修养功夫而来。

应物要不迷。就像波浪各式各样，变化万千，生灭无常，波浪只是水所引起的假象。《金刚经》言："凡所有相，皆是虚妄。"应人接物，处理事情，一旦迷于其中，那就又陷入妄心用事的境地了。我们日常生活中，经常会陷入这种境地。比如一件事情还没发生，我们心中早已惦记上了；又比如有些事情已经过去了，我们心中仍旧挥之不去；见到某些场景会想入非非；遇顺境喜不自胜，遭逆境悲难自抑，如此种种，都是应物而迷。

清代黄增写过一首著名的打油诗，就极好地表达了世人是如何因应物而迷失的："色不迷人人自迷，情人眼里出西施。有缘千里来相会，三笑徒然当一痴。"我们都听说过一个和尚背一个女人过河的故事：老和尚携小和尚游方，途遇一条河；见一女子正想过河，却又不敢过。老和尚便主动背该女子趟过了河，然后放下女子，与小和尚继续赶路。小和尚不禁一路嘀咕：师父怎么了？竟敢背一女子过河？一路走，一路想，最后终于忍不住了，说：师父，你犯戒了？怎么背了女人？老和尚叹道：我早已放下，你却还放不下！老和尚象征着真常，女人好似外物，小和尚就是寻常之人，他不能"应物"去帮助那个女人过河，更不知师父之"真常"，反而迷惑于师父的行为。

而我们所修的养气、降心功夫，到达了"忘言守，为不为"的境界，通俗讲就是拿得起、放得下而已。大诗人陆游诗中写道："造道浅深看应物，修身勤惰验齐家。"一个人，不在修行多久，主要是看应物的方式，才见功夫深浅。

或如刘一明所说："于波浪里稳舵槁耳。"就像艄公把舵，吃
力吗？对于不会做的人，当然吃力，横竖都不是，摆弄不好
船，可是对于经验丰富的老艄公，就是随手摆弄、顺势而为
而已。但是能完全不管吗？"忘言守""为不为"喻之于技
艺，就是这个道理。这一句"应物要不迷"的意思是，在待
人接物的过程中不要迷失了清净心，也就是不要背离了那
个"宗祖"——元神这个核心。唯其如此，就像唐朝大诗人
元慎在诗中所言："上天勿行行，潜穴勿凄凄。吟此青云谕，
达观终不迷。"这种境界，正如《庄子》中所言："至人之用
心若镜，不将不迎，故能胜物而不伤。"吕祖另一首重要的
丹诗《敲爻歌》言："达圣道，显真常，虎兕刀兵更不伤。"

不迷性自住，性住气自回。

［译文］

执道为本，形影随人，理路究极；峰回路转，自性常
住，元气充盈。

［张注］

凡人性烈如火，喜怒哀乐，爱恶欲憎，变态无常，但
有触动，便生妄想，难以静性。必要有真惩忿，则火降；真
寡欲。则水升。身不动，名曰炼精，炼精则虎啸，元神凝

固；心不动，名曰炼气，炼气则龙吟，元气存守。念不动，名曰炼神，炼神则二气交，三元混，元气自回矣。三元者，精、气、神也；二气者，阴阳也。修行人应物不迷，则元神自归，本性自住矣。性住则身中先天之气自回，复命归根，有何难哉！诀曰：回光返照，一心中存，内想不出，外想不入。

[陆注]

对境忘情方云大定，故曰不迷性自住，性住则己汞住矣。己汞既往，方可求铅，故曰性住气自回。回者，来归之义。《契》云：金来归性初，乃得称还丹。曰归曰还，回之义备矣。

[刘注]

应物不迷，则道心之真常存矣。道心之真常存，则人心之假不生。人心之假不生，则气质之性不发。气质之性不发，则天赋之性，明明朗朗，如水晶塔子一般，无染无着，不动不要摇，而自住矣。总之，性住之效，全在应物不迷功夫。迷则人心用事，真性昧而假性发。不迷则道心用事，假性化而真性现。住性之道，不迷尽之矣。祖师《黄鹤赋》云："依世法而修出世之法。"旨哉言乎！

性者，理也。在天为理，赋之于人为性，故名其性曰天性。气者，命也。在天为气，受之于人为命，故名其命曰天命。人生之初，理不离气，气不离理，命不离性，性不离命，理气一家，性命一事，因交后天，理气不连，性命各别矣。若能性住，不为客气所移，而正气自回，无命者而仍有命。性命仍是一事，理气原不相背，所谓尽性至命者是也。大抵气回之要，总在性住，果能性住，则气自然而回，无容强作也。

[魏注]

不迷于物，性能自住。性住天谷，原为天谷元神，自能"明心见性"矣。元神既住而真息即回。"回"字两口，即"口对口"，"窍对窍"之意也。性命二者，本不可分。学者能炼性坚固，元神为其主宰而得自然神觉，则命功亦随性功而进步。凡息为真息，而玄关成象矣。盖元神与真息相依，神定气住，即息息归根。《庄子》曰："真人之息以踵，其息深深，若存若亡。"此即性住气回之情状也。

[解读]

不迷性自住。外物诱惑现前，不受引诱，则不会生起忿懥、恐惧、好乐、忧患，所有诸如此类对应的情绪通通不会有，如是便是本性自住，否则必将心浮气躁。归元不迷时，即真性常住时，即形与神俱、身心合一时。马钰是全真教创始人王重阳的大弟子，他作的词讲了相同的道理："真个逍遥，真不迷蒙。守真清、真净真功。真真相济，真性玲珑。便得真风，成真趣，显真容。"意思是，永远保持清清净净的心态，真常之性永住，"宗祖"历历在目，永不迷失矣！

"梅花易数"大师邵雍曾在诗中写道："应物功夫出世间，岂容人可强跻攀。我侬自是不知量，增塿须求比泰山。"意思是，一切都不是外求与拼搏能够获得，通过增加一点外在的内容，想要出世间，比高低，那是拿一座小坟与泰山相比。"不迷"如此难求，只能谨修持，悟无为，培元固本，保持内在的根基。

不迷就是修行的衡量标准，不迷就是觉。若能不迷，则妄心自消，真心自现。进而说明我们自己本身处于一种清静的状态，已降心，不为物欲妄心之所遮；已养气，不为客气宾情之所迫，从此圆满具足。唐朝诗人张乔诗中写道："武林春草齐，花影隔澄溪。路远无人去，山空有鸟啼。水垂青霭断，松偃绿萝低。世上迷途客，经兹尽不迷。"宋代文学家韩维被同时代的人评介"器质方重，学亦醇正，知尽心性理之说，得道于内，则可以应物于外矣"。他写的诗也表达出经过历练之后，真常得性："万法都来一道场，游行何处不真常。临风不用提玄旨，翠竹森森自短长。"从觉到行，这是一条修行之路，自此有觉者；从行到觉，这也是一条修行之路，自此有行者。终于觉行圆满，即是成圣、成佛、成仙。

性住气自回。清静安定下来，体内真气便能自然回复，增长，流通，乃至能自然结丹。身体就开始有得气反应。"得气"一词源自《黄帝内经》中《灵枢·小针解》，古称"气至"，近也指"针感"，即有酸、麻、胀、痒等感觉。这句是指道家特有的性命双修。元朝牧常晁丹诗中写道："汞既心，铅即气。汞铅结就丹根蒂。产在西南地。坎离龙虎总由伊。性命阴阳只这是。劝君早留意。"《灵源大道歌》是一个古代很有名的丹法，近代"仙学巨子"陈撄宁言其"宣传大道，开示灵源，直指性命，专讲神气，所以不用铅汞等类代名词"。《灵源大道歌》言："神是性兮气是命，神不外驰气自定；本来二物更谁亲，失却将何为本柄。"

道家将人的生命分为性、命两个部分，性偏于心理、精神部分，命偏于身体、生理部分。刘一明说，"人生之初，命不离性，性不离命，性命一事"。性与命本来是合二为一的，"因交后天，性命各别矣"。因为与后天环境中的种种事物相交流，受引诱，而性命各别。性命各别，就是我们通常所说的身心分离，形神不合。《黄帝内经》言："上古之人，其知道者，法于阴阳，和于术数，食饮有节，起居有常，不妄作劳，故能形与神俱，而尽终其天年，度百岁乃去。"其中，形与神俱，便是性命俱全。

通俗地讲，就是要学会两只脚走路。性、命本来合二为一，当性住时，命也自然归位。生理、心理本来合二为一，当心理宁定时，生理自然也趋于安宁。以"精气神"论之，则"神气"属性，"精气"属命。刘一明说："气者，命也。"我们平时忿懥、恐惧、好乐、忧患时，气都会跟着妄动，性住之后，气也自然回于本位。精神和身体是相互影响的，每个人的性格都跟他自身的身体状况密切相关，同时，他的情绪波动，也会直接影响身体的气血运行，间接影响人生命运。曾国藩说"功名看气宇，事业看精神"，就直接地揭示了这层关系。我们修身养性，要两者兼顾，也就是性命双修，才能取得圆满成就。《百字铭》开篇谈养气、降心，即是兼顾性命。此处"不迷性自住"，是谈性功，偏于精神方面的修养，而"性住气自回"，则是说明由精神而影响到身体，是谈命功。吕祖的另一首丹诀《敲爻歌》言："只修性，不修命，此是修行第一病。"修行二字不是口头禅，也绝非是秀给他人看的行为，唯有用强健的体魄、充沛的精气神方能彰显宗教的现实意义，由此才能使修行落到实处，才叫"真修""实修"。

气回丹自结，壶中配坎离。

[译文]

明月清风，霞友云朋，莲结丹红；真处趣玩，壶中春色，男女媾精。

［张注］

修行人，性不迷尘事，则气自回，将见二炁升降于中宫，阴阳配合于丹鼎，忽觉肾中一缕热气，上冲心府，情来归性，如夫妇配合，如痴如醉。二气绸缪，结成丹质，而炁穴中水火相交，循环不已，则神驭炁、炁留形，不必杂术自长生。诀曰：耳目口三宝，闭塞勿发通。真人潜深渊，浮游守规中。直至丹田气满，结成刀圭也。

［陆注］

气自外回，丹从中结。壶中者，大丹凝结之处也；坎离者，阴阳互藏之卦象，铅汞、水火之异名。丹法以乌兔为药材，必须取坎填离，以铅投汞。二者匀平配合，混入中宫，然后龙吟虎啸而产玄珠于正位。其言自住、自回、自结者，要皆自然之妙用。所谓有为中之无为。一有安排布置，则涉于邪伪之私，而去道远矣。

［刘注］

丹者，圆明之物，系阴阳二气交合而成。当性住之时，万虑俱息，是谓真静真虚。静极则动，虚极生白，先天之气自虚无中来，片刻之间，凝而成丹，所谓一时辰内管丹成也。大抵还丹之要，在乎气回；气回之要，在乎性住；性住之要，在乎不迷；不迷之要，在乎降心；降心之要，在乎知宗祖。知得宗祖，降心应物，不为物迷，性自住，气自回，丹自结。三自字，在应物不迷处来。应物不迷，即是炼己之功。所谓炼己纯熟，还丹自结也。《了道歌》云："未炼还丹先炼性，未修大药且修心。性定自然丹信至，心静然后药苗生。"特以还丹最易，炼己最难。若炼己不炼到无己时，则性不定、心不静，丹何能还乎？然炼己若不知宗祖，其功莫施。三丰翁云："筑基时须用橐籥，炼己时还要真铅。"真铅即宗祖，若不遇真师诀破，真铅一味大药，谁敢下手？

气回丹结，真种到手，仅还得娘生本来面目。谓之还丹，又谓之小还丹。此丹犹未经真水火锻炼，尚是生丹，未成熟丹，不堪吞服济命。必须将此丹，煅成一个至阳之物，方能延得年，益得寿。坎外阴而内阳，其中之阳为真，为中正之阳，非幻身肾中之浊精，乃先天真一之神水。离外阳而内阴，其中之阴为真，为中正之阴，非幻身心中之血液，乃先天虚灵之真火。此水此火，乃虚空天然之水火，非一切有形有象之水火。用此水火，烹煎灵药，十二时中，不使间断，勿忘勿助，绵绵若存，用之不勤。《入药镜》云："水怕干，火怕寒"者是也。曰壶中配者，天然水火，不假外求，神明默运，药物老嫩，火候进退，随时加减，消息于宥密之中，不使有一毫渗漏也。

[魏注]

性住气回，则一神一气，自结丹而成丹。盖元神、元气、真性、真息，相依相抱。神驰外，气亦驰外；性归根，气自归根。故曰"尽性以至于命"。佛书专说性理而不至于命，及以性功既到，命功自随，为自然之结果，而可必得者也。上两句及本句之三"自"字，即透此中消息之语，学者可以知所用力矣。"壶中"即状若蓬壶之一窍，亦即丹鼎之意。水火既济，坎离相配，此结丹之现象也，既已性住气回，自然于丹鼎中结丹矣。坎，月也；离，日也，日月相配而成"丹"字也。

[解读]

气回丹自结。此句里出现了一个重要概念"丹"。这个概念既是《百字铭》的核心，也是道家和道教的炼养理论（主要是长生术和神仙术）的核心。虽然，后人不能简单地从名词术语在文献中出现的历史年代来判断外丹、内丹乃至丹道出现的时间，但一般认为，隋朝罗浮山道士苏玄朗撰写的《旨道篇》和《龙虎金液还丹通玄论》开启了道教内丹之说。他的内丹理论已经相对完备，其后的理论基本上都可以从中找到源头。他说："天地久大，圣人象之。精华在乎日月，进退运乎水火。是故性命双修，内外一道。龙虎宝鼎即身心也。身为炉鼎，心为神室，津为华池。五金之中，惟用天铅。阴中有阳，是为婴儿，即身中坎也。八石之中，惟用砂汞。阳中有阴，是为姹女，即身中离也。铅结金体，乃能生汞之白，汞受金炁，然后审砂之方。中央戊己是为黄婆，即心中意也。火之居木，水之处金，皆本心神。脾上犹黄牙也，修治内外，两弦均平，惟存乎真土之动静而已。真土者，药物之主，斗柄者，火候之枢，白虎者，铅中之精华，青龙者，砂中之元气。鹊桥河车，百刻上运，华池神水，四时逆流。有物之时，无为为本，自形中之神入神中之性。此谓归根复命，犹金归性初，而称还丹也。"

苏玄朗的要旨即是以心神为火，以精水为要，以气行为途径，还精归本，即为还丹，这也是后世内丹学的根本。经过唐末、五代的钟离权、吕洞宾和北宋的陈抟、张伯端等人的发扬，把内丹学推向了高峰——今天可称之为生命科学，使之成为修真的主要方法。陈抟更是提出以神或性为主，以气或命为辅的丹法，按照"顺则成人，逆则成仙"理论，由万物归入虚空便完成了一个由有限上升到无限的过程。并将其总结为有迹可寻、有法可依的内丹炼养的四个阶段：炼精化炁，炼炁化神，炼神还虚，炼虚合道。

"气回丹自结"的意思是身体的得气反应慢慢会集中在下丹田位置，渐渐形成气团，仿佛像结了一颗"丹"。道家所谓"丹"，是精、气、神高度凝结之状，恰如"丹"形，并非肚里真有一个东西，其感受知觉唯炼者自知。从象形文字的角度来看，丹字犹如月亮圆圈中间的一点，魏尧则把月亮圆圈中间的一点解释为太阳，那就是日月相配而成"丹"字，总的来说，道家以此来表示因修道而证得的清静圆明和灵明自觉的境界。

这个结丹的过程，并非有意寻为，而是水到渠成，自然而然。便是刘一明提到的《了道歌》中所说的"性定自然丹信至"。道教南宗五祖白玉蟾是如禅宗六祖慧能一般的人物，他的丹诗写道："两种汞铅，黄婆感合，如如真虎真龙。周年造化，蹙在片时中。炉里温温种子，玄珠象、气透三宫。金木处，炼成赤水，白血自流通。无中。胎已兆，见龟蛇乌兔，恍惚相逢。但坎离既济，复垢交融。了得真空命脉，天地里、万物春风。阴阳外，天然夫妇，一点便成功。"对这种境界，张三丰的同样形容是："将见二炁升降于中宫，阴阳配合于丹鼎，忽觉肾中一缕热气，上冲心府，情来归性，如夫妇配合，如痴如醉。"可见，这种体验是很美妙的，就像夫妇之间，柔情蜜意，琴瑟好合，称之为交泰。

壶中配坎离。内丹术由于借用了大量外丹的术语，所以运用很多的隐名、异名，如乾坤、坎离、铅汞、金木、龙虎、玄龟赤蛇、交梨火枣、婴儿姹女等。今天看起来似乎故弄玄虚，其实不然，只是文化断裂，今人不能理解而已。四大名著之《西游记》家喻户晓，看起来像是神话，也可说是道家如何通过炼养内丹而得道成仙的真实写照，以上各种名词贯穿其中，比比皆是，在此就不一一列举了。内丹修炼即以身体为鼎炉进行，同样，"壶"与鼎炉一样也是指此身体。坎离为八卦中的两个卦象，表示水和火，泛指带有水火属性的一切事物。下坎上离的组合就构成了《周易》六十四卦中的既济卦，表示圆满完成，万事皆济。对应身体上，就是心肾相交。五脏在五行中分别有着对应，五行又在八卦中分别有着对应：肾属水，坎为水，所以用坎代表肾；心属火，离为火，所以以离代表心。坎离是水火，比喻所谓的肾水和心火。内丹功法所练习的就是如何使心火下降，肾水上升，达到心肾相交，即水火相济，文中称之为"配坎离"。反之，寻常之人迷于外境，身体经常处于"未济"的状态。

《道德经》言："万物负阴而抱阳，冲气以为和。"讲的就是心肾相交，即心火向下与肾水向上——精气一定要与心气结合才能产生和气，和气也叫先天一气，即真气。所以养生修道之人，性情大都变得温和慈悲，因为他的内里总是一团和气。刘一明指出，坎非幻身肾中之浊精，乃先天真一之神水；离非幻身心中之血液，乃先天虚灵之真火。这一点尤为重要。肾中之浊精，往往由欲念而产生，非先天之真精，如果再妄加引导，必是自取祸患；离也并非后天心脏中泵动的血液。这句的意思是肾水和心火必须自然匹配，讲究是内丹修炼的火候，丹田之气才能不断生发、不断旺盛。宋代周无所住，《金丹直指》作者，在书中有《火候颂》："真火本无候，时人休强猜。要知端的意，无去亦无来。"

　　心肾相交，必是建立在静、无欲的基础上的。所以全真教第二代高道马钰写道："清静无为鼎内，觉心中真火，下降肾堂。肾水化为真气，气结红霜。"《道德经》言："夫物芸芸，各归其根，归根曰静，静曰复命。"复命有一个前提条件，就是静。《百字铭》中的"不迷"就是静，"性住"就是静。气回丹结，坎离相配，这些是"复命"过程中的现象，在"复命"过程中，身体会有种种反应，倘若因为这些反应，而起妄心、动妄念，则又失去不迷的境界，落入了迷的境地，这样一来，功力效果，终是有限的；若能一以贯之地保持不迷，任它气怎么回、丹怎么结、坎离怎么配，我都应而不随，不起悲喜惊恐之念，如此越久，收效越好。正如南宋沈瀛诗中所写："神欲出，便收来。神返心中气自回。换丹元，朝玉台。时运水，日搬柴。寸田一点是根。这交梨，常种栽。"马钰的师父王重阳言："静里含光默默，玄中调息绵绵。真空洞彻量无边。亲见本来身面。虽是虚灵不昧，也须添汞抽铅。常加水火鼎炉煎。便有神光发现。"

阴阳生反复，普化一声雷。

[译文]

　　保炼根芽，还返妙用，产成至宝；神光威音，六根震动，万物化生。

[张注]

功夫到此，神不外驰，气不外泄，神归炁穴，坎离已交，愈加猛烈精进，致虚之极，守静之笃，身静于杳冥之中，心澄于无何有之乡，则真息自住，百脉自停，日月停景，璇玑不行，太极静而生动，阳产于西南之坤。坤，即腹也，又名曲江。忽然一点灵光，如黍米之大，即药生消息也。赫然光透，两肾如汤煎，膀胱如火炙，腹中如烈风之吼，腹内如震雷之声。即复卦天根现也。天根现，即固心王，以神助之，则其炁如火，逼金上行，穿过尾闾，轻轻运，默默举。一团和气，如雷之震，上升泥丸，周身踊跃，即"天风姤卦"也。由月窟，至印堂，眉中漏出元光，即太极动而生阴，化成神水甘露，内有黍米之珠，落在黄庭之中，点我离中灵汞，结成圣相之体，行周天火候一度。烹之炼之。丹自结矣。

[陆注]

此十字者，妙不可言。盖阴阳反复，乃作丹之大旨；普化雷声，乃作丹之秘诀。所谓天机秘密，正在于此。夫神仙丹法，皆以阴阳反复而成。故以药材而言，则阴中用阳，阳中用阴，此阴阳之反复一也；以交媾而言，则女居日位，男配蟾宫，此阴阳之反复二也；以合丹而言，则举水以灭火，以金而伐木，此阴阳之反复三也。如此颠倒异常，大类可见。至其天机玄妙，则在普化句中。邵子之诗有云："忽然半夜一声雷，万户千门次第开。识得无中含有意，许君亲见伏羲来。"盖地中有雷，于卦为复，一阳来复。所谓爻动之时，身中冬至正好寻铅得诀，修之则大地山河皆成七宝，故云普化。言一声者，重始气也，此中别有单符单诀，贵在师传，学人更当洁己虚心，以期际遇可也。

[刘注]

水火烹炼之功，即朝屯暮蒙之功。朝屯者，进阳火也；暮蒙者，运阴符也。时阳则进阳，时阴则运阴，阴而阳，阳而阴，阴阳搏聚，自生反复。反复者，恍惚里相逢，杳冥中有变。反之复之，阴阳混化，先天灵苗，由嫩而坚，自生而熟，自渐而顿。忽的造化炉中，迸出一粒至阳之丹，如空中乍雷一声，惊醒梦里人矣。

[魏注]

配合坎离，即是取坎填离；取坎中之一阳，返之于离，而复其乾健之体；降离中之一阴，还之于坎，以复其纯坤之象，此即阴阳反复之事也。修道作用，全在反复阴阳。人生自破体以后，阴日盛阳日衰，阳尽则死，此即顺行行之，有生有死也。修道者反之，自还虚，筑基，炼己已至小周天，大周天，其作用全在采取空中之真阳，返还于吾身，以炼化吾身之浊阴，所谓"逆而修之，成仙成佛"是也。故"反复阴阳"一语，已将作丹之全体大用，包括无疑矣。然欲行此道，其下手应候"地雷复"之时。《易·复卦》之辞曰："复，其见天地之心乎！"当天心发现，活子时到，应聚火载金，驾动河车，以行周天，由小周天至大周天，其道同也，必候"一阳来复"，子时到来，方可下手，做返还炼化之功。吕祖曰："地雷震动山头雨，待洗濯黄芽出土。"此时阳火阴符，周流上下，无中生有，由有返无，升降进退，而阴尽阳纯，化作一气之阳气，此即黄芽出土时也。学者得诀修之，则虽草野愚氓，亦可超凡入圣，脱胎而仙也。《易》曰："帝出乎《震》"，震木为东三之祖性，"先天而天弗违"，故曰："普化一声雷"也。

[解读]

阴阳生反复。此句意思是下丹田之气充盈到一定程度自然沿循后背督脉上升，这就是"阳升"；阳气从头顶沿胸前任脉降入下丹田，这就是"阴降"。如是周而复始。这种情形在内丹术中被称为"小周天"。吕祖用"阴阳生反复"来形容小周天的过程。在呼吸时也要按照"顺行成人，逆行成仙"的原则，必须是吸时收腹，呼时鼓腹，其息深深，绵绵若存。运送丹田之气先从背面经过督脉上升，称为通三关，即通过尾闾、夹脊、玉枕三个部位，然后沿着前面的三丹田下降，称为降三关。通三关，内丹术语称为"进火"；降三关，内丹术语称为"退符"。道家仙学认为人身是小天地，天行三百六十度，因此使丹田之气在体内运转三百六十度，不断循环，便称为周天功法。南宋内丹南宗传人萧廷之曾对此写道："关锁自周天。升降循环三寸田。不在嘘呵并数息，天然。九转无亏火力全。胎息漫流传。要在阴阳不可偏。呼吸吹嘘皆赖巽。绵绵。妙在前弦与后弦。"

练周天功法就是要发生阴阳相交，又称为心肾交、任督交、天地交、龙虎交、铅汞交和木金交等，南宋夏元鼎精通内丹修炼之要，对此他曾写道："面目本来是道，阴阳造化成丹。舍此如何烹炼？"这个过程会有一定的生热反应。一般人练习静坐也会有类似的感觉，手心会出汗。如果静坐能够进入全身处于虚、松状态，还会静极生阳，体内阳气周流运转，不断与阴气交融，或冲击病灶，或疏通经络，身体也会排出汗液。出汗其实是对人体旧患的一种清理，即将体内阴气、病气逐渐排空，用现代人的语言讲就是排毒。中医治病有八种方法：汗、吐、下、和、温、清、消、补，"汗法"位居第一。看似简单的静坐，可以达到这样的效果，说明内丹功蕴含着深刻的原理和惊人的效果。所以宋代大儒朱熹给天下读书人的建议是"半日静坐，半日读书"。元初内丹北宗传人尹志平也曾写道："夜深人静，披衣闲坐，琴听无弦。罢高谈、逸论默通玄。任龟息绵绵。阴阳升降，冲和四大，骨壮神全。抱元初一点行功圆。看歌舞胎仙。"

　　随着功力的不断增长，即阴阳相交的质量逐渐提高，就是由"有为"发展到"无为"的转变，发生的各种体内阴阳相交都会产生某种快意，所以，吕祖《三字诀》言："说着丑，行着妙。人人憎，个个笑。大关键，在颠倒。莫厌秽，莫计较。得他来，立见效。地天泰，为朕兆。"而寻常之人无法享受到的"禅悦"或"三昧乐"讲的也是类似的意思。

　　普化一声雷。全真高道马钰言："返覆阴阳仗炼烹。火降水升抛雪浪，龙吟虎啸发雷声。"意思是，小周天循环到一定程度就产生了大周天的"六根震动"的现象。小周天的反应较微弱，大周天的反应比较大。因此许多人在小周天阶段并没有太深刻的体验。所以，吕祖用"阴阳生反复"来形容小周天的过程，大周天则以"普化一声雷"来形容，表明大周天的反应比较明显，身体都有大的变化。大周天所走，当然指全身一切经脉，包括任督二脉、奇经八脉、十二正经。大周天通了，内气便贯通全身，能量大变，进入庄子所讲的"与天地精神相往来"境界，与宇宙一体。这时就会有"六根震动"现象出现，像地震、身体震动，或者耳边听到雷声，有的会看到火花，这个是正常的，是静极所致。

　　《中庸》言："道不可须臾离也。"身中水火既济，并非一时一刻；不迷也并非偶尔不迷，而是要达到时时刻刻皆不迷，皆既济，才能返璞归真。如此自是反复之功，久而久之，普化一声雷，这也是六根互换，功能通用。北宋高僧释正觉对此写道："握箄之像，对机之身。六根摄一处，三昧起诸尘。蚌肠孕于月明之夜，蛰户开于雷动之春。个般手段兮，分付善应之人。"元朝僧人释可湘写道："声以眼闻，色以耳见。万法融通，六根互换。作是思惟时，十方佛皆现。"南宋曾任礼部尚书的李伯玉写道："七窍凿开无混沌，六根消落尽圆通。"六根互换，意思是，识神所依赖的六根：眼、耳、鼻、舌、身、意都被一一收服，即不再心猿意马。就像刘一明所言："忽的造化炉中，迸出一粒至阳之丹，如空中乍雷一声，惊醒梦里人矣。"

功夫到这一步，身体会有很多感觉，张三丰就透露了很多，他说，后腰两肾会感到非常热，就像在汤中煎煮一样，膀胱更加犹如火炙，腹中似风雷之状，有类似刮大风和打雷的声音。此中所述，皆实修之切身体验，非理论所能详尽。只是祖师前辈，将自己的修行经验，身心体会，笔之于书，留于我辈后人，作指路之灯。

道家认为，人先天本是纯阳之体，出生后的经历漏失，使阴渐渐强盛而阳渐渐衰退，等彻底退尽之时，此生便告一段落。而修道所要做的，便是逆转这种老化趋势，使身心返还于纯阳，民间所谓的"返阳"便是此意。张三丰、陆西星、魏尧都指出了需要抓住身心的"复卦时刻"才能返阳。

六十四卦中的"泰、大壮、夬、乾、姤、遁、否、观、剥、坤、复、临"十二卦，叫作"十二消息卦"，分属农历一至十二月。农历五至十月，谓之"消"，是阳气渐渐消散的意思，十一月至四月，谓之"息"，是阳气渐渐生息壮大的意思。它将一年四季十二个月的阴阳消长，春生夏长秋收冬藏的规律都形象而又巧妙地包藏其中。一年之中的冬至，对应的便是十二消息卦中的复卦。一天中的子时，即晚上二十三点到凌晨一点，对应的也是复卦。复卦，下震上坤，震表示雷，坤表示地，表示一阳来复，表示春天之始、复兴的意思。北宋"梅花易数"大师邵雍有一首诗，"冬至子之半，天心无改移；一阳初动处，万物未生时"。说的就是这个复卦的道理。修道应该抓住身心的复卦时刻，宁心静虑，摒除杂念私欲，让其顺势而行，则可得养矣。金元道士侯善渊的诗也描述了与此句相同的境界："阴阳颠倒一声雷。忽然惊睡觉，梦中回。迷云拂尽慧光开。随风去，抱个日头来。温养结仙胎。空中明显现，越灵台。四维上下看蓬莱。堪归。"

白云朝顶上，甘露洒须弥。

[译文]

烟霞独步，稳跨祥鸾，稽首仙都；灵泉浇洒，雨露新功，朝元金阙。

［张注］

到此地位，药即得矣。二气结刀圭，关窍开通，火降水升，一炁周流，从太极中，动天根，过玄谷关，升二十四椎骨节，至天谷关，月窟阴生，香甜美味，降下重楼，无休无息，名曰"甘露洒须弥"。

诀曰：甘露满口，以目送之，以意迎之，送下丹釜，凝结元气以养之。

［陆注］

此十字，言气回之征验。盖先天之气，生于炁动之期，此时运剑追来，度鹊桥、贯尾闾、循督脉，而上通于泥丸，但觉油然瀜然，如白云之朝于顶上者，顷之化为玉浆，味如甘露，洒于须弥，降于重楼，入于中宫，所谓气回丹结，其象如此。须弥，山名。佛语须弥，此云妙高，即顶上之义。《紫庭经》云："采之服之未片晌，一道白脉冲泥丸。化为玉浆流入口，香甜清爽遍舌端。"意盖本此。

［刘注］

当阳丹出鼎，吞而服之，点一己之阴汞，如猫捕鼠。白云朝顶上者，冲和清气上升，五气朝元也。甘露洒须弥者，华池神水下降，万病回春也。须弥山在天地之正中，即人中有一宝之象。中之一宝，即是圣胎，又名黄芽。祖师示张珍奴词云："地雷震动山头雨，要洗濯，黄芽出土。"正是此义。

[魏注]

"白云朝顶上"者，大药成熟，一阳来复，阳气缘督上升，到于乾顶。此即《悟真篇》所谓"依他坤位生成体，种在乾家交感宫"也；"甘露洒虚弥"者，阳气到顶，一阴来媾，化为凉液，由顶下降，如一滴甘露，经重楼而归黄庭。此为服食而得丹，大周天之事也。

[解读]

白云朝顶上。佛家入到禅定的高级境界时，六根震动出现，大周天开通之后，修为变化的标志是头顶骨缝开，额头等处塌陷，金光显现。这是因为佛家能量往外膨胀，所以骨窍开，在佛家修持到这个境界叫开顶——如果虔诚的恭敬心，并且功德做得足够，有成就的天人或上师，自然会给你灌顶。道家是不开的，道家是往里走，内聚结丹。修到此种地步，身体五脏之气冲和成为真气上升，聚于上丹田，也就是内丹术中常讲的"五气朝元"。《性命圭旨》阐述道教义理及丹道法则，博采众家之说，曾广泛流传，明清时期极盛，被三教人士视为三教修持圣典。书中言："盖身不动，则精固而水朝元；心不动，则气固而火朝元；真性寂，则魂藏而木朝元；妄情忘，则魄伏而金藏元；四大安和，则意定而土朝元。此谓五气朝元，皆聚于顶也。"

"白云朝顶上"，就是从头顶开始身心内外一片白光，是有相的光明。体内的真气汇聚到头顶，以百会为中心的头顶的一个范围内，内里是上丹田，"白云"是似乎有形象，但又非常轻柔，修炼者的自我感觉是非常柔和的白光，也被称为性光。正如马钰所言："玉炉瑞雪重重结，金鼎祥光霭霭生。"所以很多修行的人，别人看到，会发现他的印堂处很亮，其实就是这个原因，同时也说明他处于精炁很足、五脏安和的状态——"医圣"张仲景言："五脏元真通畅，人即安和。"寻常之人若能性情平和，不急不躁，随遇而安，时常静坐，虽然不能成就一番内丹功夫，但也会少病少灾。正如全真道士尹志平词中所言："自别都门人事少，心头不挂微尘。闲歌闲咏默颐神。有中皆妄想，无内却全真。取性逍遥云水客，无情淡泊闲人。随缘安乐绝疏亲。三阳将欲遍，五气自朝元。"

甘露洒须弥。自然界的云层积厚，凝结成小水珠，然后会下降为雨，普润万物。人身之中，白云朝顶，化为甘露，就是所谓的华池神水。"甘露"自顶而下，落入口中，润泽全身。这正是刘一明所讲的："白云朝顶上者，冲和清气上升，五气朝元也。甘露洒须弥者，华池神水下降，万病回春也。"
但是甘露并不是嘴巴里面的口水，养生学中的金津玉液之说，
一般指的是舌下那个金津玉液穴位产生的口水，是人的唾液
之一。而"甘露"是从口腔内的上颚牙龈位置的华池穴滴流
下来的——产生于脑下垂体即泥丸所在的上丹田，为神水，
又清又甜。南宋高道陈泥丸是内丹南宗五祖之一，他诗中言
道："若非金液还丹诀，不必空自劳精神。"此为祖师之告诫，
若不得金液（甘露），则长生之道未登堂入室矣。

　　"须弥"指"须弥山"，相传是古印度神话中的名山。据
佛教教义，它是诸山之王，世界的中心，为佛教的宇宙观。
山喻高，在人身喻头部。修到此境界，身心清静圆明，毫无
半点染污，即使身处闹市，也不受影响。头脑非常清晰，如
蓝天白云，万里晴空，任何事物一显现出来便明明白白，没
有含糊，这也才能真正做到物来则应，过去不留。寻常之人
的头脑很多时候都处于昏沉状态，脑子里想什么，自己也记
不太清楚，记忆力也不佳，老忘事，读过的书也马马虎虎。
这种状态，表面看来没什么问题，实际已经不是一种健康的
状态，去做事业，更难取得大的成就。而修持到清明自在如
蓝天白云境界的人，不论健康状况还是做事的能力、效率，
都是上等的。身体的真阳之气，由督脉上升至顶，再洒将下
来，普润全身。不只是头脑，整个身体都处于一种轻灵的状
态，身轻体健，动作灵活不衰，头脑灵活不衰，不得不说是

养生之大收获。

自饮长生酒，逍遥谁得知。

[译文]

道德芬芳，洗彻凡埃，妙入无余；猿鹤为友，摄邪归正，满眼神州。

[张注]

养气到此，骨节已开，神水不住，上下周流。往来不息，时时吞咽，谓之长生酒。诀曰：流珠灌养灵根性，修行之人知不知。

[陆注]

气化为水，甘美莫加，故玉液琼浆，随宜立号。《悟真篇》云："长男乍饮西方酒"，此长生酒也；"雪山一味好醍醐"，此长生酒也；"壶内旋斟延命酒，鼎中收取返魂浆"，此长生酒也。是皆己所独得，无人与共。故曰自饮。逍遥，快乐自得之义。夫此酒既不能与人共，此乐又能与人知耶？

[刘注]

当圣胎凝结，神水流通，浇灌丹田，自然无质生质，无形生形，而一切勉强之功，无所用矣。故曰：自饮长生酒，逍遥谁得知也。曰自饮，曰谁得知者，盖以长生逍遥之事，乃窃阴阳，夺造化，先天而天弗违，后天而奉天时之事，虽天地神明，不可得而测度，而况人能知之乎？

[魏注]

甘露入口，香味异常，服食得丹，而能长生久视，故曰"长生酒"也。《悟真篇》曰"长男乍饮西方酒"，《无根树》曰"醍醐酒，返魂浆，起死回生是药王"，即此是也。此为自酿自饮之长生酒，非能与他人共之者，"如人饮水，冷暖自知"也。甘露服下，遍体清凉，心中快乐，无可比拟，儒家谓"真乐"，颜子之"不改"者是也。此乐只我自知，亦唯我本性虚明与太虚同体，逍遥自在，实有非语言可以形容者也。

[解读]

自饮长生酒。气化而来的"甘露"，道家称之为长生酒，其味甘美，应及时吞咽。张三丰在他影响广泛的丹诗《无根树》中说："醍醐酒，返魂浆，起死回生是药王。"可见其功效之大，堪为至宝。按张三丰注："养气到此，骨节已开，神水不住，上下周流，往来不息。时时吞咽，谓之长生。"唾液俗称口水，现代医学认为它是人体的精华部分之一，是涌动不息的生命源泉，所以，"活着"的"活"字就是指舌头有水。"长生酒"虽非普通口水，可我们常人常咽口水，却也是好处多多的。《太上养生胎息气经》言："饥食自然气，渴饮华池浆，可使长饱也。"书中还说："口中津液是金浆玉醴，能终日不唾，常含而咽之，令人精气常留，面目有光。"

古代医学认为唾液咽下后可化生津血，滋养五脏六腑。明代伟大的医学家张景岳所著的《类经》深为后世所推崇，书中说："咽气津者，名天池之水，资精气血，荡涤五藏，生溉元海。"道教内部人士撰于隋朝时期的重要典籍《玄门大论》中提到九种斋戒，其中把胎儿口中津液内咽，称为"胎食"，亦可通俗称为"咽津"。成书于宋代的养生专著《摄生纂录》，分导引、调气、居处、行旅等四篇。书中认为：漱其舌下泉，咽之数十息之间一相继，就是胎食。在官方正史《后汉书·方术列传》中干脆直接讲明了，胎食有强大的壮阳作用——其实按道家的说法，就是炼液化精——"悉能行胎息、胎食之方，漱舌下泉咽之，不绝房室"。道教上清派宗师陶弘景所写的重要养生著作《养性延命录》中指明，将咽津法与服气法结合起来，就是辟谷之功法："华池者，口中唾也。呼吸如法，咽之则不饥也。"

明代晚期太医院医官龚居中平生著述甚丰，最著名的是《红炉点雪》一书，对后世医学界有极大贡献。书中极为推崇咽津对人体五脏的具体益处，以及对预防疾病的作用：

"津既咽下，在心化血，在肝明目，在脾养神，在肺助气，在肾生津泽，自然百骸调畅，诸病不生。"唐朝杨贵妃当年有两个雅好，一是凌晨到后花园观花，口吸花露；另一个则是经常口含玉鱼，吞咽产生的唾液，清润喉舌，滋养毛发，保持美丽姿容。

逍遥谁得知。到这一步，也就是佛家所说的解脱。佛家称内触妙乐，也称醍醐灌顶，是一种由内而发的快感、乐感，超过世间一切快感。道家修到这一步，也是自在逍遥，难与外人道也。就像生病受罪一样，没有人可以代替，没有人可以真正体会，修道的逍遥乐果也是如此。诀曰："流珠灌养灵根性，修行之人知不知。"这是身体上的种种表现，刘一明说，当"圣胎凝结，神水流通"后，自给自足，"虽天地神明，不可得而测度，而况人能知之乎"？

"竹林七贤"中的精神领袖、领军人物嵇康著有《养生论》，此文是我国古代养生论著中较早的名篇，文中言："夫神仙虽不目见，然记籍所载，前史所传，较而论之，其有必矣。似特受异气，禀之自然，非积学所能致也。至于导养得理，以尽性命，上获千余岁，下可数百年，可有之耳。而世皆不精，故莫能得之。"另外，他还写道："真人是要。齐物养生。与道逍遥。"都表达了"服膺仁义，动由中和，荡喜怒，平神气得以养生"的观点，进一步提出具体养生途径。

葛洪真人编撰的《神仙传》记载了中国古代传说中

八十五位神仙的故事。在介绍彭祖时，说他每天早上醒后，总是舐舐嘴唇，开始咽咽口水，服气数十次，再起床开口讲话，据说彭祖在八百岁时面容还像少年那样年轻。这是讲神仙们"自饮长生酒"的逍遥，寻常之人更多的逍遥也可以来自一杯浊酒。"竹林七贤"里就有一个著名的"醉侯"刘伶和一个著名的酣醉不醒关内侯阮籍。南宋著名江湖诗派诗人戴复古曾写过一首诗就叫《饮中达观》："人生安分即逍遥，莫向明时叹不遭。赫赫几时还寂寂，闲闲到底胜劳劳。一心似水惟平好，万事如棋不着高。王谢功名有遗恨，争如刘阮醉陶陶。"达观，意思是心胸开朗，见解通达，听其自然，随遇而安，也算是一种逍遥吧。今人生活质量普遍比古人提高许多，也多愿意选择喝酒以寻找逍遥的感觉，只是境界多少还差了那么一截。

坐听无弦曲，明通造化机。

[译文]

五云缭绕，乐声齐举，喜奏瑶台；造化端倪，法象枢机，长生秘诀。

[张注]

功夫到此，耳听仙乐之音，又有钟鼓之韵，五气朝元，三花聚顶，如晚鸦来栖之状，心田开朗，智慧自生，明通三教经书，默悟前生根本，预知未来休咎，大地山河，如在掌中，目视万里，已得六通之妙，此乃实有也。吾行实到此际，若有虚言以误后学，天必诛之。遇之不行，罪遭天谴。非与师遇，此事难知。

［陆注］

《太上日用经》云："无弦之曲，不言而自声，不鼓而自鸣。"盖丹在身中，太和充溢，是以目有神光，耳有灵响，口有甘津，鼻有异香，理所必至，无足异者。吾师意在简文，聊举其一，即其余可推也。

［刘注］

庄子云：摄精神而长生，忘精神而无生。长生者，有为了命之道；无生者，无为了性之道。了性之道，即九年面壁之功；面壁之功，即十月温养之功。九年之说，非实有九年之期，九为纯阳之数，即金液九还，阴尽阳纯之义，所谓一毫阴气不尽不仙也。十月之说，圣胎成就，脱化之期，如妇怀孕，十月婴儿出胞，亦法象也。十月温养之功，防危虑险，万有皆空，不使有一毫客气入于胎元之中，如壁列万仞，一无所见也。十月温养，九年面壁，二者是一义，非是两件，皆古人取其义而象之耳。惟其温养面壁，故曰坐听无弦曲。坐非身坐，乃心清意静，不动不摇之坐。有弦曲则有声有音，无弦曲则无声无音矣。无声无音，一空而已。既云无声无音，听个甚的？曰听，则是空而又不空，不空而又空，非顽空，乃真空也。曰坐听者，离却见之一边，绝不着于色矣；曰听无弦曲，听而不听，已是离却听之一边，又不着于声矣。《金刚经》云："若以色见我，以音声求我，是人行邪道，不能见如来。"如来者，如有所来，而实无来。此真空本来面目，即超脱圣胎之大法门，成全法身之真口诀。要之，无为之功，总在坐之一字。坐则止于其所，内视其心，心无其心；外观其形，形无其形；远观其物，物无其物。三者既悟，惟见于空，空无所空，无无亦无。无无既无，名为照了，打破虚空，独露全身，不生不灭，方为了当。有生者，所以脱幻身，而固命基。还丹之道，从无而造于有也。无生者，所以脱法身，而了性宗。大丹之道，从有而化于无也。有生无生，即造化之机。知此道者，始而从无造有以长生，终而从有归无以无生。有无不立，性命双修，明通天地造化之机，而与天地为一矣。

[魏注]

此二句总结言之，最初下手，自还虚始吹无孔之笛，听无弦之曲，而"性自住""气自回""丹自结"。三"自"字，便是"潜通"，末后还虚之一着，又以我之虚空，通天地之虚空，久久行持，自然粉碎虚空，人但见我无为，而不知我已参赞天地之化育，故曰，"潜通造化机"也。

[解读]

坐听无弦曲。这个时候，内心的快乐犹如弹琴自娱，其快乐与琴弦无关，无弦琴即此意。心里完全参透了天地自然的玄机了。这可理解就是观世音菩萨耳根圆照，返闻自性的境界，即《大佛顶首楞严经》所言"此方真教体，清净在音闻。欲取三摩提，实以闻中入"。观自在菩萨是修光，用眼睛起修配合意识；观世音菩萨是用耳朵起修配合音声。喜欢用眼看，喜欢用耳听，全都是识神用事，却不知道自己元神的功用。试试宁静下来，回转来听听自己身体内部的声音，不需做任何功夫。身体内部本来是有声音的，你用手把两耳捂起来，像包饺子一样把耳朵合拢起来，此时就听到心脏血液流动声音很大。如果能慢慢平静下来，会出现一种非常奇妙的音声。没有弦哪里有音乐呢？这个音乐是天乐，即庄子所谓的天籁之音。

张三丰在丹经《无根树》言："姹女用吹无孔笛，金公为抱无弦琴。深深密密谁能测，杳杳冥冥孰解寻？指日还丹成就后，总教大地皆黄盖。"不仅有"无弦琴"，在道家修行中，还有"无孔笛"之说，都指内丹有成之后的胎息。东晋高道葛洪所著《抱朴子》言："得胎息者，能不以口鼻嘘吸，如在胞胎之中。"就是说不用口和鼻子呼吸，如在妈妈腹中。北宋大型道教类书《云笈七签》言："人能依婴儿在母腹中，自服内气，握固守一，是名胎息。"

古人说："吾人受气之初，父母精血相交之倾，流注一线之路，其中似有一管相通，故曰无孔笛，没口人吹也。返本还原，亦宜从吹无孔笛入手。"按这句理解，"无孔笛"指的是脐带。后天呼吸借助鼻孔，好似笛之有孔发音；先天呼吸已无须借助鼻孔，全由丹田运荡，故名"无孔笛"。元神真性既安既静，是练习胎息的重要保证，故称"姹女用吹无孔笛"。人后天口鼻呼吸，一呼一吸，如同木匠拉锯，闻之有声，好似有弦之琴。而"无弦琴"指中和之真气，在胎息状态下，真气无阴阳偏极之象，一派中和圆融之态，得妙不可言之乐，故称"无弦琴"。真气的中和圆融之态又是元神真性安伏不动所创造的良好环境，故称"金公为抱无弦琴"。

长吹无孔笛，时鼓无弦琴。不仅指胎息功夫炼养，还有自得超脱之意。晋代诗人陶渊明，虽不善琴，却置"无弦琴"一具，每逢酒酣意适之时，便抚琴以为寄托。宋代文学家欧阳修作《论琴贴》，自谓曾先后得琴三具，一张比一张名贵。但"官愈昌，琴愈贵，而意愈不乐"。"乃知在人不在琴，若心自适，无弦也可。"

明通造化机。"明"就是明白，"通"就是通达，"造化"是指天地自然，"机"就是奥妙、规律。什么是"明通造化机"呢？道家内丹东派祖师陆西星说："目有神光，耳有灵响，口有甘津，鼻有异香，理所必至，无足异者。"也是《黄帝阴符经》结束语所言："阴阳相胜之术，昭昭乎进于象矣。"意思是，关于这个宇宙生命的根源，万物的真相都知道了，都明白了。

张三丰说："心田开朗，智慧自生，明通三教经书，默悟前生根本，预知未来休咎，大地山河，如在掌中，目视万里，已得六通之妙，此乃实有也。"那就是得到了高度的智慧，儒释道三教经典，乃至其他任何书籍，拿到手里一看，便能了然其意，知晓过去未来，洞察吉凶祸福，总之，一切神通妙用，尽数掌握。

到了这一步，了性之事已毕，神通亦具足。诚如庄子云："摄精神而长生，忘精神而无生。"体内的所有经脉都很通畅，身轻体盈，神清气爽，精力充沛，头脑反应敏捷，记忆力增强，对事物的预见和判断会出现一种生活上超乎常态的直觉效果。其实质是一种特异能力的出现。诗仙李白在诗中写道："揽彼造化力，持为我神通。"意思是，我的神通就是拥有了天地自然的能量，简直是可以呼风唤雨啦！佛法称特异功能为神通，即所谓的"五眼六通"。五眼是肉眼、天眼、慧眼、法眼、佛眼；六通又叫六神通，包括天眼通、天耳通、他心通、宿命通、神境通、漏尽通。正一道第三十代天师张继先也写到过结丹成功后所获的神通："白云堆里采芙蓉。枝枝香艳浓。灵龟畔岸起祥风。楼高十二重。黄金殿，碧云笼。丹砂透顶红。神机运处鬼神通。清真达上宫。"这与宋太宗在他的《缘识》诗中所写的异曲同工："归信妙法要精专，极目烟霄路不偏。日月明通三界眼，云梯上有十洲仙。"

都来二十句，端的上天梯。

[译文]

碧霞堆里，高眠清昼，同赏阳春；华胥相会，摩挲星斗，朝拜三清。

[张注]

自"养气忘言守"至此二十句，皆是吕祖真正口诀，功夫无半点虚伪，乃修行上天之阶梯。得悟此诀与注者，可急行之，勿妄漏泄，勿示匪人，以遭天谴。珍重奉行，克登天阙。

[陆注]

吾师百字灵文，乃千圣登真之梯筏，学人谁不知诵，求其融会贯通，以得夫立言之意者，盖亦鲜矣。星谫劣不文，蒙师提挈有年，金丹大道，尝窃与闻。考之此篇，若合符

节，乃敢僭为测疏，作济！度之津梁，开时人之眼目。极知
狂诞，无所逃罪，然使好道之伦，玩索而有得焉，庶几不负
吾师之教乎。

[刘注]

养气忘言守一句，统言修道之全体大用也。降心为不为
一句，言炼己筑基也。动静知宗祖，无事更寻谁二句，言炼
己筑基，须要识得心也。真常须应物，应物要不迷二句，言
炼己之实功也。不迷性自住，性住气自回，气回丹自结三
句，言炼己功勤，还丹自结也。壶中配坎离一句，言丹还
后，内炉之功也。阴阳生反复一句，言阴阳变化，由嫩而坚
也。普化一声雷一句，言脱丹法象也。白云朝顶上，甘露洒
须弥二句，言服丹后之法象也。自饮长生酒，逍遥谁得知二
句，言服丹结胎之法象也。坐听无弦曲一句，言十月温养之
功也。明通造化机一句，是总结了性了命之大义也。以前
十八句，还丹大丹，始终次序，火候工程，悉皆吐露，至简
至易，约而不繁，依法行持，自卑登高，由近达远，端的为
修道者上天梯也。曰二十句者，并结尾二句言之耳。

[魏注]

此章仅仅二十句而已，依次说尽修道之功夫矣。照此下
功，则上天有梯，可循序而至矣。

[解读]

都来二十句，端的上天梯。这是唐末宋代的土话，现在用白话来说，意思是，真的是上天的梯子啊！也就是说，人可以升华，超越这个现有的生命，上升到更高的生命维度当中。虽然也就二十句，但从开篇的前两句，讲"养气、降心"，到"坐听"——这里的坐不是身坐，而是心坐，心神安宁，毫不动摇，最终达到"无弦琴"的胎息境界。一路而来，从平常的后天呼吸成功返回到先天呼吸，即真气周流运行的状态。这的确指明了一条超凡入圣的"上天"之路。一旦丹成，则突破凡与圣、生与死、仙与俗之间的界限，达到北宋儒家理学思想的开山鼻祖周敦颐所言"始观丹诀信希夷，盖得阴阳造化机。子自母生能致主，精神合后更知微"，以及全真教第二代高道马钰所言"无价丹成无老死，长生路上法身轻"的理想境界。正像司马迁所记载的那样，中华民族人文始祖轩辕黄帝的一生"且战且学仙"，在他一百二十岁时最终得道乘龙飞天成仙，与山川共存，与日月同辉，为我们留下了天地人合一的伟大愿景。

此句的重点还在于，这个功夫一步一个台阶做好了，后边的境界是随之而来的，不可妄求。重要是的一心向道，坚持练功。喜欢炼丹修道的唐代诗人李颀有一首诗《谒张果先生》，为我们描绘了一个出则达通世界、入则尽享繁华的逍遥神仙，他写道："先生谷神者，甲子焉能计。自说轩辕师，于今几千岁。寓游城郭里，浪迹希夷际。应物云无心，逢时舟不系。餐霞断火粒，野服兼荷制。白雪净肌肤，青松养身世。韬精殊豹隐，炼骨同蝉蜕。忽去不知谁，偶来宁有契。二仪齐寿考，六合随休憩。彭聃犹婴孩，松期且微细。尝闻穆天子，更忆汉皇帝。亲屈万乘尊，将穷四海裔。车徒遍草木，锦帛招谈说。八骏空往还，三山转亏蔽。吾君感至德，玄老欣来诣。受箓金殿开，清斋玉堂闭。笙歌迎拜首，羽帐崇严卫。禁柳垂香炉，宫花拂仙袂。祈年宝祚广，致福苍生惠。何必待龙髯，鼎成方取济。"

修道练内丹，最为重要是要有明师指点，关于这一点，历代宗师都一再提醒。张三丰在《无根树》第九首中专门写道："无根树，花正开，偃月炉中摘下来。延年寿，减病灾，好结良朋备法财。从兹可成天上宝，一任群迷笑我呆。劝贤才，休卖乖，不遇明师莫强猜。"张伯端在《悟真篇》中写道："饶君聪慧过颜闵，不遇师传莫强猜。只为丹经无口诀，教君何处结灵胎。"也有一位宋代无名氏写了一首词《永遇乐·养水养精》，比较完整地把这一过程总结并给予提醒："养水养精，养神养血，先须养气。日月阴阳，六爻八卦，细看参同契。灵躯灵宝，千言万语，不过坎离两字。向昆仑顶上，返本还元，要明终始。一身虽小，如同天地，八万四千余里。玄牝之门，生生万化，都在冲和内。此真真外，别无真谛，方信道一而已。异时见钟吕，如有未明，请师指示。"

生活需要脱俗，生命需要成长，因此每个人都有机会成为一个觉者，成为一个行者。一百字透露修道天机，一百字蕴藏炼丹秘密。张伯端也曾说："成道者，皆因炼金丹而得。"最后，我们以吕祖自己的诗词做一个结束："坎离乾兑分子午。但认取、自家宗祖。炼甲庚、更降龙虎。地雷震动山头雨。要浇灌、黄芽出土。有人若问是谁传，但说道、先生姓吕。"

吕洞宾诗文

丹诀集

《修身诀》三段

人命急如线，上下往来速如箭。认得是元神，子后午前须至炼。随意出，随意入，天地三才人得一。既得一，勿遗失，失了永求无一物。嗟叹荒郊冢墓中，自古灭亡不知屈。

天花烂漫，人事悠悠，得之者一气吞元，失之者三泉昧景。至药龙居虎位，虎据龙宫，当龙虎混合之时，认恍惚杳冥之路，大电霹而神莫为，迅雷烈而神莫知，去彼取此兮，用资久视之功，即是神仙之妙。（此段与后段非诗体，然三段相因不可割截，附之。）

先住其子，后觅其母，率性为宗，擒和正取。水伏其火，龙引其虎，得自两眉，始应玄牝。雷惊电杳，无非黄盖之家；金液琼浆，尽属丹池之宝。老子之术，尽于斯矣。嗟夫，金玉满堂，莫之能守也。

三字诀

这个道，非常道，性命根，生死窍。

说着丑，行着妙，人人憎，个个笑。

大关键，在颠倒，莫厌秽，莫计较。

得他来，立见效，地天泰，为朕兆。

口对口，窍对窍，吞入腹，自知道。

药苗新，先天兆，审眉间，行逆道。

滓质物，自继绍，二者余，方绝妙。

要行持，令人叫，气要坚，神莫耗。

若不行，空老耄，认得真，老还少。

不知音，莫语要，些儿法，合大道。

精气神，不老药，静里全，明中报。

乘凤鸾，听天诏。

悟道诗

数载乐幽幽，欲逃寒暑逼。不求名与利，犹恐身心役。

苦志慕黄庭，殷勤求道迹。阴功暗心修，善行长日积。

世路果逢师，时人皆不识。我师机行密，怀量性孤僻。

解把五行移，能将四象易。传余造化门，始悟希夷则。

服取两般真，从头路端的。烹煎日月壶，不离乾坤侧。

至道眼前观，得之元咫尺。真空空不空，真色色非色。

推倒玉葫芦，迸出黄金液。紧把赤龙头，猛将骊珠吸。

吞归脏腑中，夺得神仙力。妙号一黍珠，延年千万亿。
同途听我吟，与道相亲益。未晓真黄芽，徒劳游紫陌。
把住赤乌魂，突出银蟾魄。未省此中玄，常流容易测。
三天应有路，九地终无厄。守道且藏愚，忘机要混迹。
群生莫相轻，已是蓬莱客。

百句章

无念方能静，静中气自平。气平息乃住，息住自归根。
归根见本性，见性始为真。万有无一臭，地下听雷鸣。
升到昆仑顶，后路要分明。下山接鹊桥，送下至黄庭。
庭中演易卦，五十五堪均。气卷施四大，坐卧看君行。
此是筑基理，孤阴难上升。更要铸神剑，三年炼已成。
念正情忘极，临炉不动神。觅买丹房器，五千四八春。
先看初三夜，蛾眉始见庚。要见庚花现，反向蛾眉寻。
如此采真铅，口口要真传。火候从初一，一两渐渐生。
十六退阴符，两两不见增。沐浴逢鸡兔，防失防险倾。
金气自熏蒸，体上汗淋淋。十月胎方就，顶门要出神。
还须面壁九，飞身上玉京。三段功夫诀，明明说与君。
我今亲手释，成书体诀行。传与修行子，玉金之法程。
丹诀真师授，须与神仙论。更有妙丹法，予恐太泄轻。
弹弦并鼓瑟，夫妻和平情。霞光照曲水，红日出昆仑。
恍恍并惚惚，杳杳与冥冥。此中真有信，信到君必惊。

一点如朱橘，要使水银迎。绝不用器械，颠倒法乾坤。

世人不悟理，三峰采战行。也有说三关，也有入炉临。

又以口对口，丑秽不堪听。一切有为法，俱是地狱人。

有等执著者，信死清净真。发黄并齿落，鹄体似鹤形。

他未知吾道，分明假作真。观天之大道，执天之大行。

月挂西川上，霞临南楚滨。三日前为晦，阳中之纯阴。

三日后为朔，阴中之阳精。亦如逢冬至，和景好阳春。

八日是上弦，一问卯兔门。十六方为娠，廿三是西门。

以此参易卦，方知大道真。百句章中字，字字要寻文。

此书雷将守，得者慎勿轻。

行火候

行火候，六百篇。采先天，炼后天，篇篇字字休轻慢。勤将日月身中运，捉就阴阳鼎内煎，展天缩地分明现。全凭著智慧宝剑，斩三尸奔走如烟。祖师当初曾嘱咐，万两黄金莫乱传，仙宗妙道休轻慢，若没有真传实授，怎知道性命根源。

鄂渚《悟道歌》

纵横天际为闲客，时遇季秋重阳节。

阴云一布遍长空，膏泽连绵滋万物。

因雨泥滑门不出，忽闻邻舍语丹术。

试问邻公可相传，一言许肯更无难。

数篇奇怪文入手，一夜挑灯读不了。

晓来日早才看毕，不觉自醉如恍惚。

恍惚之中见有物，状如日轮明突崛。

自言便是丹砂精，宜向鼎中烹凡质。

凡质本来不化真，化真须得真中物。

不用铅，不用汞，还丹须向炉中种。

玄中之玄号真铅，及至用铅还不用。

或名龙，或名虎，或号婴儿并姹女。

丹砂一粒名千般，一中有一为丹母。

火莫然，水莫冻，修之炼之须珍重。

直待虎啸折颠峰，骊龙夺得玄珠弄。

龙吞玄宝忽升飞，飞龙被我捉来骑。

一翯上朝归碧落，碧落广阔无东西。

无晓无夜无日月，无寒无暑无四时。

自从修到无为地，始觉奇之又怪之。

秘诀歌

求之不见，来即不见，不见不见，君之素面。火里曾飞，水中亦见，道路非遥，身心不恋。又不知有返阴之龟，回阳之雁，遇即遇其人，达即达其神。一万二千甲子，这一壶流霞长春，流霞流霞，本性一家，饥餐日精，渴饮月华，将甲子丁丑之岁，与君决破东门之大瓜。

直指大丹歌

三清宫殿隐昆巅，日月光浮起紫烟。

池沼泓泓翻玉液，楼台叠叠运灵泉。

青龙乘火铅为汞，白虎腾波汞作铅。

欲得坎男求配偶，须凭离女结因缘。

黄婆设尽千般计，金鼎开成一朵莲。

烈女擎乌当左畔，将军戴兔镇西边。

黑龟却伏红炉下，朱雀还栖华阁前。

然后澄神窥见影，三周功就驾云耕。

谷神歌

我有一腹空谷虚，言之道有又还无。言之无兮不可舍，言之有兮不可居。谷兮谷兮太玄妙，神兮神兮真大道。保之守之不死名，修之炼之神仙号。神得一以灵，谷得一以盈。若人能守一，只此是长生。长生本不远，离身还不见。炼之功若成，自然凡骨变。谷神不死玄牝门，出入绵绵道若存。修炼还须夜半子，河车搬载上昆仑。龙又吟，虎又啸，风云际会黄婆叫。火中姹女正含娇，回观水底婴儿俏。婴儿姹女见黄婆，儿女相逢两意和。金殿玉堂门十二，金公木母正来过。重门过后牢关锁，点检斗牛先下火。进火消阴始一阳，千岁仙桃初结果。曲江东岸金乌飞，西岸清光玉兔辉。乌兔走归峰顶上，炉中姹女脱青衣。脱却青衣露素体，婴儿领入重帏里。十月情浓产一男，说道长生永不死。劝君炼，劝君修，谷神不死此中求。此中悟取玄微处，与君白日上瀛洲。

窑头坯歌

窑头坯，随雨破，只是未曾经水火。若经水火烧成砖，留向世间住万年。棱角坚完不复坏，扣之声韵堪磨镌。凡水火，尚成功，坚完万物谁能同？修行路上多少人，穷年炼养费精神。不道未曾经水火，无常一旦临君身。既不悟，终不悔，死了犹来借精髓。主持正念大艰辛，一失人身为异类。君不见，洛阳富郑公，说与金丹如盲聋。执迷不悟修真理，焉知潜合造化功。又不见，九江张尚书，服药失明神气枯。不知还丹本无质，翻饵金石何太愚。又不见，三衢赵枢密，参禅作鬼终不识。修完外体在何边？辩捷语言终不实。窑头坯，随雨破，便似修行这几个。大丈夫，超觉性，了尽空门不为证。伏羲传道至于今，穷理尽性至于命。了命如何是本元？先认坎离并四正。坎离即是真常家，见者超凡须入圣。坎是虎，离是龙，二体本来同一宫。龙吞虎啖居其中，离合浮沉初复终。剥而复，否而泰，进退往来定交会。弦而望，明而晦，消长盈虚相匹配。神仙深入水晶宫，时饮醍醐清更酿。饵之千日功便成，金筋玉骨身已轻。此个景象惟自身，上升早得朝三清。三清圣位我亦有，本来只夺乾坤精。饮凡酒，食膻腥，补养元和气更盈。自融结，转光明，变作珍珠飞玉京。须臾六年肠不馁，血化白膏体难毁。不食方为真绝粮，真气熏蒸肢体强。既不食，超百亿，口鼻都无凡喘息。真人以踵凡以喉，从此真凡两边立。到此遂成无漏身，胎息丹田涌真火。老氏自此号婴儿，火候九年都经过。留形住世不知春，忽尔天门顶中破。真人出现大神通，从此天仙可相贺。圣贤三教不异门，昧者劳心休怎么。有识自爱生，有形终不灭。叹愚人，空驾说，愚人流荡无期休，落趣循环几时彻。学人学人细寻觅，且须研究古金碧。金碧参同不记年，妙中妙兮玄中玄。

敲爻歌

（此歌凡数见，彼此互异。今以《文集》《全唐诗》为正）

汉终唐国飘蓬客，所以敲爻不可测。

纵横逆顺没遮拦，静是无为动是色。

也饮酒，也食肉，守定胭花断淫欲。

行禅唱咏胭粉词，持戒酒肉常充腹。

色是药，酒是禄，酒色之中无拘束。

只因花酒悟长生，饮酒带花神鬼哭。

不破戒，不犯淫，破戒真如性即沉。

犯淫坏失长生宝，得者须由道力人。

道力人，真散汉，酒是良朋花是伴。

花街柳巷觅真人，真人只在花街玩。

摘花戴饮长生酒，景里无为道自昌。

一任群迷多笑怪，仙花仙酒是仙乡。

到此乡，非常客，姹女婴儿生喜乐。

洞中常采四时花，花花结就长生药。

长生药，采花心，花蕊层层艳丽春。

时人不达花中理，一诀天机直万金。

谢天地，感虚空，得遇仙师是祖宗。

附耳低言玄妙旨，提上蓬莱第一峰。

第一峰，是仙物，惟产金花生恍惚。

口口相传不记文，须得灵根坚髓骨。

坚髓骨，炼灵根，片片桃花洞里春。

七七白虎双双养，八八青龙总一斤。

真父母，送元宫，木母金公性本温。

十二宫中蟾魄现，时时地魄降天魂。

铅初就，汞初生，玉炉金鼎未经烹。

一夫一妇同天地，一男一女合乾坤。

庚要生，甲要生，生甲生庚道始萌。

拔取天根并地髓，白雪黄芽自长成。

铅亦生，汞亦生，生汞生铅一处烹。

烹炼不是精和液，天地乾坤日月精。

黄婆匹配得团圆，时刻无差口付传。

八卦三元全藉汞，五行四象岂离铅。

铅生汞，汞生铅，夺得乾坤造化权。

杳杳冥冥生恍惚，恍恍惚惚结成团。

性须空，意要专，莫遣猿猴取次攀。

花露初开切忌触，锁居土釜勿抽添。

玉炉中，文火炼，十二时中惟守一。

此时黄道会阴阳，三性元宫无漏泄。

气若行，真火炼，莫使玄珠离宝殿。

抽添火候切防危，初九潜龙不可炼。

消息火，刀圭变，大地黄芽都长遍。

五行数内一阳生，二十四气排珠宴。

火足数，药方成，便有龙吟虎啸声。

三铅只得一铅就，金果仙芽未现形。

再安炉，重立鼎，跨虎乘龙离凡境。

日精才现月华凝，二八相交在壬丙。

龙汞结，虎铅成，咫尺蓬莱只一程。

乾铅坤汞金丹祖，龙铅虎汞最通灵。

达此理，道方成，三万神龙护水晶。

守时定日明符刻，专心惟在意虔诚。

黑铅过，采清真，一阵交锋定太平。

三车搬运珍珠宝，送归宝藏自通灵。

天神佑，地祇迎，混合乾坤日月精。

虎啸一声龙出窟，鸾飞凤舞出金城。

朱砂配，水银停，一派红霞列太清。

铅地进出金光现，汞火流珠入帝京。

龙虎媾，外持盈，走圣飞灵在宝瓶。

一时辰内金丹就，上朝金阙紫云生。

仙桃熟，摘取饵，万化来朝天地喜。

斋戒等候一阳生，便进周天参同理。

参同理，炼金丹，水火熏蒸透百关。

养胎十月神丹结，男子怀胎岂等闲。

内丹成，外丹就，内外相接和谐偶。

结成一块紫金丸，变化飞腾天地久。

丹入腹，非寻常，阴形剥尽化纯阳。

飞升羽化三清客，名遂功成达上苍。

三清客，驾璃舆，跨凤腾霄入太虚。

似此逍遥多快乐，遨游三界最清奇。

太虚之上修真士，朗朗圆成一物无。

一物无，惟显道，五方透出真人貌。

仙童仙女彩云迎，五明宫内传真诰。

传真诰，话幽情，只是真铅炼汞精。

声闻缘觉冰消散，外道修罗缩项惊。

点枯骨，立成形，信道天梯似掌平。

九祖先灵得超脱，谁羡繁华贵与荣。

寻烈士，觅贤才，同安炉鼎化凡胎。

若是悭才并惜宝，千万神仙不肯来。

修真士，不妄说，妄说一句天公折。

万劫尘沙道不成，七窍眼睛皆进血。

贫穷子，发誓切，要把凡流尽提接。

同赴蓬莱仙会中，凡景熬煎无了歇。

尘世短，更思量，洞里乾坤日月长。

坚志苦心三二载，百千万劫寿弥疆。

达圣道，显真常，虎咒刀兵更不伤。

水火蛟龙无损害，拍手天宫笑一场。

这些功，真奇妙，分付与人谁肯要？

愚徒死恋色和财，所以神仙不肯召。

真至道，不择人，岂论高低富与贫。

且饶帝子共王孙，须去繁华挫锐纷。

嗔不除，憨不改，堕入轮逼生死海。

堆金积玉满山川，神仙冷笑应不采。

名非贵，道极尊，圣圣贤贤显子孙。

腰金跨玉骑骄马，瞥见如同隙里尘。

隙里尘，石中火，何枉留心为久计。

苦苦煎熬唤不回，夺利争名如鼎沸。

如鼎沸，永沉沦，失道迷真业所根。

有人平却心头棘，便把天机说与君。

命要传，性要悟，入圣超凡由汝做。

三清路上少人行，畜类门前争入去。

报贤良，休慕顾，性命机关堪守护。

若还缺一不芳菲，执着波查应失路。

只修性，不修命，此是修行第一病。

只修祖性不修丹，万劫阴灵难入圣。

达命宗，迷祖性，恰似鉴容无宝镜。

寿同天地一愚夫，权握家财无主柄。

性命双修玄又玄，海底洪波驾法船。

生擒活捉蛟龙首，始知匠手不虚传。

勉牛生、夏侯生

二秀才，二秀才兮非秀才，非秀才兮是仙才。中华国里亲遭遇，仰面观天笑眼开。鹤形兮龟背，龙吟兮虎颜。我有至言相劝勉，愿君兮勿猜勿猜。但煦日吹月，咽雨呵雷，火寄冥宫，水济丹台，金木交而土归位，铅汞分而丹露胎，赤血换而白乳流，透九窍兮动百骸，然然卷，然然舒，哀哀咍咍，孩儿喘而不死，腹空虚兮长斋，酬名利兮狂歌醉舞，酬富贵兮麻褴莎鞋。甲子闲时休记，看桑田变作黄埃。青山白云好居住，劝君归去来兮归去来。

赠刘方处士

六国愁看沉与浮，携琴长啸出神州。

拟向烟霞煮白石，偶来城市见丹邱。

受得金华出世术，期于紫府驾云游。

年来摘得黄岩翠，琪树参差连地肺。

露飘香陇玉苗滋，月上碧峰丹鹤唳。

洞天消息春正深，仙路往还俗难继。

忽因乘兴下白云，与君邂逅于尘世。

尘世相逢开口希，共论太古同流志。

瑶琴宝瑟与君弹，琼浆玉液劝我醉。

醉中一话兴亡事，云道总无珪组累。

浮世短景倏成空，石火电光看即逝。

韶年淑质曾非固，花面玉颜还作土。

芳樽但继晓复昏，乐事不穷今与古。

何如识个玄玄道，道在杳冥须细考。

壶中一粒化奇物，物外千年功力奥。

但能制得水中华，水火翻成金丹灶。

丹就人间不久居，自有碧霄元命诰。

玄洲暖谷悉可居，地寿天龄永相保。

鸾车鹤驾逐云飞，迢迢瑶池应易到。

耳闻争战还倾覆，眼见妍华成枯槁。

唐家旧国尽荒芜，汉室诸陵空白草。

蜉蝣世界实足悲，槿花性命莫迟迟。

珠玑溢屋非为福，罗绮满箱徒自危。

志士戒贪昔所重，达人忘欲宁自期。

刘方刘方审听我，流光迅速如飞过。

阴淫果决用心除，尸鬼因循为汝祸。

八琼秘诀君自识，莫待铅空车又破。

破车坏铅须震惊，直遇伯阳应不可。

悠悠忧家复忧国，耗尽三田元宅火。

咫尺玄关若要开，凭君自解黄金锁。

寄白龙洞刘道人

（此歌又见紫阳张真人《悟真篇》）

玉走金飞两睡忙，始闻花发又秋霜。徒夸篯寿千来岁，也似云中一电光。一电光，何太疾，百年都来三万日。其间寒暑互煎熬，不觉童颜暗中失。纵有儿孙满眼前，却成恩爱转牵缠。及乎精竭身枯朽，谁解教君暂驻颜。延年之道既无计，不免将身归逝水。但看古往圣贤人，几个解留身在世。身在世，也有方，只为世人误度量。竟向山中寻草药，伏铅制汞点丹阳。点丹阳，事迥别，须向坎中求赤血。取来离位制阴精，配合调和有时节。时节正，用媒人，金公姹女作亲姻。金公偏爱骑白虎，姹女常驾赤龙身。虎来静坐秋江里，龙向潭中奋身起。两兽相逢战一场，波浪奔腾如鼎沸。黄婆丁老助威灵，撼动乾坤走神鬼。须臾战罢云气收，种个玄珠在泥底。从此根芽渐长成，随时灌溉抱真精。十月脱胎吞入口，忽觉凡身已有灵。此个事，世间希，不是等闲人得知。宿世若无仙骨分，容易如何得遇之。得遇之，宜便炼，都缘光景急如箭。要取鱼时须结笭，莫待临渊空叹羡。闻君知药已多年，何不收心炼汞铅。莫教烛被风吹灭，六道轮回莫怨天。近来世上人多诈，尽着布衣称道者。问他金木是何般，禁口不言如害哑。却云伏气与休粮，别有门庭道路长。君不见《破迷歌》中说，太乙含真法最良。莫怪言词太狂劣，只为时人难鉴别。惟君心与我心同，方敢倾心与君说。

赠乔二郎歌

与君相见皇都里，陶陶动便经年醉。

醉中往往爱藏真，亦不为他名与利。

劝君休恋浮华荣，直须奔走烟霞程。

烟霞欲去如何去，先须肘后飞金晶。

金晶飞到上宫里，上宫下宫通光明。

当时玉汞涓涓生，奔归元海如雷声。

从此夫妻相际会，欢娱踊跃情无外。

水火都来两半间，卦候翻成地天泰。

一浮一沉阳炼阴，阴尽方知此理深。

到底根元是何物？分明只是水中金。

乔公乔公急下手，莫逐乌飞兼兔走。

何如修炼作真人，尘世浮生终不久。

人道长生没得来？自古至今有有有。

题桐柏山黄先生庵门歌

吾有玄中极玄语，周游八极无处吐。云軿飘泛到凝阳，一见君兮在玄浦。知君本是孤云客，拟话希夷生恍惚。无为大道本根源，要君亲见求真物。其中有一分三五，本自无名号丹母。寒泉沥沥气绵绵，上透昆仑还紫府。浮沉升降入中宫，四象五行齐见土。驱青蛇，擒白虎，起祥风兮下甘露。铅凝真汞结丹砂，一派火轮真为主。既修真，须坚确，能转乾坤泛海岳。运行天地莫能知，变化鬼神应不觉。千朝炼就紫金身，乃致全神归返朴。黄秀才，黄秀才，既修真，须且早。人间万事何时了？贪名贪利爱金多。为他财色身衰老，我今劝子心悲切。君自思兮生猛烈，莫教大限到身来，又是随流入生灭。留此片言，用表其意，他日相逢，必与君决，莫退初心，善爱善爱。

绝句三首

息精息气养精神，精养丹田气养身。

有人学得这般术，便是长生不死人。

又

斗笠为帆扇作舟，五湖四海任遨游。

大千世界须臾至，石烂松枯经几秋。

又

或为道士或为僧，混俗和光别有能。

苦海翻成天上路，毗卢常点百千灯。

鼎器歌

（此歌体与《敲爻》同出允诚抄本，原集无）

鼎器本是男女身，大药原来精气神。

若会攒来归一处，须用同心三个人。

三个人，无他说，只要真师真口诀。

指破阴阳三品丹，方可存心待明月。

待明月，也莫迟，收拾身心且筑基。

劈开尘心抛业网，驱除五漏斩三尸。

斩三尸，见铸剑，炼己通灵知应验。

刚柔变化任施为，万里驱妖如掣电。

如掣电，剑方灵，挂向南方护水晶。

若遇北方阴鬼起，一刀两段不容情。

不容情，常清净，心中皎洁如明镜。

镜心寂灭若空虚，始得临炉无弊病。

无弊病，可安炉，调和鼎器莫心粗。

言语不通非眷属，龙兴虎旺始堪图。

始堪图，观复作，凿开混沌鸿蒙窍。

静观虎啸与龙吟，自然华池神水到。

神水到，辨浮沉，莫教时过枉劳心。

铅遇癸生须急采，金逢望远不堪亲。

不堪亲，休乱取，地裂山崩难作主。

不知止足必倾危，盛夏严霜冬大暑。

冬大暑，不遭逢，三宝牢关密守中。

太极自然生造化，趁时搬取入黄宫。

入黄宫，须爱护，十月浇淋休失误。

子行阳火虎龙交，午退阴符自保固。

自保固，暂相离，端坐忘言更待时。

辐馈循环终则始，三百六十莫违期。

莫违期，为则例，悟明真理须当契。

若还执著爻象行，只恐劳神形蠢弊。

形蠢弊，往来坚，只为心机未得皆思虑。

慕真毫发错，铅消汞散不成丹。

不成丹，思炼己，间因失却玄中理。

水乾火燥要调停，刑德临门知进退。

知进退，勿忧凶，炼就炉中一点红。

产个婴儿兑气足，三年温养似痴聋。

似痴聋，真快乐，静里谢神离躯壳。

东南西北任遨游，出入往来乘白鹤。

乘白鹤，脱尘埃，三岛神仙集会来。

一任桑田变沧海，我身无事挂灵台。

我身无事挂灵台，积功累德超凡世。

虽然显化度群迷，那时方遂男儿志。

采金歌

（出允诚抄本，原集无）

道道道，无巧妙。玄玄玄，无多言，开关展窍也不难。明雌雄，两剑全，筑基炼己采后天。虽后天，名滓质，先服后天后先天。此要诀，要师传，不得真师枉徒然。筑基功夫往前进，火候屯蒙要抽添。要抽添，认真铅，十三四五六相连。审黄道，知端的，亦要看经五千言。药苗新，用心看，铅光发现三日前。癸水将至须急采，差之毫发不作丹。未采药，立匡郭，交合之时用橐钥。用橐钥，近我身，不看天体枉为作。知癸生，晓癸见，三十时辰两日半。采取只在一时辰，六候只在二候见。外四候，别有干，得药之时莫贪乱。如痴如醉更省言，牢关牢锁牢上圈。择定饮食莫太过，又恐伤丹又霍乱。减酸碱，常咬淡，黄婆伏侍用心看。一时饥饱失前功，铅散汞枯两不恋。十日功夫要勤咽，勤咽之时防危险。颇得道理明性歌，得之莫作容易看。至人传，非人远，万两黄金不肯换。

真经歌

（出允诚抄本，原集无）

真经歌，真经歌，不识真经尽着魔。

人人纸上寻文义，喃喃不住诵者多。

持经咒，念法科，排定纸上望超脱。

若是这般超生死，遍地释子成佛罗。

得真经，出洪波，不得真经没奈何。

若问真经端的处，先天造化别无他。

顺去死，逆来活，往往教君寻不着。

真经原来无一字，能度众生出大罗。

要真经，度自己，除非同类两相和。

生天生地与生人，岂离阴阳造化窝。

说真经，不脱空，西川涧底产黄金。

五千四十归黄道，正合一卷大藏经。

日满足，气候通，地应潮兮天应星。

初祖达摩亲口授，真玄妙法莲华经。

初三日，震出庚，曲江上，月华荣。

花蕊初开含珠露，虎穴龙眠探独清。

水生二，药真正，若待其三不可进。

壬水初来癸未来，须当急采定浮沉。

金鼎炼，玉炉烹，温温文火暖烘烘。

真经一射玄关透，恰似准箭中红心。

遍体热，似笼蒸，回光返照入中宫。

一得真经如酒醉，呼吸百脉尽归根。

精入气，气忽神，混沌七日又返魂。

这般造化真消息，料得世上少人论。

活中死，死复生，自古仙佛赖真经。

此个造化能收得，度尽阎浮世上人。

大道端居太极先，本于父母未生前。

度人须要真经度，若问真经癸是铅。

仙游歌

（出《明诗综》，原集无）

吾不见蓬莱缥缈三山幽，天风万里神仙游。光分日月五城界，春满烟霞十二楼。洞门桃花岁复岁，岩前桂树秋复秋。群仙游兮上玉京，翩翩自适春风情。鞭龙或耕瑶草去，骑鹿爱绕青松行。感藻日之遄征，叹浮生之易迈。信人间之可哀，留幔亭而高会。有时采药来天台，迷花宿雾临瑶台。五三六点灵雨滴，百千万树梨花开。主人置酒初酸醅，我今畅饮休相催。风光如此不尽醉，虚负清华赤玉杯。

五言律诗十六首

其　一

悟了长生理，秋莲处处开。金童登锦帐，玉女下香阶。
虎啸天魂住，龙吟地魄来。有人明此道，立便返婴孩。

其　二

姹女住南方，身边产太阳。蟾宫烹玉液，坎户炼琼浆。
过去神仙饵，今来到我尝。一杯延万纪，物外任翱翔。

其　三

顿悟黄芽理，阴阳禀自然。乾坤炉里炼，日月鼎中煎。
木产长生汞，金烹续命铅。世人明此道，立便返童颜。

其　四

宇宙产黄芽，经炉煅作砂。阴阳烹五彩，水火炼三花。
鼎内龙降虎，壶中龟遣蛇。功成归物外，自在乐烟霞。

其　五

要觅长生路，除非认本元。都来一味药，刚到数千般。
丹鼎烹成汞，炉中炼就铅。依时服一粒，白日上冲天。

其　六

姹女住瑶台，仙花满地开。金苗从此出，玉蕊自天来。
凤舞长生曲，鸾歌续命杯。有人明此道，海变已千回。

其　七

古往诸仙子，根元占甲庚。水中闻虎啸，火里见龙行。
进退穷三候，相吞用八幼。冲天功行满，寒暑不能争。

其　八

我悟长生理，太阳伏太阴。离宫生白玉，坎户产黄金。

要主君臣义，须存子母心。九重神室内，虎啸与龙吟。

其　九

灵丹产太虚，九转入重炉。浴就红莲颗，烧成白玉珠。

水中铅一两，火内汞三铢。吃了琼台宝，升天任海枯。

其　十

姹女住离宫，身边产雌雄。炉中七返毕，鼎内九还终。

悟了鱼投水，迷因鸟在笼。耄年服一粒，立地变冲童。

其十一

盗得乾坤祖，阴阳是本宗。天魂生白虎，地魄产青龙。

运宝泥丸住，搬精入上宫。有人明此法，万载貌如童。

其十二

要觅金丹理，根元不易逢。三才七返足，四象九还终，

浴就微微白，烧成渐渐红。一丸延万纪，物外去冲冲。

其十三

个个觅长生，根元不易寻。要贪天上宝，须弃世间珍。

炼就水中火，烧成阳内阴。祖师亲有语，一味水中金。

其十四

万物皆生土，如人得本元。青龙精是汞，白虎水为铅。

悟者子投母，迷应地是天。将来物外客，个个补丹田。

其十五

二十四神清，三千功行成。寒云连地转，圣日满天明。

玉子偏宜种，金丹岂在耕。此中真妙理，谁道不长生。

其十六

妙妙妙中妙，玄玄玄更玄。动言俱演道，语默尽神仙。

在掌如珠异，当空似月圆。他时功满后，直入大罗天。

明胎息

密室静存神，阴阳重一斤。炼成离女液，咽尽坎男津。

渐变逍遥体，超然自在身。更修功业满，旌鹤引朝真。

通　道

通道复通玄，名留四海传。交亲一挂杖，和气两空拳。

要果逡巡种，思茶逐旋煎。岂知来混世，不久却回天。

赠薛道士

（《全唐诗》作《赠江州太平观道士》）

落魄薛道士，年高无白髭。云中闲卧石，山里冷寻碑。

夸我饮大酒，嫌人念小诗。不知甚么汉，一任辈流嗤。

别诗二首

无心独坐转黄庭，不逐时流入利名。

救老只存真一气，修生长遣百神灵。

朝朝炼液归琼珑，夜夜朝元养玉英。

莫笑老人贫里乐，十年功满上三清。

又

时人受气禀阴阳，均体乾坤寿命长。

为重本宗能寿永，因轻元祖遂沦亡。

三宫自有回流法，万物那无运用方。

咫尺昆仑山上玉，几人知是药中王。

赠在园刘廷玑

弱水三千里，凭虚一问君。开樽休说剑，剪烛好论文。

春意含梅萼，风威销冻云。从今与子约，慎莫暂相分。

七言律诗一百零七首

其　一

周行独立出群伦，默默昏昏亘古存。

无象无形潜造化，有门有户在乾坤。

色非色际谁穷处，空不空中自得根。

此道非从它外得，千言万语谩评论。

其　二

通灵一颗正金丹，不在天涯地角安。

讨论穷经深莫究，登山临水杳无看。

光明暗寄希夷顶，赫赤高居混沌端。

举世若能知所寓，超凡入圣弗为难。

其 三

落魄红尘四十春，无为无事信天真。

生涯只在乾坤鼎，活计惟凭日月轮。

八卦气中潜至宝，五行光里隐元神。

桑田改变依然在，永作人间出世人。

其 四

独处乾坤万象中，从头历历运元功。

纵横北斗心机大，颠倒南辰胆气雄。

鬼哭神嚎金鼎结，鸡飞犬化玉炉空。

如何俗士寻常觅，不达希夷不可穷。

其 五

谁信华池路最深，非遐非迩粤难寻。

九年采炼如红玉，一日圆成似紫金。

得了永祛寒暑逼，服之应免死生侵。

劝君门外修身者，端念思维此道心。

其 六

水府寻铅合火铅，黑红红黑又玄玄。

气中生气肌肤换，精里含精性命专。

药返便为真道士，丹还本是圣胎仙。

出神入定虚华语，徒费工夫万万年。

其　七

九鼎烹煎九转砂，区分时节更无差。

精神气血归三要，南北东西共一家。

天地变通飞白雪，阴阳和合产金华。

终期凤诏空中降，跨虎骑龙谒紫霞。

其　八

凭君子后午前看，一脉天津在脊端。

金阙内藏玄谷子，玉池中坐太和官。

只将至妙三周火，炼出通灵九转丹。

直指几多求道者，行藏莫离虎龙滩。

其　九

返本还元道气平，虚非形质转分明。

水中白雪微微结，火里金莲渐渐生。

圣汞论时非有体，真铅穷看亦无名。

吾今为报修行者，莫问烧金问至精。

其　十

安排鼎灶炼玄根，进退须明卯酉门。

绕电奔云飞日月，驱龙走虎出乾坤。

一丸因与红颜驻，九转能烧白发痕。

此道幽微知者少，茫茫尘世与谁论。

其十一

醍醐一盏诗一篇，暮醉朝吟不记年。

乾马屡来游九地，坤牛时驾出三天。

白龟窟里夫妻会，青凤巢中子母圆。

提挈灵童山上望，重重叠叠是金钱。

其十二

认得东西木与金，自然炉鼎虎龙吟。

但随天地明消息，方识阴阳有信音。

左掌南辰攀鹤羽，右擎北极剖龟心。

神仙亲口留斯旨，何用区区向外寻。

其十三

一本天机深更深，徒言万劫与千金。

三冬大热玄中火，六月霜寒表外阴。

金为浮来方见性，木因沉后始知心。

五行颠倒堪消息，返本还元在己寻。

其十四

虎将龙军气宇雄，佩符持甲去匆匆。

铺排剑戟奔如电，罗列旌旗疾似风。

活捉三尸焚鬼窟，生擒六贼破魔宫。

河清海晏乾坤净，世世安居道德中。

其十五

我家勤种我家田，内有灵苗活万年。

花似黄金苞不大，子如白玉颗皆圆。

栽培全赖中宫土，浇灌须凭上谷泉，

只候九年功满日，和根拔入大罗天。

其十六

寻常学道说黄芽，万水千山觅转差。

有畛有园难下种，无根无脚自开花。

九三鼎内烹如酪，六一炉中结似霞。

不日丹成应换骨，飞升遥指玉皇家。

其十七

四六关头路坦平，行人到此不须惊。

从教犊驾轰轰转，尽使羊车轧轧鸣。

渡海经河稀阻滞，上天入地绝欹倾。

功成直入长生殿，袖出神珠彻夜明。

其十八

九六相交道气和，河车昼夜迸金波。

呼时一一关头转，吸处重重脉上摩。

电激离门光海岳，雷轰震户动婆娑。

思量此道真长远，学者多迷溺爱河。

其十九

金丹不是小金丹，阴鼎阳炉里面安。

尽道东山寻汞易，岂知西海觅铅难。

玄珠窟里行非远，赤水滩头去便端。

认得灵竿真的路，何劳礼月步星坛。

其二十

古今机要甚分明，自是众生力量轻。

尽向有中生有质，谁能无里见无形。

真铅圣汞徒虚费，玉室金关不解扃。

本色丹瓢推倒后，却吞丸药待延龄。

其二十一

浮名浮利两何堪，回首归山味转甘。

举世算无心可契，谁人更与道相参。

寸犹未到甘谈尺，一尚难明强说三。

经卷葫芦并拄杖，依然担入旧江南。

其二十二

本来无作亦无行，行著之时是妄情。

老氏语中犹未决，瞿昙言下更难明。

灵竿有节通天去，玉药无根得地生。

今日与君无惊惜，功成只此是蓬瀛。

其二十三

解将火种种刀圭，火种刀圭世岂知。

山上长男骑白马，水边少女牧乌龟。

无中出有还丹象，阴里生阳大道基。

颠倒五行凭匠手，不逢匠手莫施为。

其二十四

三千余法论修行，第一烧丹路最亲。

须是坎男端的物，取他离女自然珍。

烹成不死砂中汞，结出长生水里银。

九转九还功若就，定将衰老返长春。

其二十五

欲种长生不死根，再营阴魄与阳魂。

先教玄母归离户，后遣空王镇坎门。

虎到甲边风浩浩，龙居庚内水温温。

迷徒争与轻轻泄，此理须凭达者论。

其二十六

闭户存神玉户观，时来火候递相传。

云飞海面龙吞汞，风击岩颠虎伏铅。

一旦炼成身内宝，等闲探得道中玄。

刀圭饵了丹书降，跳出尘笼上九天。

其二十七

千日功夫不暂闲，河车搬载上昆山。

虎抽白汞安炉里，龙发红铅向鼎间。

仙府记名丹已熟，阴司除籍命应还。

彩云捧足归何处？直入三清谢圣颜。

其二十八

解匹真阴与正阳，三年功满结成霜。

神龟出入庚辛位，丹凤翱翔甲乙方。

九鼎先辉双瑞气，三元中换五毫光。

尘中若有同机者，共住烟霄不死乡。

其二十九

修生一路就中难，迷者徒将万卷看。

水火均平方是药，阴阳差互不成丹。

守雌勿失雄方住，抱黑无亏白自干。

认得此般真妙诀，何忧风雨妒衰残。

其三十

才吞一粒便安然，十二重楼九曲连。

庚虎循环餐绛雪，甲龙夭矫迸灵泉。

三三上应三千日，九九中延九万年。

须得有缘方可授，未曾轻泄与人传。

其三十一

谁知神水玉华池，中有长生性命基。

运用须凭龙与虎，抽添全藉坎兼离。

晨昏点尽黄金粉，顷刻修成玉石脂。

斋戒饵之千日后，等闲轻举上云梯。

其三十二

九天云净鹤飞轻，衔简翩翩别太清。

身外红尘随意换，炉中白石立时成。

九苞凤向空中舞，五色云从足下生。

回首便归天上去，愿将甘雨济焦氓。

其三十三

婴儿迤逦降瑶阶，手握玄珠直下来。
半夜紫云披素质，几回赤气掩桃腮。
微微笑处机关转，拂拂行时户牖开。
此是吾家真一子，庸愚谁敢等闲猜。

其三十四

才得天符下玉都，三千日里积工夫。
祷祈天地开金鼎，收拾阴阳锁玉壶。
便觉凡躯能变化，深知妙道不虚图。
时来试问尘中叟，这个玄机世有无？

其三十五

谁识寰中达者人，生平解法水中银。
一条拄杖撑天地，三尺昆吾斩鬼神。
大醉醉来眠月洞，高吟吟处傲红尘。
自从悟里终身后，赢得蓬壶永劫春。

其三十六

红炉迸溅炼金英，一点灵珠透室明。
摆动乾坤知道力，逃移生死见功程。
逍遥四海留踪迹，归去三清立姓名。
直上五云云路稳，紫鸾朱凤自来迎。

其三十七

时人若要学长生，先是枢机昼夜行。

恍惚中间专志气，虚无里面固元精。

龙交虎战三周毕，兔走乌飞九转成。

炼出一炉神圣药，五云归去路分明。

其三十八

亦无得失亦无言，动即施功静即眠。

驱遣赤牛耕宇宙，分张玉粒种山川。

栽培不惮劳千日，服食须知活万年。

今日示君君好信，教君现世作神仙。

其三十九

不须两两与三三，只在昆仑第一岩。

逢润自然情易伏，遇炎常恐性难降。

有时直入三元户，无事还归九曲江。

世上有人烧得住，寿齐天地更无双。

其四十

本末无非在玉都，亦曾陆地作凡夫。

吞精食气先从有，悟理归真便入无。

水火自然成既济，阴阳和合自相符。

炉中炼出延年药，溟渤从教变复枯。

其四十一

无名无利任优游，遇酒逢歌且唱酬。

数载未曾经圣阙，千年惟只在仙洲。

寻常水火三回进，真个夫妻一处收。

药就功成身羽化，更抛尘氛出凡流。

其四十二

杳杳冥冥莫问涯，雕虫篆刻道之华。

守中绝学方知奥，抱一无言始见佳。

自有物如黄菊蕊，更无色似碧桃花。

休将心地虚劳用，煮铁烧金转转差。

其四十三

还丹功满未朝天，且向人间度有缘。

拄杖两头担日月，葫芦一个隐山川。

诗吟自得闲中句，酒饮多遗醉后钱。

若问我修何妙法，不离身内汞和铅。

其四十四

半红半黑道中玄，水养真金火养铅。

解接往来三寸气，还将运动一周天。

烹煎尽在阴阳力，进退须凭日月权。

只此功成三岛外，稳乘鸾凤谒诸仙。

其四十五

飞龙九五已升天，次第还当赤帝权。

喜遇汞珠凝正午，幸逢铅母结重玄。

狂猿自伏何须炼，野马亲调不着鞭。

炼就一丸天上药，顿然心地永刚坚。

其四十六

举世何人悟我家，我家别是一荣华。

盈箱贮积登仙箓，满室收藏伏火砂。

顿饮长生天上酒，常栽不死洞中花。

凡流若问吾生计，遍地纷纷五彩霞。

其四十七

津能充渴气充粮，家住三清玉帝乡。

金鼎炼来多外白，玉炉烹处彻中黄。

始知青帝离宫住，方信金精水府藏。

流俗要求玄妙理，参同契有两三行。

其四十八

紫诏随鸾下玉京，元君相命会三清。

便将金鼎丹砂饵，时挑霞衣驾鹤行。

天上双童持珮引，月中娇女执幡迎。

此时功满参真后，始信仙都有姓名。

其四十九

修修修得到乾乾，方号人间一醉仙。

世上光阴催短景，洞中花木任长年。

形飞峭壁非凡骨，神在玄宫别有天。

惟愿先生频一顾，更玄玄外问玄玄。

其五十

金丹一粒定长生，须得真铅炼甲庚。

火取南方赤凤髓，水求北海黑龟精。

鼎追四季中央合，药遣三元八卦行。

斋戒兴功成九转，定应入口鬼神惊。

其五十一

碧潭深处一真人，貌似桃花体似银。

鬓发未斑缘有术，红颜不老为通神。

蓬莱要去如今去，架上黄衣化作云。

任彼桑田变沧海，一丸丹药定千春。

其五十二

谁解长生似我哉，炼成真气在三台。

尽知白日升天去，刚逐红尘下世来。

黑虎行时倾雨露，赤龙耕处产琼瑰。

只吞一粒金丹药，飞入青霄更不回。

其五十三

乱云堆里表星都，认得深藏大丈夫。

绿酒醉眠闲日月，白商风定钓江湖。

长将气度随天道，不把言词问世徒。

山水路遥人不识，茅君消息近知无？

其五十四

鹤为车驾酒为粮，为恋长生不死乡。

地脉尚能缩得短，人年岂不展教长。

星辰往往壶中见，日月时时袖里藏。

若欲时流亲得见，朝朝不离水银行。

其五十五

灵芝无种亦无根，解饮能餐自返魂。

但得烟霞供岁月，任他乌兔走乾坤。

婴儿只恋阳中母，姹女须朝顶上尊。

一得不回千古内？更无冢墓示儿孙。

其五十六

世上何人会此言，休将名利挂心田。

等闲倒尽十分酒，遇兴高吟一百篇。

物外烟霞为伴侣，壶中日月任婵娟。

他时功满归何处，直驾云车入洞天。

其五十七

玄门帝子坐中央，得算明长感玉皇。

枕下山河和雨露，笛中日月混潇湘。

坎男会遇逢金女，离女交腾嫁木郎。

真个夫妻齐守志，立教牵惹在阴阳。

其五十八

遥指高峰笑一声，红霞紫雾面前生。

每于廛市无人识，长到山中有鹤迎。

时弄玉蟾驱鬼魅，夜煎金鼎煮琼英。

他时若赴蓬莱洞，知我仙家有姓名。

其五十九

堪笑时人问我家，杖担云物惹烟霞。

眉藏火电非他说，手种金莲不自夸。

三尺焦桐为活计，一壶美酒是生涯。

骑龙远出游三岛，夜久无人玩月华。

其六十

九曲江边坐卧看，一条长路入天端。

庆云捧拥朝天阙，瑞气徘徊起白烟。

铅汞此时为至药，坎离今日结神丹。

功能济命长无老，只在人心不是难。

其六十一

玄门玄理又玄玄，不死根元在汞铅。

知是一般真个术，调和六一也同天。

玉京山上羊儿闹，金水河中石虎眠。

妙要能生觉本体，勤心到处自如然。

其六十二

公卿虽贵不曾酬，说著仙乡便去游。

为讨石肝逢蜃海，因寻甜雪过瀛洲。

山川醉后壶中放，神鬼闲来匣里收。

据见目前无个识，不如杯酒混凡流。

其六十三

曾邀相访到仙家，忽上昆仑宴月华。

玉女控拢苍獬豸，山童提挈白虾蟆。

时斟海内千年酒，惯摘壶中四序花。

今在人寰人不识，看看挥袖入烟霞。

其六十四

火种丹田金自生，重重楼阁自分明。

三千功行百旬见，万里蓬莱一日程。

羽化自应无鬼箓，玉都长是有仙名。

今朝得赴瑶池会，九节幢幡洞里迎。

其六十五

因看崔公入药镜，令人心地转分明。

阳龙言向离宫出，阴虎还于坎位生。

二物会时为道本，五方行尽得丹名。

修真道士如知此，定跨赤龙归玉清。

其六十六

浮生不实为轻忽，衲服身藏奇异骨。

非是尘中不染尘，焉得物外通无物。

共语难兮情兀兀，独自行兮轻拂拂。

一点刀圭五彩生，飞丹走入神仙窟。

其六十七

莫怪爱吟天上诗，盖缘吟得世间稀。

惯餐玉帝宫中饭，曾着蓬莱洞里衣。

马踏日轮红露卷，风衔月角擘云飞。

何时再控青丝辔，又掉金鞭入紫微。

其六十八

黄芽白雪两飞金，行即高歌醉即吟。

日月暗扶君甲子，乾坤自与我知音。

精灵灭迹三清剑，风雨腾空一弄琴。

的当南游归甚处，莫教鹤去上天寻。

其六十九

云鬟双明骨更轻，自言寻鹤到蓬瀛。

日论药草皆知味，问着神仙自得名。

簪冷夜龙穿碧洞，枕寒晨虎卧银城。

来春又拟携筇去，为忆轩辕海上行。

其七十

龙精龟眼两相和，丈六男儿不奈何。

九盏水中煎赤子，一轮火内养黄婆。

月圆自觉离天网，功满方知出地罗。

半醉好吞龙凤髓，劝君休更认弥陀。

其七十一

强居此境绝知音，野景虽多不合吟。

诗句若喧卿相口，姓名还动帝王心。

道袍薜带应慵挂，隐帽皮冠尚懒簪。

从此更无余个事，一壶村酒一张琴。

其七十二

华阳山里多芝田，华阳山叟复延年。

青松岩畔攀高干，白云堆里隐飞泉。

不寒不热神荡荡，东来西去气绵绵。

三千功满好归去，休与时人说洞天。

其七十三

天生不散自然心，成败从来古与今。

得路应知能出世，迷途终是任埋沉。

身边至药堪攻炼，物外丹砂且细寻。

咫尺洞房仙景在，莫随波浪没光阴。

其七十四

自隐玄都不记春，几回沧海变成尘。

玉京殿里朝元始，金阙宫中拜老君。

闷即驾乘千岁鹤，闲来高卧九重云。

我今学得长生法，未肯轻传与世人。

其七十五

北帝南辰掌内观，潜通造化暗相传。

金槌袖里居元宅，玉户星宫降上玄。

举世尽皆寻此道，谁人空里得玄关？

明明道在堪消息，日日滩头去又还。

其七十六

日影元中合自然，奔雷走电入中原。

长驱赤马居东殿，大启朱门泛碧泉。

怒拔昆吾歌圣化，喜陪孤月贺新年。

方知此是生生物，得在仁人始受传。

其七十七

六龙齐驾得升乾，须觉潜通造化权。

真道每吟秋月淡，至言长运碧波寒。

昼乘白鹤游三岛，夜顶金冠立古坛。

一载已成千岁药，谁人将袖染尘寰？

其七十八

五岳滩头景象新，仁人方达杳冥身。

天网运转三元净，地脉通时万物生。

自晓谷神通此道，谁能理性欲修真。

明明说向中黄路，霹雳声中自得神。

其七十九

欲陪仙侣得身轻，飞过蓬莱彻上清。

朱顶鹤来云外接，紫鳞鱼向海中迎。

姮娥月桂花先吐，王母仙桃子渐成。

下瞰日轮天欲晓，定知人世久长生。

其八十

四海皆忙几个闲，时人口内说尘缘。

知君有道来山上，何以无名住世间。

十二楼台藏秘诀，五千言内隐玄关。

方知鼎贮神仙药，乞取刀圭一粒看。

其八十一

割断繁华掉却荣，便从初得是长生。

曾于锦水为蝉蜕，又向蓬莱别姓名。

三住住来无否泰，一尘尘在世人情。

不知功满归何处，直跨虬龙上玉京。

其八十二

当年诗价满皇都，掉臂西归是丈夫。

万顷白云独自有，一枝丹桂阿谁无。

闲寻渭曲渔翁引，醉上莲峰道士扶。

他日与君重际会，竹溪茅舍夜相呼。

其八十三

金锤灼灼舞天阶，独自骑龙去又来。

高卧白云观日窟，闲眠秋月擘天开。

离花片片乾坤产，坎蕊翻翻造化栽。

晚醉九岩回首望，北邙山下骨皑皑。

其八十四

结交常与道情深，日日随他出又沉。

若要自通云外鹤，直须勤炼水中金。

丹成只恐乾坤窄，饵了宁忧疾患侵？

未去瑶台犹混世，不妨杯酒喜闲吟。

其八十五

因携琴剑下烟萝，何幸今朝喜暂过。

貌相本来犹自可，针医偏更效无多。

仙经已读三千卷，古法曾持十二科。

些小道功如不信，金阶舍手试看么。

其八十六

倾倒华阳醉再三，骑龙遇晚下南岩。

眉因拍剑留星电，衣为眠云惹碧岚。

金液变来成雨露，玉都归去老松杉。

曾将铁镜照神鬼，霹雳搜寻火满潭。

其八十七

铁镜烹金火满空，碧潭龙卧夕阳中。

麒麟意合乾坤地，獬豸机关日月东。

三尺剑横双水岸，五丁冠顶百神宫。

闲铺羽服居仙窟，自著金莲造化功。

其八十八

随缘信业任浮沉，似水如云一片心。

两卷道经三尺剑，一条藜杖七弦琴。

壶中有药逢人施，腹内新诗遇客吟。

一爵永添千载寿，一丸丹点一斤金。

其八十九

琴剑酒棋龙鹤虎，逍遥落托永无忧。

闲骑白鹿游三岛，闷借青牛看十洲。

碧洞达观明月上，青山高隐彩云流。

时人若要还如此，名利浮华即便休。

其九十

紫极宫中我自知，亲磨神剑剑还飞。

先差玉子开南殿，后遣青娥入紫微。

九鼎黄芽栖瑞凤，一躯仙骨养灵芝。

蓬莱不是凡人处，只恐愚人泄世机。

其九十一

回身方始出埃尘，造化工夫只在人。

早使亢龙抛地网，岂知白虎出天真。

绵绵有路谁留我，默默忘言自合神。

击剑夜深归甚处？披星戴月折麒麟。

其九十二

春尽闲闲过落花，一回舞剑一吁嗟。

常忧白日光阴促，每恨青天道路赊。

本志不求名与利，元心只慕水兼霞。

世间万种浮沉事，达理谁能似我家。

其九十三

日为和解月呼丹，华夏诸侯肉眼看。

仁义异如尘世异，世情难似泰衡难。

八仙炼后钟神异，四海磨成照胆寒。

笑指不平千万万，骑龙抚剑九重关。

其九十四

别来洛汭六东风，醉眼吟情慵不慵。

摆撼乾坤金剑吼，烹煎日月玉炉红。

杖摇楚甸三千里，鹤骜秦烟几万重。

为报晋城仙子道，再期春色会稽峰。

其九十五

未炼还丹且炼心，丹成方觉道元深。

每留客有钱沽酒，谁信君无药点金。

洞里风云归掌握，壶中日月在胸襟。

神仙事业人难会，养性长生自意吟。

其九十六

铁牛耕地种金钱，刻石时童把贯穿。

一粒粟中藏世界，半升铛内煮山川。

白头老子眉垂地，碧眼童儿手指天。

若向此中玄会得，此玄玄外更无玄。

其九十七

箕星昴宿下长天，凡景宁教不愕然。

龙出水来鳞甲就，鹤冲天去羽毛全。

尘中教化千人眼，世上难知尔雅篇。

自是凡流福命薄，忍教微妙略轻传。

其九十八

闲来掉臂入天门，拂袂徐徐撮彩云。

无语下窥黄谷子，破颜平揖紫霞君。

拟登瑶殿参金母，回访瀛洲看日轮。

恰值嫦娥排宴会，瑶浆新熟味氤氲。

其九十九

曾随刘阮醉桃源，未省人间欠酒钱。

一领布裘权且当，九天回日却归还。

凤茸袄子非为贵，狐白裘裳欲比难。

只此世间无价宝，不凭火里试烧看。

其一百

因思往事却成惭，曾读仙经第十三。

武氏死时应室女，陈王没后是童男。

两轮日月从他载，九个山河一担担。

尽日无人话消息，一壶春酒且醺酣。

其一百零一

垂袖腾腾傲世尘，葫芦携却数游巡。

利名身外终非道，龙虎门前辨取真。

一觉梦魂朝紫府，数年踪迹隐埃尘。

华阴市内才相见，不是寻常卖药人。

其一百零二

万卷仙经三尺琴，刘安闻说是知音。

杖头春色一壶酒，炉内丹砂万点金。

闷里醉眠三路口，闲来游钓洞庭心。

相逢相遇人谁识，只恐冲天没处寻。

其一百零三

曾战蚩尤玉座前，六龙高驾振鸣銮。

如来车后随金鼓，黄帝旂旁戴铁冠。

醉将黑须三岛暗，怒抽霜剑十洲寒。

轩辕世代横行后，直隐深岩久觅难。

其一百零四

头角沧浪声似钟，貌如冰雪骨如松。

匣中宝剑时频吼，袖里金锤逞露风。

会饮酒时为伴侣，能吟诗句便参同。

来朝定赴蓬莱会，骑个狰狞九色龙。

其一百零五

神仙暮入黄金阙，将相门关白玉京。

可是洞中无好景，为怜天下有众生。

心琴际会闲随鹤，匣剑时磨待斩鲸。

进退两楹俱未应，凭君与我指前程。

其一百零六

九鼎烹煎一味砂，自然火候放童花。

星辰照出青莲颗，日月能藏白马芽。

七返返成生碧雾，九还还就吐红霞。

有人夺得玄珠饵，三岛途中路不赊。

其一百零七

星辰聚会入离乡，日月盈亏助药王。

三候火烧金鼎宝，五符水炼玉壶浆。

乾坤返复龙收雾，卯酉相吞虎放光。

入室用机擒捉取，一丸丹点体纯阳。

赠　人

炉养丹砂鬓不斑，假将名姓住人间。

已逢志士传神药，又喜同流动笑颜。

老子道经分付得，少微星许共相攀。

幸蒙上士甘捞挪，处世输君一个闲。

七言绝句二十五首

捉得金精固命基，日魂东畔月华西。

于今炼就长生药，服了还同天地齐。

又

莫怪瑶池消息稀，只缘人事隔天机。

若人寻得水中火，有一黄童上太微。

又

混元海底隐生伦，内有黄童玉帝名。

白虎神符潜姹女，灵元镇在七元君。

又

三亩丹田无种种，种时须借赤龙耕。

曾将此种教人种，不解营治道不生。

又

闪灼虎龙神剑飞，好凭身事莫相违。

传时须在乾坤力，便透三清入紫微。

又

不用梯媒向外求，还丹只在体中收。

莫言大道人难得，自是功夫不到头。

（《全唐诗》云：此首一作张辞诗。今按：张辞，咸通初进士，下第游淮海间，有道术，后于江南上升。有令欲传其道，辞以令方宰剧邑，未暇志玄，因题诗以开其意，诗与此同，惟"不用"作"何用"，第二句作"长生只合内中修"，"功夫"作"行心"。题云《谢令学道诗》。）

又

饮酒须教一百杯，东浮西泛自梯媒。

日精自与月华合，有个明珠走上来。

又

不负三光不负人，不欺神道不欺贫。

有人问我修行法，只种心田养自身。

又

时人若拟去瀛洲，先过巍巍十八楼。

自有电雷声震动，一池金水向东流。

又

瓶子如今玉子黄，上升下降续神光。

三元一会经年净，这个天中日月长。

又

学道须教彻骨贫，囊中只有五三文。

有人问我修行法，遥指天边日月轮。

又

我自忘心神自悦，跨水穿云来相谒。

不问黄芽肘后方，妙道通微怎生说。

又

独上高峰望八都，黑云散后月还孤。

茫茫宇宙人无数，几个男儿是丈夫。

又

天下都游半日功，不须跨凤与乘龙。

偶因博戏飞神剑，摧却终南第一峰。

超倒葫芦掉却琴，倒行直上卧牛岑。

本飞石上迸如雪，立地看天坐地吟。

又

吾今本住在天齐，零落白云锁石梯。

来往八千消半日，依前归路不曾迷。

又

莲峰道士高且洁，不下莲宫经岁月。

星辰夜礼玉簪寒，龙虎晓开金鼎热。

又

东山东畔忽相逢，握手丁宁语似钟。

剑术已成君把去，有蛟龙处斩蛟龙。

又

朝泛苍梧暮却还，洞中日月我为天。

匣中宝剑时时吼，不遇同人誓不传。

又

偎岩拍手葫芦舞，过岭穿云拄杖飞。

来往八千须半日，金州南畔有松扉。

又

养得儿形似我形，我身枯悴子光精。

生生世世常如此，争似留神养自身。

又

精养灵根气养神，此真之外更无真。

神仙不肯分明说，迷了千千万万人。

又

不事王侯不种田，日高犹自抱琴眠。

起来旋点黄金买，不使人间作业钱。

又

天涯海角人求我，行到天涯不见人。

忠孝义慈行方便，不须求我自然真。

又

莫道幽人一事无，闲中尽有静工夫。

闭门清昼读书罢，扫地焚香到日晡。

游庐山钟楼远眺题

一日清闲一日仙，六神和合报平安。

丹田有宝休寻道，对境无心莫问禅。

题《悟真·西江月》第十一阕二首

水火酿成万古人，金鸡玉兔两分明。

从来好事惟阴德，默默虚空最认真。

又

此处全凭大段神，星桥驾处有真金。

阴功二字踵心息，万圣工夫尽付君。

渔父词十七首

入　定

闭目藏真神思凝，杳冥中里见吾宗。

无边畔，迥朦胧，玄景观来觉尽空。

初　九

大道从来属自然，空堂寂坐守机关。

三田宝，镇长存，赤帝分明坐广寒。

玄　用

日月交加晓夜奔，昆仑顶上定乾坤。

真镜里，实堪论，暖暖红霞晓寂门。

神　效

恍惚擒来得自然，偷他造化在其间。

神鼎内，火烹煎，尽历阴阳结作丹。

沐　浴

卯酉门中作用时，赤龙时蘸玉清池。

云薄薄，雨微微，看取娇容露雪肌。

延　寿

子午常餐日月精，玄关门户启还扃。

长如此，过平生，且把阴阳仔细烹。

瑞　鼎

会合都从戊己家，金铅水汞莫须夸。

只此物，结丹砂，反复阴阳色转华。

活　得

位立三才属五行，阴阳合处便相生。

龙飞踊，虎狉狞，吐个神珠各战争。

炼　质

运本还元于此寻，周流金鼎虎龙吟。

身不老，俗难侵，貌返童颜骨变金。

神　异

还返初成立变童，瑞莲开处色辉红。

金鼎内，迥朦胧，换骨添筋处处同。

知　路

那个仙经述此方，参同大易显阴阳。

须穷取，莫颠狂，会者名高道自昌。

朝　帝

九转功成数尽乾，开炉拨鼎见金丹。

餐饵了，别尘寰，足蹑青云突上天。

方契理

举世人生何所依，不求自己更求谁。

绝嗜欲，断贪痴，莫把神明暗里欺。

自无忧

学道初从此处修，断除贪爱别娇柔。

长守静，处深幽，服气餐霞饱即休。

作甚物

贪贵贪荣逐利名，追游醉后恋欢情。

年不永，代君惊，一报身终那里生。

病瞥地

万劫千生得个人，须知先世种来因。

速觉悟，出迷津，莫使轮回受苦辛。

常自在

闭目寻真真自归，玄珠一颗出辉辉。

终日玩，莫抛离，免使阎王遣使追。

六么令

东与西，眼与眉，偃月炉中运坎离。灵砂且上飞，最幽微，是天机，你休痴，你不知。

梦江南十一首

淮南法，秋石最堪夸，位应乾坤白露节。象移寅卯紫河车，子午结朝霞。

又

王阳术，得秘是黄芽，万蕊初生将此类。黄钟应律始归家，十月定君夸。

又

黄帝术，玄妙美金花，玉液初凝红粉见。乾坤覆载暗交加，龙虎变成砂。

又

长生术，玄要补泥丸，彭祖得之年八百。世人因此转伤残，谁是识阴丹。

又

阴丹诀，三五合玄图，二八应机堪采运。玉琼回首免荣枯，颜貌胜凡姝。

又

长生术，初九秘潜龙，慎勿从高宜作客。丹田流注气交通，耆老返婴童。

又

修身客，莫误入迷津，气术金丹传在世。象天象地象人身，不用问东邻。

又

还丹诀，九九是幽玄，三性本同一体内。要烧灵药切寻铅，寻得是神仙。

又

长生药，不用问他人，八卦九宫看掌上。五行四象在人身，明了自通神。

又

学道客，修养莫迟迟，光景斯须如梦里。还丹粟粒变金姿，死去莫回归。

又

治生客，审细察微言，百岁梦中看即过。劝君修炼保尊年，不久是神仙。

望江南

瑶池上，瑞雾霭群仙，素练金童锵凤板，青衣玉女啸鸾弦，身在大罗天。

沉醉处，缥缈玉京山，唱彻步虚清燕罢，不知今夕是何年，海水又桑田。

卜算子

心空道亦空，风静林还静，卷尽浮云月自明，中有山河影。

供养及修行，旧话成重省，豆爆生莲火里时，痛拨寒灰冷。

减字木兰花

暂游大庚，白鹤飞来谁共语？岭畔人家，曾见寒梅几度花。

春来春去，人在落花流水处。花满前溪，藏尽神仙人不知。

西江月八首

　　著意黄庭岁久，留心金碧年深。为忧白发鬓相侵，仙诀朝朝讨论。

　　秘要俱皆览过，神仙奥旨重吟。至人亲指水中金，不负平生志性。

又

　　任是聪明志士，常迷东灶黄庭。参同大易事分明，不晓如醉难醒。

　　若遇高人指引，都来不费功程。北方坎子是金精，认得黄芽方盛。

又

　　世有学人无数，愚痴妄意如麻。汞铅错认结为砂，运火欲觅黄芽。

　　千日虚劳心力，人人尽破其家。真铅似玉本无瑕，将凤欲比狂鸦。

又

　　至道不烦不远，至人只在目前。淮王炼石得冲天，汉世已经千年。

　　全在低心下人，事该缘分偶然。安炉置鼎尽周圆，须得汞去投铅。

又

　　听说金公两字，何物换作金孙？寻枝寻叶必知根，无智便乃心昏。

若用凡铅为体，都来少魄无魂。水银渐结必难成，秘诀要处谁论？

又

真假两般玄字，金公所料重迷。凡铅纵与岳山齐，不肯假与金妻。

听说真铅住处，他家跳在深溪。两情恩爱事因媒，义重争敢东西。

又

水火运来周岁，四六勿错如初。水多火少失功夫，胜地方始安炉。

直须认鼎与药，却如鸡子无殊。内黄外白结凝酥，一颗圆明汞珠。

又

彼此离于生处，火遭水破惊忙。分身各自拟深藏，半路再觅萧郎。

夫为无衣素体，妻因水浸衣黄。丙丁甲乙有形相，刚遣令合阴阳。

浪淘沙

（一名《卖花声》）

我有屋三椽，住在灵源，无遮门壁任萧然，万象森罗为斗拱，瓦盖青天。

无漏得多年，结就因缘，修成功行满三千，降得火龙伏得虎，陆地神仙。

苏幕遮

天不高，地不大，惟有真心，物物俱含载，不用之时全体在，用即拈来，万象周沙界。

虚无中，尘色内，尽是还丹，历历堪收采。这个鼎炉解不解，养就灵乌，飞出光明海。

步蟾宫

坎离坤兑逢子午，须认取自家根祖。地雷震动山头雨，待洗濯黄芽出土。

捉得金精牢闭锢，炼甲庚要生龙虎。待他问汝甚人传，但说道先生姓吕。

昔有太守，令妓者唱道情词曲，妓无以应命，遂延方士求之。忽有道人过门索酒，题词于壁而去。次日，妓佐公筵以此歌之，太守惊问，欲求道人，竟失其踪，乃知其为吕祖也。妓亦因此脱籍。观此一事，既化太守以坚好道之心，复度妓者以脱业网之苦，洵为方便慈悲。按：《神仙鉴》以此妓即张珍奴，太守即黄觉能。

满庭芳

大道渊源，高真隐秘，风流岂可知闻。先天一炁，清浊自然分。不识坎离颠倒，谁能辨金木浮沉？幽微处，无中产有，涧畔虎龙吟。

壶中真造化，天精地髓，阴魄阳魂。运周天水火，燮理寒温。十月脱胎丹就，除此外皆是旁门。君知否，尘寰走遍，端的少知音。

酹江月

仙风道骨，颠倒运乾坤。平分时节，金木相交坎离位，一粒刀圭凝结，水虎潜形，火龙伏体，万丈毫光烈。仙花朵秀，圣男灵女扳折。

霄汉此夜中秋，银蟾离海，浪卷千层雪，此是天关地轴，谁解推穷圆缺？片晌工夫，霎时丹聚，到此凭何诀？倚天长啸，洞中无限风月。

水龙吟

目前咫尺长生路，多少愚人不悟，爱河浪阔，洪波风紧，舟船难渡，略听仙师语。到彼岸只消一句，炼金丹换了凡胎浊骨，免轮回，三涂苦。

万事澄心定意，聚真阳都归一处，分明认得灵光真趣，本来面目，此个幽微理，莫容易等闲分付。知蓬莱自有神仙伴侣，同携手，朝天去。

汉宫春

横笛声沉，倚危楼红日，江转天斜，黄尘边，火颂洞，何处吾家，胎禽怨，夜来乘风，玄露丹霞，先生笑飞空一剑，东风犹自天涯。

情知道山中好，早翠嚣含隐，瑶草新芽。清溪故人信断，梦飔车乾坤星火，归来了煮石煎砂，回首处，幅巾蒲帐，云边独是桃花。

雨中花

（题岳阳楼）

三百年间，功标青史，几多俱委埃尘。悟黄粱，弃儒事，厌世藏身。将我一枝丹桂，换他千载青春。岳阳楼上，纶巾羽扇，谁识天人？

蓬莱愿应仙举，谁知会合仙宾。遥想望吹笙玉殿，奏舞鸾祸，风驭云鞘，不散碧桃紫奈长新，愿逢一粒，九霞光里，相继朝真。

促拍满路花

（题长安酒楼柱）

西风吹渭水，落叶满长安，茫茫尘世里，独清闲。自然炉鼎，虎绕与龙蟠，九转丹砂就，一粒刀圭，便成陆地神仙。

从他富贵拥华轩，到了亦徒然，黄粱犹未熟，梦惊残，是非海里终久立身难，拂袖江南去，白蘋红蓼，再游溢浦庐山。

沁园春三首

火宅牵缠，夜去明来，早晚无休，奈今日不知明日事，波波劫劫，有甚来由？人世风灯，草头珠露，我见伤心眼泪流。不坚久，似石中迸火，水上浮沤。

休休，及早回头，把往日风流一笔勾。但粗衣淡饭，随缘度日，任人笑我，我又何求？限到头来不论贫富，著甚干忙日夜忧？劝年少，把家缘弃了，海上来游。

前　调

诗曲文章，任汝空留，数千万篇，奈日推一日，月推一月，今年不了，又待来年，有限光阴，无涯火院，只恐蹉跎老却贤，贪痴汉，望成家学道，两事双全。

凡夫只恋尘缘，又谁信壶中别有天，这道本无情，不亲富贵，不疏贫贱，只要心坚，不在劳神，不须苦行，息虑忘机合自然，长生事，待明公放下，方可相传。

前　调

七返还丹，在人先须炼己待时，正一阳初动，中宵漏永，温温铅鼎，光透帘帷，造化争驰，虎龙交媾，进火功夫牛斗危，曲江上，见月华莹净，有个乌飞。

当时自饮刀圭，又谁信无中养就儿，辨水源清浊，木金间隔，不因师指，此事争知？道要玄微，天机深远，下手速修犹太迟，蓬莱路，仗三千行满，独步云归。

玄珠集

《玄珠集》乃编者命名。玄珠者，吾人之灵性也。

赠陈处士

（按《神仙鉴》系陈烈）

青霄一路少人行，休话兴亡事不成。

金榜因何无姓字，玉都必定有仙名。

云归大海龙千尺，雪满长空鹤一声。

深谢宋朝明圣主，解书丹诏召先生。

哭陈先生

天网恢恢万象疏，一身亲到华山区。

寒云去后留残月，春雪来时问太虚。

六洞真人归紫府，千年鸾鹤老苍悟。

自从遗却先生后，南北东西少丈夫。

长沙示僧

非神亦非仙，非术亦非幻。天地有终穷，桑田几迁变。

身固非我有，财亦何足恋。曷不从吾游，骑鲸腾汗漫。

赠罗浮道士

罗浮道士谁同流，草衣木食轻王侯。

世间甲子管不得，壶里乾坤得自由。

数着残棋江月晓，一声长啸海山秋。

饮余回首话归路，遥指白云天际头。

答僧见

三千里外无家客，七百年来云水身。

行满蓬莱为别馆，道成瓦砾尽黄金。

待宾榼里常存酒，化药炉中别有春。

积德求师何患少，由来天地不私亲。

七律二首

从容跨鹤出昆仑，拂尽河山处处尘。

明月当天谁是道，梅花满眼未知春。

丹成白雪千壶酒，梦破黄粱万劫身。

收拾乾坤归袖里，休劳渔父指迷津。

又

香风缥渺驾仙鸾，手执桃花仔细看。

七泽涛声惊夜梦，三湘烟树带云寒。

岳阳曾醉何关酒，员峤称仙岂是丹。

回首唐虞成往事，沧桑更变话无端。

诗示天基

念佛虔诚即是丹，念珠八百转循环。

念成舍利超生死，念结菩提了圣凡。

念意不随流水去，念心常伴白云间。

念开妙窍通灵慧，念偈今留与汝参。

雪座洞和韵四首

清虚古洞傍汀洲，忆昔曾经此地游。

观外翠屏千嶂拥，门前玉带一溪流。

泥梁犹见当年燕，戏浦还浮旧日鸥。

惆怅不堪人事变，独留野鹤在江头。

又

城南市口两江边，梵阁岩峣别有天。

山静不闻僧磬响，亭荒几见佛灯然。

人过柳岸徒怀古，雁度云关欲叩禅。

寂寞尘寰谁入梦，殷勤注问鹤来年。

又

蕊宫金阙碧云隈，壶里乾坤妙手开。

翠阁疑从青汉立，朱栊遥浸晓霞来。

生成海上清虚景，消尽楼中玉笛哀。

莫道红尘无乐地，此间便是小蓬莱。

又

闲临流水问仙因，指点群迷字字真。

道向中和分位育，心从义利辨天人。

云开圣域依星斗，日近岩扉绝市尘。

识得灵源何处是？茫茫彼岸有通津。

赐齐州李希遇诗

少饮欺心酒，休贪不义财。

福因慈善得，祸向巧奸来。

题诗紫极宫

宫门一闲入，临水凭栏立。

无人知我来，朱顶鹤声急。

示　僧

寻真要识真，见真浑未悟。

一笑再相逢，驱车东平路。

题青城人家门

但患去针心，真铜水换金。

鬓边无白发，骡马去难寻。

呈钟离云房

生在儒家遇太平，悬缨重滞布衣轻。

谁能世上争名利？臣事玉皇归上清。

谒石守道

高心休拟凤池游，朱级银章宠已优。

莫待祸来名欲灭，林泉养浩预为谋。

为贾师雄发明古铁镜

手内青蛇凌白日，洞中仙果艳长春。

须知物外烟霞客，不是街头磨镜人。

题全州道士蒋晖壁

醉舞高歌海上山，天瓢承露结金丹。

夜深鹤透秋光碧，万里西风一剑寒。

谒王岳州

仙籍班班有姓名，蓬莱倦客吕先生。

凡人肉眼知多少，不及城南老树精。

宿州天庆观殿门留赠符离道士二首

秋景萧条叶乱飞，庭松影里坐移时。

云游鹤驾何方去，仙洞朝元失我期。

又

肘傅丹篆千年术，口诵黄庭两卷经。

鹤观古坛松影里，悄无人迹户长扃。

泰州北山观留诗

石池清水似吾心，刚被桃花影倒沉。

一到邦山宫阙内，销闲澄虑七弦琴。

题永康酒楼

鲸吸鳌吞数百杯，玉山谁起复谁颓？

醒时两袂天风冷，一朵红云海上来。

题广陵妓屏二首

嫫母西施共此身，可怜老少隔千春。

他年鹤发鸡皮媪，今日玉颜花貌人。

又

花开花落两悲欢，花与人还事一般。

开在枝头妨客折，落来地上倩谁看？

书栖云庵壁

一吸鸾笙裂太清，绿衣童子步虚声。

玉楼唤醒千年梦，碧桃枝上金鸡鸣。

徽宗斋会

高谈阔论若无人，可惜明君不遇真。

陛下问臣来日事，请看午未丙丁春。

潭州鹤会

这回相见不无缘，满院风光小洞天。

一剑当空又飞去，洞庭惊起老龙眠。

绍兴道会

偶乘青帝出蓬莱，剑戟峥嵘遍九垓。

我在目前人不识，为留一笠莫沉埋。

赠李德成

九重天子寰中贵，五等诸侯门外尊。

争似布衣狂醉客，不教性命属乾坤。

七夕题诗二首

四海孤游一野人，两壶霜雪足精神。

坎离二物君收得，龙虎丹行运水银。

又

野人本是天台客，石桥南畔有旧宅。

父子生来有两口，多好笙歌不好拍。

令牧童答钟弱翁

草铺横野六七里，笛弄晚风三四声。

归来饱饭黄昏后，不脱蓑衣卧月明。

巴陵题壁

腹内婴儿养已成，且居廛市暂娱情。

无端措大刚饶舌，却入白云深处行。

赠剑客五首

先生先生貌狞恶，拔剑当空气云错。

连喝三回急急去，欻然空里人头落。

又

剑起星奔万里诛，风雷时逐雨声粗。

人头携处非人在，何事高吟过五湖。

又

粗眉卓竖语如雷，闻说不平便放杯。

仗剑当空千里去，一更别我二更回。

又

先生先生莫外求，道要人传剑要收。

今日相逢江海畔，一杯村酒劝君休。

又

庞眉斗竖恶精神，万里腾空一踊身。

背上匣中三尺剑，为天且示不平人。

赠曹先生

鹤不西飞龙不行，露干云破洞箫清。

少年仙子说闲事，遥隔彩云闻笑声。

海上相逢赵同

南宫水火吾须济，北阙夫妻我自媒。

洞里龙儿娇郁律，山前童子喜徘徊。

题凤翔府天庆观

得道年来八百秋，不曾飞剑取人头。

玉皇未有天符至，且货乌金混世流。

剑画此诗于襄阳雪中

岘山一夜玉龙寒，凤林千树梨花老。

襄阳城里没人知，襄阳城外江山好。

洞庭湖君山颂

午夜君山玩月回，西邻小圃碧莲开。

天香风露苍华冷，云在青霄鹤未来。

题留张天觉

捏土为香事有因，世间宜假不宜真。

皇朝宰相张天觉，天下云游吕洞宾。

闲　题

独自行来独自坐，无限世人不识我。

惟有城南老树精，分明知我神仙过。

山　隐

松枯石老水萦回，个里难教俗客来。

抬眼试看山外景，纷纷风急障黄埃。

题四明金鹅寺壁

方丈有门出不钥，见个山童露双脚。

问伊方丈何寥寥，道是虚空也不著。

闻此语，何欣欣，主翁岂是寻常人。

我来谒见不得见，渴心耿耿生埃尘。

归去也，波浩渺，路入蓬莱山杳杳。

相思一上石楼时，雪晴海阔千峰晓。

与潭州智度寺慧觉诗并序

余游韶郴，东下湘江，今见觉公，观其禅学精明，性源淳洁，促膝静坐，收光内照，一衲之外无余衣，一钵之外无余食，达生死岸，破烦恼壳，方今佛衣寂寂兮无传，禅理悬悬兮几绝。扶而兴者，其在吾师乎。

达者推心兼济物，圣贤传法不离真。

请师开说西来意，七祖如今未有人。

参黄龙机悟后呈偈

弃却瓢囊撼碎琴，如今不恋水中金。

自从一见黄龙后，始觉从前错用心。

题沈东老壁

西邻已富忧不足，东老虽贫乐有余。

白酒酿来因好客，黄金散尽为收书。

秋过在园

水云游遍乾坤小，花落花开人易老。

闲来飞过洞庭秋，铁笛一声天淡扫。

示李笠翁

闻说阴阳有二天，诗魔除去是神仙。

相期若肯归灵窟，命汝金门执玉鞭。

又

潇洒文心慧自通，无端笔下起长虹。

波平云散停毫处，万里秋江一笠翁。

示顾吴三子

三生石畔殷殷望，太白亭前款款行。

春色不知何处去，空余皓首说幽情。

六言诗

春暖群花半开，逍遥石上徘徊。

独携玉律丹诀，闲踏青莎碧苔。

古洞眠来九载，流霞饮几千杯。

逢人莫话他事，笑指白云去来。

题僧房绝句

唐朝进士，今日神仙，
足蹑紫雾，却返洞天。

劝 世

一毫之善，与人方便；
一毫之恶，劝君莫作。
衣食随缘，自然快乐。
算是甚命？问什么卜？
欺人是祸，饶人是福。
天眼昭昭，报应甚速。
谛听吾言，神钦鬼伏。

长短句

落魄且落魄，夜宿乡村，朝游城郭。闲来无事玩青山，困来街市货丹药。卖得钱，不算度，酤美酒，自斟酌，醉后吟哦动鬼神，任意日头向西落。

梧桐影

落日斜，秋风冷，今夜故人来不来，教人立尽梧桐影。

豆叶黄

二月江南山水路，李花零落春无主。

一个鱼儿无觅处，风和雨，玉龙生甲归天去。

梁山碑记玄牝歌题一联

美哉三十六，远胜五千言。

景福寺题一联

莫道神仙无学处，古今多少上升人。

葫头集

小序：壬戌之春，荫诚将肆业于雍，北上来辞，予以搜求吕祖著作为嘱。明年正月既望，使持书一册至，发之则祖之《葫头集》也，选入全书而序之曰：

集中以风雅之体裁，发道德之宗趣，言文而旨远，词约而味长，是从前文集之外之一快也。昔人疑诸仙诗，在汉则汉，在晋则晋，在唐则唐，不应天上变格乃尔。至吕祖乩坛，近今百余年来，非演经度劫，应未有浪游笔墨、恋恋尘凡之事，然祖尝自谓"于大千世界，普度有缘，故一日大赴三千场"。岂仅一方一处而已，是又如水在地中，无所往而不在也。在生民未有之圣，著作不免《春秋》时风气，有不可得而强者，又何疑于天上之变格乎？要其有为而作，托于游戏，固有"书不尽言，言不尽意"者，当会心于文字之外可也。

原集各体，拉杂编入，并题。有无关紧要者删正之，分二卷。

钟祖序：诗三百，圣人之道，曲尽耳目矣。汉魏三唐，则有悲歌盛晚之风，关于世运。至于骚人颜妇，烧业海而发情根；逸士遗民，劈长空而挥恨种；非谣则讽，非刺则哀，诗之雄襟远旷，尽被魔羁，不若无诗者善矣。虽然，诗之源，礼乐之本；诗之奥，圣贤之衷。天之景象，诗之兴也；地之山川，诗之比也；人之性情，诗之赋也；物之兴衰，诗之感也。天地物我，混然皆诗，虽欲无诗，又安得耶？

紫极真人，宏愿悯尘，婆心慈切。阐道机于无相之中，说善恶于有形之外。聚烟霞之彩，焕日月之明，慨变幻之因，泄阴阳之理，涤世子之尘心，吐如来之莲舌，与物推移，随机点化。霜毫戛玉，泄未泄之由；雪竹敲金，宣不宣之法。樵梧松花，琳琅碧影生香；鸾远苍梧，汗漫青霞缀色。梯航可接，旨理堪闻，非诗之功，虽圣人之道，又安能尽人耳目也哉！

嗟乎，世人耳目，当悟于声色之外，超于梦幻之中。锄却情根，耕翻恨种，因诗得诀，参意归真，则真人之婆心不辜，而诗之宏愿有赖矣。若徒拟于哀刺谣讽，为魔所惑，虽圣贤之衷、礼乐之本，又何有裨于世教耶？

　　唯诸子省之。云房书序。

　　陈先生序：白云老人，自宋迄今，卧华山巅，不闻天地声色已多年岁。倏人间庚辛，有双童乘古鹤，止左右，祥禽瑞兽，鸣吼其旁。老人惊寤，拭其睡眼，更见紫气缠度，于燕山之阳、轸星之野，为龙为马，变幻万端。老人危坐而怪，叩二童曰："何为其然也？"童子始笑答曰："仆乃敲针剑奴，吕真人吟咏之弟子也。师愿洪深，驻鸾度世，蜉蛾诸子，拟题求句，师遂以声格体调为寓言，兴比赋训为奥旨，以醒迷津，先生所怪异者，得无是乎？"

　　老人曰："假弄声色者，纯阳原是惯家。老人梦魂颠倒，不知天地物我之机，纯阳不能以黄粱试之，复以龙马之气，乱人耳目耶？"童子曰："不然，龙马之气，非师有相为之，乃诸子所录葫头草也。原先生引其言。"老人笑允而为言曰："天地之大，大莫葫芦，天地之理，尽在葫头。葫头之诀，扬而复幽；葫头之韵，铿而若流；葫头之相，载沉载浮。龙马会舞，逼以斗牛；鸾凤之奏，绕之沧州。葫头之况，安与尘侔？所谓沦劫，无以了休，真人发愿，以济世侔。世之有志，葫头为谋，玄玄之秘，已矣葫头。"

　　言毕，双童谢之而去，见龙马之气，化霓而堕须弥世、银汉界。老人复卧，欲其觉寤，更不知几千年再可。

白云老人陈希夷

自序： 止源以诗字求予者，曷故以其句之工字之精而求之乎？非也。得无以久寄尘寰，目皆烟火，不谓人间有天上鸾驻，喷辞吐秀于影响之间，讵非世所难靓耶？止源之求，殆为是欤？虽然未也，天有莫测之机，世有莫穷之道，欲究其机于微奥之中，乃不出乎声色之外。在声色者，即道之寓也。天之风雷云雨，地之江湖河汉，人之喜怒哀乐，此声色之自有者也。要如空空入目，振振临耳，摹其神则心旷，写其意则情怡，披之有相，读之有音，诗固声色中之幻化也。然世有声色，而道莫之知，道之莫知，则虽雄辞秀句，风雨成文，不过繁华争艳，而不知火枣交梨为何物。故曰止源久寄尘寰，目皆烟火。烟火世之必需，不知有烟火者，山人之乐趣也。山人既得乐趣于烟火之外，则可随机运道于声色之中，以故片刻寸管之下，而不用推敲所由来也。不然，山人逸况，何独托诸影响之间，而与世人唱和争奇乎？止源可以知予之婆心也，故屡叩而未尝稍拒。止源之意，谓千古之下，得此奇靓，恐后日之湮没而不我知，致力为恳之，而镌布流传，俾世间翰墨之碍，庶识烟霞乐趣，而不苦滞于繁华，固近道也。若以道人诗字之工，而允其请，则非也。

嗟乎，意与世旷，而才愧文人，有以啼咀微旨，如登彼岸，而羡止源之高致者，未可知也。有以自堕孽波，未甫一披，而鄙止源之好事者，抑未可知也。

回道人书

去尘铭

心惟不二，是曰静机。物我无别，形神皆归。
愿言窹寐，不落是非。入世出世，我贵知希。

洗心铭

洗心云何？澡雪明德。尘去鉴莹，砧捐圭洁。
不澄而清，其源则活。我缨我足，可以弗濯。

示通源偈八首

死生原不二，生即死之门。
了得无生者，生亦徒何之。

又

见性乃真觉，谈禅是后天。
天从何所见，佛即未来心。

又

空空徒自空，悟悟忘自悟。
撇却悟空魔，死生应自见。

又

三教总一教，得来无欲间。

若从微妙处，一点还虚空。

又

说道如来是大雄，大雄必定也空空。

不增不减长江水，照破须弥无相峰。

又

椿枝万丈道家玄，莲花九品禅门法。

试问花飞椿老时，何曾捉得西江月。

又

万叠寒烟总一虚，隔帘灯影却何如。

此时认得空中幻，即是如来掌上书。

又

舍利弗，舍利弗，旃檀最上寻觉路。

不落千千四大千，涅槃六六三十六。

时见层层七宝台，时隐密密双行树。

谁教控鹤老儿来，飞锡赶到云深处。

打醒通源问的端，如来应是恒河数。

恒河不在见闻中，圆觉声闻何以故。

九品莲花偈六首

其　一

挺挺出金池，瓣瓣含玉露。

火里放奇香，色比菩提固。

其　二

心即台之象，莲因色是身。

西方无个处，极第悟虚真。

其　三

双行树里泥团，九品莲中甘露。

频伽不解无生，飞向恒河深处。

其　四

昨夜天风吹北斗，骊龙狮子一齐吼。

要见莲花何处寻，莲花却在如来口。

其　五

菩提无树镜无台，安得莲花九品开？

分付通源休浪悟，客尘二字证如来。

其　六

道人惯会饶舌，要讲莲花颜色。

不长娑婆四部中，不染青黄赤白黑。

时时观世见如来，柳花摇动璎珞月。

偶偈七首

其　一

慧光破三界，慈波大海中。

金刚非法相，不惹应归宗。

其　二

无我无人碍，妙法自如如。

弥陀若有觉，九品应是空。

其　三

如来非有相，在在心头者。

悟却本来因，了我无生径。

其　四

一点璃琉光，照破十方界。

了了归虚空，此中无挂碍。

其　五

何处狮子作怪，将我葛藤咬坏。

要寻佛老填还，过去未来见在。

其　六

昨夜懒云炊熟，今朝痴腹生春。

有口无心是佛，笑他忙里寻人。

其　七

不贪不爱不恼，无身无口无心。

从此一灵默会，太虚清静忘形。

题像五首

独坐独坐，不离这个。这个玄机，谁能打破。

上下察之，莺飞鱼跃。天地合之，圣贤是乐。

又

世人坐破蒲团，到底不归正教。

谁知性里摩尼，在我丹田朗照。

又

挥尘风前色相，行踪世外孤云。

试透龙光三界，扫除物我魔君。

又

无以色相，何留此像？偶倩毫端，抹吾模样。咦，好将宝剑倚峻桐，除尽尘魔消碍障。

又

敲爻野客，隐见莫测。孤立乾坤，回照日月。偶挥笔上春云，而发和光之诀。噫，要存色相应尘情，洞庭秋水三千劫。

题　石

为虎为徒，激泉纤月。坚则以磨，清则以劫。随花鸟而忘机，乐琴樽而自悦。若是见得如来，还须饶舌。

渔　舟

富春人不见，欸乃度前川。短棹穿波月，长风破水天。
歌邀鸥共唱，醉拥鹭同眠。借问功名客，曾知秋水篇。

示止源

波月悬波碧，瑶琴落凤声。丹归南岭雪，鹤到上林鸣。
静里夭原大，闲中性自清。蜉蝣何足惜，石已是三生。

寒　暮

万里晴空魄正圆，隔帘灯影斗婵娟。
声声栖鹘千年树，点点归乌一抹天。
剪剩寒光云出岫，荡残晚色水生烟。
乘鸾此际来坛语，极目乾坤一缕禅。

止源求诗味此寿意

山老云轻几代秋，白头仙迹水悠悠。
谁将玉诏传玄鹤，我为金书跨碧牛。
长啸一声天地大，狂歌九级凤凰游。
壶中说有绵绵界，欲子偕吾遍十洲。

仙况二首

其　一

山骨嶙峋月蕊飞，伯齐休采紫云薇。

玉台一弄玄黄韵，金阙三敲太上闱。

道里烟光吹九极，袖中蟾气放千辉。

遥梅肯赠于今梦，落得青霞补绛衣。

其　二

万山招隐片霞孤，双鲤沙前酒一壶。

峰插破云天补色，月妆新黛水描图。

烂柯堪老多棋癖，涤器奚童胜酒徒。

三楚六朝何所惜，好来溪上伴鸠鹏。

还丹奥法

玉雪宜人凤鼎清，黄芽初秀月初明。

云烟远上三千阁，龙虎高闻九品经。

姹女多情频醉舞，婴儿无语怯啼莺。

醍醐既旨花休笑，放浪炉头听汞鸣。

坐　卧

坐卧忘机剑影孤，灵光一点合丹炉。

乾坤有象书千卷，岁月无知酒半芦。

唐室烟霞凝汉洞，秦家桃李映苍梧。

浮生解此毫端意，归去来兮大丈夫。

示通源

璎珞莲花法雨香，漫寻三昧放毫光。

广长舌上生圆觉，清净身中作会场。

宝镜欲飞西土月，石幢犹撼北台霜。

劝君参透菩提路，摩顶皈依我法王。

幽　况

山高不碍白云深，长啸归来和鸟音。

日暮天空闻远磬，月明松响听遥琴。

苔茵雨过春新了，桃李花飞色不禁。

三辅五陵谁有梦？野人行乐只山林。

示引源

十年精进瓮中天，今日醍心始合缘。

月饵钓君离苦海，道机拨尔入微玄。

筑基好尽三三法，炼己还宜九九先。

梦觉羲皇西水碧，归来满目是银蟾。

示玄源

空林皓月拂松萝，崦外泉声和鸟歌。

三十年间清静法，九千里外有无河。

玄关未破神先壮，紫阙初开气自和。

但得重楼蟾脱壳，始知灵谷转轻波。

示渊源

肩横一剑醉斜阳，笑指天低水未长。

甲子不言方是觉，庚申既悟始知香。

烟云拂地千年药，婴姹窥炉万载昌。

饶舌夜深题数语，嘱君入梦自思量。

示全真守斗三首

深山清静总枯禅，龙虎关头始是缘。

明月照人白雪固，黄芽入鼎紫霞坚。

默存我气云中剑，淡悟玄风水底天。

遥指池台生法相，桔棒汲透井华泉。

又

龙虎关头静里为，枯禅无说却何之。

桔棒本是身中汲，乾坎还从心内施。

滴滴醍醐摇玉液，涓涓雨露洒金枝。

虽然清静成玄诀，只恐工夫下手迟。

又

心口原因我有身，无身心口总非真。

若云心口能成道，岂说乾坤自合神。

明月眼前浑是旧，晓风林外忽然新。

皮毛谢却灵根在，始悟桃花解醉人。

示津源

静啸非关动，闲吟自合仙。

淡烟凝碧汉，新雨锁山川。

题像二首

挥尘谈天地，凭虚识古今。

一声长啸后，烟水满胸襟。

又

我有松风卖，世人买得无。

黄金三万两，与尔一葫芦。

偶吟二首

闲落花前梦，真空物外情。

云衣风捲碎，月扇水摇清。

又

今古山河地，装成一线图。

浩然三界外，四大敢拘吾？

山　僧

明月高藜杖，清风冷衲衣。

竹深庐不见，独自引云归。

广　莫

广莫春千丈，忘机鸟自栖。

人间桃李树，一任燕莺啼。

枕　石

松风醉耳两忘机，琢得云根仅半围。

高卧不知尘世热，醒来冷眼看花飞。

偶吟二首

拾得乾坤一袖装，裁成诗料付奚囊。

方才敲罢三千字，透出森罗万象光。

又

屈指临风且慢思，昨宵今日总无知。

邯郸一觉谁先醒，谢得黄鹏叫绿枝。

题像五首

草衣木食洞天春，古剑横肩炼素神。

一个纯阳犹自幻，霜毫化作万千人。

又

不朝金阙不安炉，冷坐烟云入画图。

昨夜飚风翻北斗，还丹应自转工夫。

又

放出葫芦太极光，云图剑影剖阴阳。

灵台已结三三药，透破泥丸绕帝乡。

又

独上昂云弄碧丹，清风八极剪衣寒。

笛中无限玄玄诀，传与浮生颠倒看。

又

今古尘机随笑笑，乾坤变态且看看。

个中鹤服羞轩冕，醉里渔蓑冷碧冠。

偶吟二首

万里乾坤一瞬间，风云紫气度玄关。

月华光满犹云幻，笑指东皇醉碧山。

又

刀圭醉后月华生，八八青龙万里鸣。

姹女带花横宝髻，婴儿邂逅更多情。

绝句二首

草衣木食不知年，一粒龙丹始悟玄。

谁把居诸双弹子，随人碌碌逐尘烟。

又

倒控沧波天影肥，澄澄入镜鸟斜飞。

石钟惊破沙前月，指与浮生慢悟机。

仙　术

瓢盛明月口吞天，袖有骊龙吸紫烟。

唤醒昆仑憨睡虎，教他莲座听新禅。

金　丹

武夷鸡犬白云乡，八卦炉烟结凤凰。

水火未交天地合，个中七粒九阴阳。

清　溪

清溪未满月光来，花里禅机次第开。

只守心猿休放鹤，五云应自聚灵台。

两　丸

两丸日月一团天，敢与吾侪论后先。

笑杀元皇分正气，安能知我未来前？

醉仙词

谁把银河皆酿酒，请月邀云，迷透一天星斗。雾掩罘罳，霞舒锦绣，雪捲虚舟。记汉阳秋树，酝叶缀丹邱。散发徜徉，黄冠倒履，花影盈头。吸百川而长鲸低首，卧六合而麊麊双修。风姨月姊，笑我无知叟。卖药人归，多少杖头钱。问织女，访云帘，再沽他八斗。任乾坤合璧，日月转丸，醋眼矇矇，杯斝休离手。玉皇政务苦相催，去否去否。

偶　作

赏心乐事，问如何消遣？对春风飞落，古剑横肩。么麽小子，相与戏翩翩。傲乾坤可否，谁怪云烟。情淡去，世徒然，黄发垂髫几变迁。行踪谁认蓬莱渡，弱水三千空漏船。君不见萧萧白鹤羽掀天，笑杀流莺空婉转。

畴昔词

畴昔之昔兮鹤徘徊，我游汉水兮江之湄。携铁笛兮云中吹，欲醉不醉兮倾霞罍。狂歌不歌兮更倩谁？长啸一声兮天地摧。浮沉万类兮终胡为，敢曰雄才兮物推移。待予调羹兮何所之，相与子期兮黍离离，将驾长风展天垂。

戏作道情词

玄机无奥，世人自认为虚渺，三五百千，归来多少。说甚么元皇气巧，总只是人情颠倒。问而今眼底慧光，胸中电影，可曾知道？西江有月，东土有舟，可能直泛蓬莱岛。黄龙有像，白虎留形，只都是强名之窍。笑浮生碌碌朝朝，枕黄粱未知警觉。任大梦无亏，方能悟长生不老。嗟嗟，那时迟了。今日个叩回道，明日个礼回道，呵呵，令道人徒吐道人道，我也不知谁个能通晓。今试以降笔临坛，信有无，温良一服谁飨饱，劝世尘须当一扫。

示津源

树影遥青，泉声触石，中有野士，头蓬脚赤。徜徉于无何有之乡，笑傲于梦幻影之世。天高尺五，道满大千，总不信谁非谁是。乐烟云未老，而物我何逝，更不假变态本因，违太上之旧志。看桃花还落汉唐春，那丁郎鹤返，余得城百雉。鸿雁唳空天，千载人民莫识。最羡取河上老人，合金丹而醍醐且旨。具双眼视破其间，自然终始。

书野韵于燕山驻云堂调山花子

云散天光鹤一只，归飞洞口是尧时，文人正欲咏瑶辞。桃花解语千秋梦，绿水知音四海簁，野童他也会吟诗。

道情曲九首

步步娇

梦幻茫茫花开卸，乱杀沧桑月，休言今古赊。试看一瞬乾坤，千秋吴越，若邪又何耶？梅花冷落人生业。

沉醉东风

望咸阳残霞剩阙，惜商山流云断碣。倩花神影漫遮，线儿春拽，锦屏忙鹤丝鸾颊。余红褪也，狂莺那些，任羽化南窗邀醉蝶。

好姐姐

莫怜渔寰晓夜，曾钓尽英雄兴灭。谁可以忘机？炼黄芽，调白雪，冯大块，生枝节，我昂然自决。

月上海棠

何饶舌，秦讴赵舞生生孽，惹花脂燕韵，凤雅龙奢。惜夭桃红雨轻盈，况蜉蝣绿云抛撒，利名者，似黄鸟春歌，杜鹃暮血。

五供养

黄金跃冶，紫腾腾秀色，箔我难些。葫芦倒控阴阳设，云姨月妹烟霞姐，好伴我三皇旧客。任人老，韶光迈，那些些。君不见，松涛惊起瓦棺蛇。

玉抱肚

青牛力怯，怕函关夜度，惟依洞月。弄琴樽千壑醑云，坐巅岩半林醉叶。琼姝欲遣鹤迎接，柳烟休管人离别。

水红花

虚脾套子因谁设，顿误这流连豪杰。总然宠辱三生结，何堪卸四生周折。不信罗浮旧恨，何处芙蓉榭。吊东山悲太液也啰。

双声子

丈夫能自烈，世事随蛰咽。玄机好对梅花说，再休题玉箫，有愿同衾穴。

尾　声

大鹏既把扶摇接，一任他鹪鹩暂借，我且剪青轮聊披写。

渔乐曲九首

步步娇

矶上羊裘谁为杰？自在桃花月。轻舠任近赊，趁着云片风丝，烟波帆叶。兰桨击龙蛇，蓼花何处芦飞雪。

沉醉东风

汉宫春笑他兴灭，隋堤柳催人离别。琼花也今在耶？何曾开卸，只落得东风周折。渔竿影斜，渔歌唱些，燃楚竹仅醉寒蓑夜。

好姐姐

追思人生事业，千万载无休无歇，又谁知韶华瞬息间将伊撇。只落得白杨月，照荆棘断碣。

月上海棠

再休说，桃源怕也成嚣穴，看洞迷猿啸，花落云遮。挽丝纶霓影摇摇，捲波涛龙光叠叠。休披写，鸥懒沙汀，燕栖台榭。

五供养

幻哉梦也，忆邯郸最怯。枕畔豪奢，何时解说，羲皇蝶。肯种幽兰开绿野，效彭蠡湖天放楫。伴鹿鹤忘机矣，运河车，更好觅龙虎金乌作采接。

玉抱肚

东山旧谢，恨堂前燕去，平常庭榭。八公山鹤唳寒江，九嶷竹凤鸣春月。谁凭法相了些些，鳌钩历尽英雄铁。

水红花

渔村遥与蓬瀛接，好宁贴。参他黄白，一声欸乃各相协。野歌儿深通道诀，西岸咿呀暮影，直把孤星射。两相呼，堪停泊也啰。

双声子

洞庭春自悦，兴废谁能彻？渔家骨肉由他拙。任你文章侠气，浑石画。

尾　声

王侯富贵休称说，试问金谷当年罗列，怎似那钓老烟波渔乐也。

葫头集敬源原跋

原跋： 紫极帝君，自庚子秋显化燕山，历冬徂春，凭三寸枯竹，唤醒群蒙，随声响应，靡不备至，时而一日数临，时而数日一临，杳杳幻幻，不可思拟。至则辞赋数千言，细素数十幅，曾不转瞬立就，观者莫不咄咄称奇，盖自有生以来，不独见所未见，而实闻所未闻矣。

始夏关中郑子，不忍以亘古奇文，湮没不彰，欲汇梓行世，大抵向来被人持去四方，无从搜集者，不知凡几。政如黄鹤一去，不可复追，至于批判吉凶，随事问答，亦既未录入，兹不过因时唱咏，书笺题画，盖存什一于千百之中已耳。以吟风啸月之词，吐黄芽白雪之奥，长歌短韵，悉寓至理，世人获读此编，所谓饮沇源者，膏粱成秽，服云霞者，绮縠生尘，因文起悟，忘言索真，其在斯乎？若徒以琳瑯戛击，助艳词坛，则三百四始，并垂六经，圣人亦何乐乎有是哉！

四月吉旦弟子镜源敬跋

止源跋： 帝君以紫极之尊，而降红尘之笔，须臾百幅，顷刻千言，字画尽龙凤之工，诗歌寄金玉之奥，闻者骇之为异，见者叹之为奇，信者班班，疑者种种，总皆以物遇物，未尝以神合神也。况嘈杂之际，奥旨缤纷，阅甫未完，分持四去，求其弃凡碍于蜉蝣，而悟性命于笔墨者，不亦难哉。

余以蒙昧无知，未明至道，但见帝君千万语言，每每以忠孝为体，以道理为用，阐教本之中庸，见性出乎异说，诗而寓道，道而合禅，不作一家之言，而尽三圣之用，真亘古之宏文，而当今之秘宝也。遂精心勤力，搜集成书，付梓行世，以公帝君之婆心，以开生人之正路。然成仙成佛，壤茅本非异人；为圣为贤，在乎人异。吾侪同此灵明，岂可以尘凡自甘，而以圣贤自逊乎？倘能打破疑城，力持慧剑，击道理之楫，驾忠孝之航，直破欲海之浪，而登蓬莱之巅，回视葫芦，亦为赘疣，不几哂余多事哉。

至于帝君传经传方之本愿，降诗降字之婆心，与夫马子之孝，众信之诚，则有诸真亲书之序，与诸子敬撰之跋在，余何敢哓哓。

顺治十八年岁次辛丑蒲月朔居延弟子止源敬撰

涵三杂咏

小序：《涵三杂咏》者，涵三宫在鄂城东隅，吕祖飞鸾开演处也。自康熙壬午，演《三品经》，乾隆己未，演《参同经》，前后四十余年，凡临坛觉世，托诸吟咏，亦綦繁矣。或论道，或诲人，或赋物题景，皆率兴随笔，而不为声律之所缚。有流水行云，初无定质之妙。

昔人谓邵康节学通理数，故《击壤》一编，能穷神而知化；张紫阳识贯天人，故《悟真》三卷，能尽性而至命。以《涵三杂咏》方之，有其过之无不及也。盖吾读杂咏，而叹仙才之不可及者有三：速成一也；自然二也；深入浅出，言近指远，三也。其与清新俊逸，飘然不群，所推诗中之仙者，有以异乎？读者知《涵三杂咏》之辑，虽别于前集，而不复存异同之见焉可也。

春　日

二月春光早，群英尽吐华。丹崖生贝草，赤地产灵葩。

双凤腾红雾，六鳌放紫霞。广陵推盛景，遍处是虚花。

偶　题

一声长啸白云开，明月清风手自裁。

映岛朱霞环野鹤，排空浊浪走奔雷。

黄粱未熟消尘梦，铁笛无音冷落梅。

最是浮生难了局，空将妙谛属金昙。

夜　吟

万籁无声夜正赊，乘风两度过人家。

天光黯淡当清夜，烛影焜煌映碧纱。

鼓转谯楼三下急，鹤横汉表一声哗。

从来只厌红尘事，谁向灯前问法华。

勉　学

净几明窗不可虚，莫贪帡薄失居诸。

但将经史三冬足，定教须眉一旦舒。

笔彩岂缘枯坐授，砚田当用苦工锄。

老人于子无他赠，五夜藜光数卷书。

闲咏二首

振衣长啸出金门，鸾卫何须用虎贲。

孤鹤带雏横汉表，双凫系足踏天根。

云中龙象疑无迹，空际婵娟若有痕。

俯视下方尘漠漠，不堪回首对昆仑。

又

万籁声消月正斜，御风直到主人家。

老翁得酒情偏旷，稚子供花意可嘉。

棐几无尘聊试笔，枣修不火只宜茶。

楼头谁是知音者，一曲清商付水涯。

夜　咏

朦胧月色映清虚，鸾驭翩翩落御除。

道法得时惟罔象，玄机露处有鸢鱼。

谁能静夜同参究，我独浮云与卷舒。

若大乾坤人懵懵，如何一个未情袪。

听　琴

（时乔以恕抚琴）

楼头雅奏指生波，鼓荡春风上玉珂。

逸韵冷然追太古，元音淡泊得中和。

高山流水谁相赏？操缦安弦自放歌。

但使人心都似此，哪能平地起干戈？

月夜绣毯二首

团园玉蕊月中开，月下相看粉作堆。

蝶恋香魂春梦稳，鹤贪素影夜飞来。

一枝摇曳三郎妙，八面玲珑二气才。

检点本来真面目，莫教无事惹尘埃。

又

生香活色贮瓶中，默坐相参妙解通。

一个圈图未粉碎，几人彻底悟虚空。

因牵枝叶成顽象，尽洗铅华尚素风。

万汇静中观自得，莫于皓首叹时穷。

秋　夜

冰鉴悬空万壑凉，浮云散尽见清光。

双凫掠月千峰静，孤雁嗦天一字长。

江上涛声雷夜吼，云中桂影兔含香。

生憎老懒多尘思，看菊今宵有几黄。

月　夜

新开宝镜素光涵，濯影流精胜十三。

天际遥临因有约，楼头雅集不为耽。

尽捐色相成玄悟，独会盈虚是老憨。

怪底诸生都梦梦，良宵徒自付空谈。

红　梅

半着胭脂半粉匀，萧疏几点破寒津。

诗成驴背吟魂瘦，春到陇头驿使频。

洛浦神人霞佩冷，瑶池仙子绛衣新。

可怜只为贪香色，难向孤山伴逸民。

瓶　梅

胆瓶注水浸梅花，花影参差瓶影斜。

不似众香笼雾縠，空留幻质照窗纱。

冰肌玉骨全欺雪，冷艳寒姿却有瑕。

只为色空空不得，至今余韵在诗牙。

腊　梅

腊梅一似蜡般黄，耀眼精神琥珀光。

庭桂较来宜减色，海棠开处惜无香。

口含鸡舌微微笑，衣染莺黄淡淡妆。

此际问谁同臭味，相逢解语只花王。

夏　日

阴洞清虚暑不侵，招来老伴著楸枰。

风敲竹玉声声碎，露滴荷珠颗颗莹。

薜荔墙头凝紫照，水晶帘外罨青茎。

红尘难到三山界，白昼闲消万类情。

静　夜

烛影红斜照碧宫，寒宵谁许发诗筒。

犬鸣深巷岑岑夜，雁度辽天字字鸿。

万籁声消人静悄，一庭灯火物寥空。

我将秘密偕君说，清汉光生远曜风。

元　宵

吟风弄月到人间，风正无声月正圆。

灯市宵中光尽散，星河夜午影常悬。

不从太乙分藜照，姑向涵三展法筵。

可惜愚生多昧昧，暗中指点亦徒然。

寓　意

荏苒光阴瞬息过，何名何利尚婆娑。

青山不用金钱买，白眼凭他紫绶多。

野服芒鞋行处好，粗茶淡饭与身和。

不然寻个幽闲地，构一茅庵是乐窝。

训　人

何事劳劳死不休？为名为利在心头。

要知造化皆前定，莫逞机心启后忧。

大地有缘能自遇，凭天付与莫他求。

广行方便存阴德，无事区区作马牛。

啸　吟

八九玄功此际全，大丹结就便成仙。

五花聚顶通灵印，一累朝元会帝天。

独辟乾坤持造化，斩新日月衍真玄。

山中甲子原无尽，一啸蓬壶度八千。

秋兴六首

秋风动江村，夜静月黄昏。

我将携岛屿，欲移向昆仑。

又

虚空杳无际，穆穆静何言。

举首望冥漠，谁人问帝门？

又

啾啾寒夜虫，独自鸣芳砌。

寄语怀幽人，含情杳无际。

又

万籁寂无声，独自展幽抱。

岛上有白云，聊以适吾好。

又

阅经到夜半，素心聊舒然。

归哉乐我趣，无以羁予天。

又

夜色含青嶂，江声送碧涛。

可怜名利者，梦里正酕醄。

上元即事

紫气浮霄汉，红光射斗牛。

金花飞灿烂，玉蝶满枝头。

行　吟

云绕鳌峰顶，烟横鹭岭头。

一声野鹤唳，撒手笑蓬邱。

漫　兴

神仙最爱是楼居，闹里寻闲总不如。

三五良宵应有待，同心自可细为书。

夜　归

满天星斗灿珠租，正好回与坐翠微。

鹤驭长空声断明，野樵何事不知归。

观灯三首

火树银花顷刻鲜，羡他巧妙赛飞莺。

只疑错认浮华境，徒惹山人笑向天。

又

一树银花雪几团，青灯灿处夜深看。

玲珑巧琢天工影，漫点飞华落曲阑。

又

幻中作幻幻无穷，壑里藏舟即个中。

试看艳葩随手尽，人生何事不相同。

醒世二首

名利驱人似火牛，几人平地把缰收。

但思古昔英雄辈，那个功名直到头？

又

一日清闲一日仙，何须世故太悬悬。

黄庭熟读勤参悟，白昼飞腾上九天。

偶咏二首

混迹江楼阅四旬，曾无佳偶缔良因。

狂澜日见滔滔下，一柱中流枉费神。

又

遨游六合阅人多，都被区区两字魔。

不惜见身为说法，醉中梦里奈他何。

契　道

萧疏竹影拂苍苔，枝干天然云外栽。

大道浑如形色类，静中自得慧心开。

觉　梦

天风吹我到江城，万户无声犬不惊。

可惜许多平旦气，都从梦里误平生。

泛　槎

正阳偶约到长沙，一碧潇湘好泛槎。

只为谈玄来甚晚，江涛夜静不声哗。

核　玄

大道当前无所名，玄关一点会真精。

谷神只要常虚在，何虑玄玄不得成。

即　事

烛烬香寒夜半时，谯楼更鼓故迟迟。
天风送得鸾舆至，一笑凌云任所之。

咏梅二首

宝鼎香生带紫霞，青烟一抹拂梅花。
赏心不待春三月，雪里含胎异众葩。

又

梅花一度一回开，活色生香自昔来。
总是本来真面目，年年不改旧根荄。

即　事

三更灯火五更香，相伴幽人礼玉皇。
静里寻真真要静，心从忘处至忘忘。

金　丹

金丹灼灼彩光浮，直要工夫去取求。
万壑千峰只一啸，这回便是白云楼。

道人又如何道

道人无古亦无今，一片正气塞乾坤。
般若台边无阻滞，空空色相本来因。

论　道

不识道，何为道。道无常，反为要。道可道，非为道。
认贼子，走外道。道人不得真常道，空戴黄冠住名教。

示野航道人三首

（飞剑遗亭前卖药僧）

名字缘何号野航？漂漂无定水云乡。

主人牢把江心舵，耐等仙家滋味长。

又

野航子，又被甚风儿打到俺崖前，铁绳子紧系你心田，
看你这斤斗从何处翻？禅中学道，道又参禅，那里是着脚机
关？喜汝回头上我船。

又

从前题，料汝不曾参到，方外人，先要去了烦恼。无
明火能将大地烧，须忍辱百分，方学得真禅真道。试看释迦
佛，那有一丝儿挂着，万古齐依靠。听我谆谆，自得逍遥，
将心香一炷时插炉中窍。俺仙翁自然知道，有一日镜智圆
明，性天朗现，识破其中妙。那时节，功夫到，西天诸佛同
来召。

大　觉

鼾鼾睡，鼾鼾睡，尘世之中人人醉。醉里不知天地宽，

昏昏醒醒只不遂。黄金累累腰下系，犹说当前不如意。战名争利何日既，劳扰终身难自计。我在深山整日寐，那管人间争战会。不强求，不越位，天翻地覆由他际。阊门内外有消息，天南地北无穷戏。只要识得出处义，东山高卧无他虑。且去且去，归到终南还自睡。

放　歌

踏月去，带云来，行矣且徘徊，短调长歌休著意，信手裁。夜静少尘埃，氤氲佳气疏根外，喜沙净无苔。纵横彩笔全无碍，螺髻金钗，字字钟王派。万言倚马何须待，率天真，一下千行快，敢云八斗是仙才。借清讴聊畅予怀，儿曹莫浪猜，说甚么八座三台，富贵功名都幻态，衣金腰紫冤孽债，荣华到底有成败。脱离浊界，怎似我海上蓬莱，黄金为阁玉为阶，贝阙瑶台，琪花珠树都堪爱，此事亦难哉。忘情割爱，跳出迷魂袋。真清闲自在，无害无灾。尔曹梦里寻梦解，那晓得羁网难开。休慷慨，莫弄乖，我行我是我心泰，我歌我和我和偕，行矣莫徘徊。

题　像

这个道人，不言不语，清净无为。守雌独处，不去那海上三山，逍遥自在。却到此浊世尘寰，凉凉踽踽。咦，想是老婆心切，因此逢人便与。

赞　道

大哉无上道，普度众迷人。形声俱入妙，色相两相泯。

断障除情爱，超凡证圣真。一诚勤顶礼，旧染自然新。

赞　经

妙哉高上经，说法济沉沦。慈幢开地狱，宝筏渡迷津。

光明常具足，体要自精神。万言须解悟，彼岸诞登身。

赞　师

至哉太上师，法乳可充饥。道德参天地，阴阳运化机。

济生宏己愿，拔死警人非。千生诸罪障，忏谢得皈依。

闲吟二首

一曲当年弄水滨，至今难觅是知音。

清风常袖衣无缝，明月时吞物外身。

不向浊尘分皂白，只于玄窍认根因。

古今多少称名客，谁是东风旧主人。

又

楼高最好接仙云，清影常随鹤翅分。

夜静天阶声寂寂，春闲永夕意勤勤。

觅玄只向玄中觅，求法须从法里寻。

参透其间真造化，须弥黍米药壶盛。

示黔楚合会

飘飘鹤驭下天阶，仙仗千官不用排。

星斗稀疏横汉表，香云缭绕散琼斋。

静中自得真玄诀，梦里谁知妄念乖。

度世婆心惟一片，清风应解老人怀。

示众修斗仪

灵文梵咒不轻宣，云锦囊中秘太玄。

金光隐现含真表，玉格精深定密诠。

北极静从心上出，南辰随向指中悬。

参来奥妙无多诀，自格支天宝座边。

示刘允诚、邓信诚

不厌奔波出自然，几回来往驾云骈。

化人愿力空奢大，度世心肠难弃捐。

一岫楚云飞甸国，数声黄鹤唳南天。

从今又惹尘嚣事，几许情缘担在肩。

喜黔楚合会

迷濛法雨洒瑶阶，结篆浮空照九陵。

瑞霭江城清汉水，福施黔域润山苔。

仁风应逐和风远，紫气还同道气开。

笑指蓬壶跨鹤背，已知良会合三才。

寄　示

鸾书两纸寄天南，为嘱吾徒属意看。

玉勒岂堪沉画阁，慈航终拟渡江干。

常思请制情何切，莫谓捐金劫解难。

几度乘云临楚会，数声鹤唳碧天寒。

示诚恕

世事浑如东水流，穷源须识有根由。

但参性命安天数，不染尘嚣向上头。

坐破藤床忘膝漏，磨穿鹊顶务心修。

此般方见菩提种，流水高山静里求。

送允诚元诚回黔四首

盘桓高阁恋尘嚣，度世婆心自觉饶。

踏遍江城风未静，听残玉漏夜还迢。

烛红摇曳成仙篆，香焰氤氲透紫霄。

不是老翁贪浪迹，多缘宏愿未能消。

又

徘徊几度去还留，信道仙翁贪浪游。

黄鹤吹残江上笛，白云仍照旧时楼。

为参玄奥惊人梦，欲醒痴迷喝棒头。

此种机关谁解脱，相携共人大丹邱。

又

一唤痴顽一度难，几人钓罢舍鱼竿。

青山妩媚长相对，白眼迷离早倦看。

不识修持忘种子，多因贪著属儒冠。

堪嗟碌碌尘中者，终日浮夸只自谩。

又

为度群迷不忍归，慈航愿共白云飞。

心怜愚子情何妄，舌吐莲花意岂违。

静听朔风如振铎，要参玄理速穷微。

只因未悟原来性，致使仙踪不可希。

指示玄功二首

凝神默契静中玄，静里玄微一著先。

劈破青龙头内髓，吸干白虎口中涎。

功勤子午分南北，气应盈虚定朔弦。

无极本来无一极，参明始识两仪全。

又

九九玄功炼至珍，至珍岂用别搜寻。

为贪迹象成虚幻，若觅全真识浑沦。

一杰本通三昧窟，两轮并运四时巡。

须知此物原无价，养得灵明号至人。

示体恕二首

儒道虽云各一宗，究明心性本源同。

桂林发迹先纯孝，紫府登名首大忠。

报国何分禄厚薄，爱民务要恤愚蒙。

苗疆尺地皆王土，莫负贤良荐举公。

又

一篇俗语要深思，入圣超凡总在兹。

前业已经推净白，今功又复注彤墀。

善以无私归至极，道惟成物措时宜。

黔南半刺能威远，驻听中原五马驰。

示诚恕游黔

大道无言在本真，心篇娓娓叙根因。

今时鄂渚规模旧，他日黔山气象新。

有兴趣时添兴趣，不精神处也精神。

须知三教原非二，莫负玄元一派亲。

示诚恕还楚

雪崖灵洞屡遨游，又驾翔鸾清水头。

几片蛮云飞冻雨，一条碧练泛轻鸥。

全书粗就还须待，楚客言归信有由。

堪笑贵阳始事者，征车不发任淹留。

七言律三首

白云飞渡楚江春，晴日鹤铃出紫宸。

几处红霞铺瑞锦，绕堤翠柳欲生新。

钟声敲破迷人梦，梵呗惊开客子魂。

旧日心情今日慰，执云仙侣弃凡尘。

又

鹤唳一声下鄂城，西风吹送四天清。

碧云净碾无纤障，坠弃飘红映晚晴。

宫庙肃雍人士静，鼓钟震响鬼神惊。

中情欲话书难罄，为答黔南无限情。

又

凛凛朔风别鄂城，今宵又到武陵春。

满村细洒濛濛雨，夹道平濡陌陌尘。

人事争谈新律吕，天时忽变旧嶙峋。

一声鹤唳通云汉，剪烛焚香迓至真。

示人五绝句

云车阐法广无边，难遇凡黎秉志坚。

今日仙銮特授汝，从兹演法度人天。

又

勤勤奉道莫迟违，仙道精微达者稀。

总在一心清净妙，佛仙儒也此同归。

又

明明指点透玄关，要识玄关可炼丹。

休谓乩沙容易得，大千世界此中看。

又

炼栾先要炼元神，不炼元神仙不真。

炼到仙凡合一处，悟来身外别生身。

又

茫茫海宇炼乩沙，谁信飞鸾与凤车。

我欲通诚无识者，反嗔仙客有浮夸。

示吴一恕

满目云山何处好，此回须度白羊关。

但寻花木幽深地，便是栖霞结大还。

临李务恕楼头

飘飘云路几盘桓，浊界昏昏不忍看。

为忆当年攀凤地，老翁偷暇一栖鸾。

题宋真恕影

偶来楼上睹遗容，可是当年旧道宗。

毋我原毋世上我，于今仙府看芙蓉。

元夕前二日二绝句

厂阁风清夜气凉，栏杆明月散云光。

春宵何事千金价，赢得仙人鹤影长。

又

坐月三更谯鼓忙，幽清只爱一炉香。

问予何事栖尘界，为度群迷费主张。

示殷秉诚

金炉香焰有时烬，欲火奔腾无熄时。

安得尘心清净也，漫将甘露染杨枝。

七言绝句三首

堪嗟懵懵世间人，振破琳琅苦不惊。

试问几时归大梦，一张拘票便奔程。

又

星在天兮心在人，灵台列著众天星。

若知星是何般物，皎皎稀疏天上明。

又

个中难觅一知音，夜静空教四壁清。

鹤步有声谁听得？徒生两耳欠聪明。

予有耽、坚、难三韵，有立赋者和之三首

欲招舟子意耽耽，稳把鱼竿放饵坚。

得意钓来江上鲤，归家几道远途难。

又

片帆此去兴犹耽，满目风光好记坚。

若道洞庭波稳否，北风吹送不知难。

又

夜驻彤云何所耽，漫言游子早心坚。

此行且赋归来曲，一唱能忘道路难。

示徐峻诚三绝

龙戏云端飞瑞霞，花宫姓字灿金华。

峥嵘头角须丰羽，莫道长安路尽赊。

又

看柳官堤日色温，马蹄芳草细留痕。

风光最是金陵美，一饮琼浆步小瀛。

又

奋志图南翼早垂，莫教我马叹行疲。

前途有景须寻去，此际韶光著意追。

示体恕三首

修真岂必在年多，正诀一闻出爱河。
捉住无毛狞猛虎，管教玉液若清波。

又

虽然吐纳非真要，却使一身六脉和。
自古大丹心性是，先天不识更何如？

又

鱼声敲响诵灵文，字字清兮我心欣。不信边方偏重道，九天雨露殷殷。此一会，继前经，实为浊界所稀闻。敛凡财，何足云，至敬至诚深可亲。上帝明明，百神赫赫尽通灵。群仙拍手呵呵笑，予门有这底法嗣礼数勤。也奉儒，也奉真，修补前缘今世因。学玄关一窍在中心，百脉呼吸，由此透玄津。默默运，孳孳行，百日功成不苦辛。这一关颇无形，降尽天魔野魅惊。炼子精，守子情，大定之时心气平。百脉宁，三十六宫总是春。笑也笑，嗔莫嗔，嗔心一发堕在修罗境。嗔火起，且消停，默运黄河水一澄；火敛焰，水上升，汩汩吞来胜宝珍。嗔时须用强军伏，静极安恬勿用兵。兵能驱邪厉，静极便修文。九还只在一心炼，七返何须向外寻。旁门错误许多人，只此一篇话，功要细细论。

示荫诚六绝句

微雨轻尘润九垓，白云漠漠障天阶。

一声长啸开浮翳，稳驾鸾车到此来。

又

翠华两度武陵源，不识奇因在眼前。
试把迷津频指点，休将好景浪传言。

又

上元灯火属何年，处处繁华亦可怜。
珍重德馨绵世泽，藜光午夜正高悬。

又

漫道神仙爱浪游，几将尘世等丹丘。
清宵指引靡他愿，愿在慈航渡浊流。

又

隐隐玄机泄妙言，已将真种露人前。
宽心待取时光到，坐对金霞笑看天。

又

福地须凭心地修，栽培莫负好贻谋。
镃基正是当前物，努力芸锄得大收。

示允诚六绝句

历尽河沙界八千，因缘之内觅因缘。
慈肠度世原无了，宝筏频施几百年。

又

清尘风雨洒蛮山，驾得青鸾出道关。

不为松花来赴会，多因指点破疑难。

又

客归楚鄂已多时，何事征车税驾迟。

纂辑全书非易易，经年方许告成期。

又

莫道前言属渺茫，此中因果岂寻常。

但教心志无生悔，自得通灵饮玉浆。

又

学道先须积善功，善功多积道缘通。

知君夙有玄家种，今日提携岂浪逢。

又

且将汇集细雠看，好待缘成再付刊。

鹤驭约于元夕会，谩将行止听安排。

七言绝句十四首

半天风吼势如雷，夜气横空浊浪催。

江上涛声惊急渡，戏吹铁笛跨鸾来。

又

何事驰驱尘界间，岂贪浪迹学偷闲。

只因未了众生愿，日日仙关闭不坚。

又

清钟声远漏声长，春霭行云湿楚乡。

法雨故教新润泽，婆心终是为人忙。

又

一气分形本自然，圆明觉性合先天。

谁知一落风尘后，万劫千生堕业渊。

又

嗟尔群灵夙障深，频将法雨济沉沦。

从今悟彻原来性，业镜无形地界春。

又

道法经功师宝传，皈依信受顿超玄。

自然释罪登仙箓，九九功成行满圆。

又

春宵漏永月华明，露浸琉璃万籁清。

夜坐敲诗随兴起，高山流水是知心。

又

探玄谁识这玄关，一点阳精此内安。

日月任他旋转去，古今不破浑沦难。

又

参透黄庭无点奇，此心默默有谁知。

天根月窟无人问，满地春光月影迟。

又

云连此际到黔山，只为全书动我颜。

鹤驾不辞天路远，聊挥仙篆满沙盘。

又

去年鄂渚一遨游，曾许门墙此地留。

襄赞近来成胜事，玄风自尔耀千秋。

又

从来鹤驭不轻临，今日临场为阅经。

阅毕乘云归去也，青山绿水任流停。

又

涵三创制已多年，今日鸾镳发洞天。

百万天兵随我至，世人那得识真仙。

又

我亦无心题道歌，偶为予门识我多。

特把素心通一线，玄功总是运黄河。

长歌一首

步云山，踏破天关，扫尘氛，携月同欢。夜幽闲，清风响珮环，早倚著高阁栏杆，听人把心性谈，要觅那来去机关，要打点何处回还，真个是艰难。古今来磨过了多少英雄汉，有谁知这情端，那些儿识破绽？你只看天边明月，经过了几多晦朔圆残，终不改他本来颜，尚留得千古一团圞，今日里我寻月，月伴俺他与我，有形无迹多留盼，有景无心是大观，合我这浑沉一羔，共入蒲团，齐返西隅，冷眼把人看。

驾鹤歌

驾鹤来，驾鹤来，白云深处任徘徊。风凛冽，气幽哉，长啸一声江汉隈。清香摇接蓬莱界，辉煌银烛真堪爱。落尘埃，信步登楼快，纵金沙妙奥谁猜？恋韶华几人自在？说不破迷途业债，点不完黄金砖块，只落得老仙翁盘桓无碍。叹梅花傲尽风寒，羡松枝犹如翠黛。笑人生辜负身材，七尺躯昂藏奚赖。怎能个朝天阙，骖凤乘鸾；怎能个游皇都，锦衣玉带；怎能个效汾阳，荣华寿考；怎能个追赤松，遨游无息。看千古英雄，尽收入北邙土袋，空教人贪名禄，慕荣宠，孰知道光阴隙驹快。美景良辰难再，到头来，那有些儿随我也？不如去，访真修，觅一个清闲自在。

示人二首

我欲寻仙作侣，茫茫四海无真。今朝得遇有缘人，好把乩沙相赠。洵属道缘深厚，将来不让行诚。西南开阐得斯臣，正是予门深幸。

又

人事几回扰攘，俗情无数纠缠。看来世事许多般，总被心猿羁绊。利锁名缰不断，坟茔风水求安。病来不识保真元，屡向仙翁祈算。笑逐雪花飞舞，喜随月影团圞。任教马劣与猿顽，守我黄房自叹。叹彼尘劳梦梦，争求执著成贪。为儿为女不心闲，几度光华虚诞。

吕祖年谱《海山奇遇》

江上弟子火西月述

序：昔吕祖游陆仙北海草堂，现身说法，以度良缘，作《宾翁自记》数十则，据实书写，如话家常。此盖以入世出世之迹，歆动潜虚（陆潜虚，东派真人陆西星），使知仙根甚重，真道难逢，功名不必恋，世事不必贪，寰瀛图不必再游，黄粱梦不必重做。所谓以身设教也。细察其心，比度卢生、陈生更为畅快。

月（西派李西月真人）生也愚，幼读列仙传，辄爱吕祖，似于师有夙缘者。后阅邯郸院本，因赋一诗曰：

名心冷在十年前，要占卢生一着先。

不入黄粱卿相梦，便携琴剑学神仙。

此又月之自觉，而不费师之婆心者也。一日入寺观古画，见有青巾皂绦、腰笛手拂者，知为吕祖真容，求而祀之。寻又得《涵三全书》，开卷大悟，始知神仙事业，皆在自己，不在蓬莱三山也。焚香顶礼，愿奉真宗。自后考祖师事实，必记其度人之地，度人之时，及所度者之颠末，如一篇记叙，非立传记也。凡以志度世之心，精且详、严且慎也。所歉然者，窃怪仙书记载，于吕祖生成出处之实，彼此互异，每欲考求其真，以浅见而未果，最后得淮海陆仙《道缘汇录》一卷，及《宾翁自记》一册，诸说纷纷，于焉始定。稽首座前，愿为吾师敬述年谱。

谱成，有一老人，长须五缪，号吾山先生，携一扬州俊士，同称南中人。欸若洪钟，见年谱而悦之，云得吕祖实际，并为旁批数十行，飘然而去。月时方炊炉煮酒，拟待幽人，及排尊候教，已不知其所之矣。或以吾山者，五口一山也。南中者，终南颠倒之语。又词名有《南中吕》，必系吕先生也。扬州俊士，其即陆仙乎？

凡例九则： 一、年谱崇实具载，向来记叙，纷纷不同，兹编以《草堂自记》《道缘汇录》为主，盖亲承面受者，视众说为特真也。二、吕祖善于游戏，姓氏里居、生年月日，举以示人者，迄无一定，盖也丹经之喻言也。三、龙沙自明，清乃盛出，然不过十而取一，吕祖云："一日大赴三千场。"其中数百坛，不过取一二坛，一二坛中不过取数人，重核实也。四、《海山奇遇》多记度人之事，韩、何、曹、蓝，其事迹亦如吕祖，多有同异，此编特详辨之。师徒仙迹，两两分明。五、吕祖所度者，皆系名实相符之士，载在古书，遗漏者少。至于显迹纷繁，不过万中之一耳，识者谅诸。六、萧洞玄、王常辈《神仙鉴》称为吕祖弟子，而宋朝《太平广记》皆志为贞元以前之人，此编不敢拉入。七、《海山奇遇》与《诗集》互相发明，《诗集》略则《海山》详，《诗集》详则《海山》不复再记。八、《海山奇遇》亦有与诗小序相同者，重编年也，故不妨重出。九、此书重在系事系年，有足证神仙史鉴之讹者，即或有未周详处，俟博古君子重补正之。

吕祖年谱《海山奇遇》仙迹总目

第一卷年谱（凡七十三年，内载六记）

《火龙传剑记》《罗浮访仙记》《黄粱梦记》《入终南记》《参黄龙记》《游平都山记》

第二卷（唐，凡一百零五年）

度柳仙、度张辞、度施肩吾、寰瀛图度陈季卿、度僧怀一、度韩湘（湘误作湘，附韩湘不是神仙考）、度何仙姑（附载广州增城何仙姑考）、度李奇、邯郸梦度卢生、度牛生夏侯生、五代论、度饶廷直、度马仙姑、度蓝采和、度刘海蟾、度耿仙姑、度黄澄虚、牧童赋诗、哀南唐、化茶坊女、度乔二郎、度刘方、说麻姑化天妃记、仙迹余记六则（皆宋初事）

第三卷（北宋，凡一百五十一年）

三头六臂像、黄鹤楼、同海蟾度陈希夷、破瓜谶、槐验、三醉岳阳、瓦罐示异、衮州妓馆、永康酒楼、决寿（刘贡父诗话）、度郭上灶、丁谓遇仙、度僧大云、台州退涨、死鱼放生、度僧法珍、度候道士、点虬化龙、题诗天庆观、警石直讲、岳阳绘像、戏陈执中、同钟祖度曹景休（附谷就讹国舅考）、知来不知去、诗赠东老、度浴室僧、度石玉休、度刘跛仙、王鼓刀改业、梳化龙、仙枣亭、石照亭改吕仙亭、赠慧觉禅师、游黄鹤山、酬笔师、警陈淡然、警侯玖马善、引韩魏公归天、警邑陵守、度黄莺、面斥惠卿、范纯仁得黄白术、与滕生饮酒、赤壁舟中示坡仙梦、游黄州惠州两度坡仙、丹赐李积、赠陈烈、游大庾、神光观画像、游朱明观、度张仙姑、捏土为香、东都妓馆、宫中治崇、张紫阳前身、昌虚中、度珍奴、警徽宗、题太平寺扉、度孙卖鱼、同钟祖度姚平仲、度谯天授、外记仙迹八则（附稗说二则）

第四卷（南宋，凡一百五十三年）

度蓝方、警御女之术、示刘法真、警黄若谷、遇徐神翁闲话、度关肇、戏道会、训宁玮、题石二十字、访薛炼师、度三香、度重阳、游白云堂、青城鹤会、福州饭店、警乔守、游华亭、游江陵、与王岳州奕、度陆游及宋生、游永丰、警崔进士、度广真、潭州太平观、同采和度蓝乔、现黄袄翁像、题金鹅寺、携张天纲入四明山、元世祖敕封纯阳演正警化真君、游戏南岳、游秦州、游成都、游江州会道观、警似道、仙迹四则

第五卷（元，凡八十九年）

度方妙僧、访郝天挺、加封孚佑帝君、手上产芝、九天採访使、洞庭湖和张三丰诗、治疽方、度吕山人、游锦屏山、访蒲居士

第六卷（明，凡二百七十六年零四月）

家庆楼、卢生再世、度陆潜虚、西苑面斥严嵩、治瘘、度广陵徐氏及临江李常箍、演《前八品仙经》、再游临江演《后八品仙经》、嘉禾诗会、示冷生、陈将军、陈仲醇得药、《八品经》传赵性倅、再定《八品经》授复诚子、唐宗室姓李名琼字白玉解、乩仙记、乩沙记、乩沙妙语二则

第七卷（国朝）

携手飞空、剑传刘海石、敬仙报、示洪若皋、决科、邗江驻鹤（邗江在江苏，民国本作邦江）、燕山度七子、示李笠翁、示石天基、徐太隆刊《后八品经》、度傅先生、传《忠孝诰》、传《醒心经》、涵三宫传《清微三品真经》、演《禅宗正旨》、涵三宫传《参同妙经》、恋迹、度刘体恕、度邓东严、度刘清虚、度黄一行、鹄矶现相、村馆留字、飞剑亭仙迹、度陈德荣、石室灵迹、仙才敏捷、雁字诗、汉皋文会、凤栖寺现相、仙枣亭传声、卉木林三次现相、永宁道署诗

吕祖年谱《海山奇遇》卷之一

江上弟子火西月述

年谱原引

神仙者，长生久视之人也。蓬莱水浅，海复扬尘，皆极言其长久耳。吕祖师由唐迄今，千有四十九年矣。往者既远，来者更长，何《年谱》之胜纪哉。特其生世入世、避世出世、留世度世，万古不敝之真神，其见于五代、两宋、元明、清朝者，志传仙书，历历可考，故其年虽不胜纪，而不妨强为纪之，使慕祖师者耳目一新，并使后世之谓无仙者

（欧阳文忠）知有仙；谓无长生者（程子语）知有长生；谓仙不久者（《七修类稿》）知仙之能久世。《年谱》中兼载其修身普度、显化游行、坛社龙沙之迹，凡以著其长存也。祖师云："桑田改变依然在，永作人间出世人。"於戏！言虽大而非夸也，遂为谨述《年谱》。

　　唐德宗贞元十四年戊寅《御纂月令辑要》：吕仙，名岩，字洞宾。蒲州永乐县人，贞元十四年四月十四日巳时诞生，异香满室，天乐浮空，有白鹤飞入帐中不见。（凡作贞观丙午年、天宝乙未年、贞元十二年以及八月初四日、四月十四日上升者均误，详后辩）

　　《仙鉴》云：吕祖系古圣王皇覃氏临凡。皇覃氏者，因提纪之君也，治世二百五十载，逊位入太白山，养真得道，证位天君。仙经云：天君在天宫历劫，至天宝元年正月九日，侍元始天尊，凡与十极真人演说灵砂丹诀，奉谕于贞元（唐德宗李适）十四年四月十四日（农历戊寅年，798），降生河南吕宅，大振元（玄）风。先世为河南永乐县人。曾祖延之仕唐，终河东节度使；祖渭（贞元进士）终礼部侍郎；伯父四人，温（贞元末进士、户部员外郎、为衡州刺史）、良（早隐）、恭（元和进士）、俭（进士）。父让（元和进士），海州刺史，母王夫人诞生吕祖。（吕祖）幼名绍先，鹤顶龟背、虎体龙腰、翠眉凤眼、修颈露颧、鼻梁耸直、面白黄色，左眉角有一黑子，如箸头大，后变赤色。两足纹隐如龟圻。在襁褓中，马祖（禅宗大师马祖道一）见之曰："此子骨相不凡，自是风尘表物。他时'遇庐则居，见钟则叩'，留心记取。"（见《史纂》及《编年考》）（《自题墨像》：姓李名珏。又《昀突泉自叙》：姓李名琼。皆喻言也。详后辩）己卯二岁（799）；庚辰三岁；辛巳四岁。《仙鉴》云："天资颖敏，周岁至三四岁，即能诵读，知孝悌，亲戚咸珍爱之。"壬午五岁；癸未六岁；甲申七岁。

　　顺宗永贞元年乙酉八岁（顺宗李诵。805）《仙鉴》云：五岁就外傅，居灯火三四年，凡《典》《坟》百家无遗。《本传》云："少聪敏，日记万言，矢口成文。"（《典》指《五典》；《坟》指《三坟》，皆上古儒家经典。）宪宗元和元年丙戌九岁，（宪宗李纯，806）丁亥十岁；戊子十一岁；己丑十二岁；庚寅十三岁；辛卯十四岁；壬辰十五岁；癸巳十六岁；甲午十七岁；乙未十八岁；丙申十九岁；丁酉二十岁（817）。时年二十岁，《仙鉴》云："年二十，父命婚刘校尉女。既长，身长八尺二寸，淡黄笑脸，微麻，喜顶华阳巾，服白襕衫，系大皂绦，状类张子房，又似太史公。"按，武昌黄鹤楼有吕祖数十代元孙题匾楼头，可见仙嗣有人也。《本传》与《仙鉴》有"二十不娶，结缡未近"之说，不可为训，特正之。戊戌二十一岁；己亥二十二岁；庚子二十三岁。穆宗长庆元年辛丑二十四岁（穆宗李恒，821）；壬寅二十五岁；癸卯二十六岁；甲辰二十七岁。敬宗宝历元年乙巳二十八岁（敬宗李湛，825）；丙午二十九岁。文宗太和元年丁未三十岁（文宗李昂，827）；戊申三十一岁；己酉三十二岁；庚戌三十三岁；辛亥三十四岁；壬子三十五岁；癸丑三十六岁；甲寅三十七岁；乙卯三十八岁；开成元年丙辰三十九岁（文宗，836）；丁巳四十岁；戊午四十一岁；己未四十二岁；庚申四十三岁。武宗会昌元年辛酉四十四岁（武宗李炎，841）；壬戌四十五岁；癸亥四十六岁。时年四十六，《本传》云："会昌中，两举进士不第。"《道缘汇录》云："会昌间，功名失意。"《仙鉴》云："四十六岁赴试长安。"亦同。特其作天授二年则非也。甲子四十七岁；乙丑四十八岁；丙寅四十九岁（846）。以上三年即在失第之后浪游江州。

火龙传剑记（《道缘汇录》）

吕先生会昌中，功名失意，遂游江州至庐山，遇葛仙公弟子火龙真人，姓郑名思远，号小祝融，世称神医，欲人有疾则书符诵祝，立见消融，与上古祝融氏相类。真人见吕祖骨相清灵，游心世外，即传以内丹炼己之诀，制成通天灵剑（即天遁剑法），并诗曰：

万里诛妖电光绕，白龙一片空中矫。

昔持此剑斩邪魔，今赠君家断烦恼。

临别嘱曰："子可居此山，以完玉炼。他日闻钟声响处，乃得闻金炼之诀。"遂去。据此，则《仙鉴》"先遇钟祖，后遇火龙"之说，非也。为《本传》与此相同。又《征异录》云："会昌中两举进士不第，游庐山遇火龙真人，授天遁剑法。后遇钟祖师，授以金丹大道。"序次井然。

宣宗大中元年丁卯五十岁（宣宗李忱，847）时年五十，《江州望江亭自记》云："三举进士不第，因游江湖。五十岁道始成。"或曰"两举"，或曰"三举"。均就会昌中。言"五十道始成"，则系大中元年也。"始成"者，初得小成也。戊辰（848）五十一岁；己巳（849）五十二岁。时年五十二岁，《草堂自记》云："予年五十二，修得内丹。依然儒士，寄身家园，混俗人间，亦时有庐山之游。"《本传》作"混俗货墨于人间"。庚午（850）五十三岁。《本传》云："年五十三，归宗庐山。"归宗者，皈依仙宗，将欲修大道于庐山也。辛未（851）五十四岁；壬申（852）五十五岁；癸酉（853）五十六岁；甲戌（854）五十七岁；乙亥（855）五十八岁；丙子（856）五十九岁。《草堂自记》："予年五十四至五十九，寄迹庐山养静。入省父母，出卧烟霞。读三教书，玩一壶景，往来轻健，道全其形。"正在此时也。丁丑（857）六十岁。游罗浮山，有《赠罗浮道士诗》。《纲目》："大中十一年，上好神仙，遣使迎道士轩辕集于罗浮山。"

罗浮访仙记（《道缘汇录》）

大中十一年，吕祖游罗浮山，访轩辕集。集，罗浮道士也，得桐君之传，修炼罗浮山中数百岁，容颜不衰。吕祖往访之，适集被召入朝，独自盘桓山内，忽遇马仙来游，相得甚欢。马名湘，字自然，杭州盐官人。遇魏伯阳，传以大道，以大中十年归家，借竹杖化形而去。十一年春，在梓檀白日飞神。既而访罗浮山，得见吕祖之面，曰大仙伯也。轩辕还山，行过石桥，见石楼有二人下迎，一是马自然，携竹杖挂酒瓢；一位裹青巾，衣黄衫麻鞋皂绦，背剑执拂，如功曹使者。集问之，自然代答，曰："吕先生有出尘之志，度世之心。"集愕然曰："得见何晚也！"聚首言心，临别，作诗赠轩辕而去。吕祖是时未遇钟祖。《仙鉴》云："马自然曰：'此正阳首徒纯阳子也。'"误。马自然有二。一系大中间人，自然其字也。一系刘海蟾弟子，自然其名也，所作道歌有"五遇海蟾为弟子"之句，后人混为一人。殊不知海蟾遁迹在燕王刘守光称帝时，得道于后唐之间，距大中七十余年，岂有海蟾未遇吕祖，其孙徒先成道者？

戊寅（858）六十一岁。闲居家山。懿宗咸通元年己卯六十二岁（懿宗李漼，859）。时年六十二，《本传》云："咸通初举进士第。"

黄粱梦（《道缘汇录》）

咸通初，吕祖奉亲命入长安赴试。至酒肆中，浩然叹曰："何日得第？以慰亲心；何日得道？以慰我心。"旁有一道翁，闻而笑曰："郎君有出世志耶？"观其人：青巾、白袍、长须、秀目，手携紫杖，腰悬大瓢，书一绝句于壁，曰：

坐卧常携酒一壶，不教双眼识皇都。

乾坤许大无名姓，疏散人间一丈夫。

吕祖大惊，窥其状貌奇古，诗情飘逸，因揖问姓氏。道翁曰："复姓钟离，名权，字云房。"吕祖再拜延坐。云房曰："子可吟一绝，予欲观之。"吕祖遂书其后，云：

生日儒家遇太平，悬缨重滞布衣轻。

谁能世上争名利，臣事玉皇归上清。

云房见诗暗喜，因同憩肆中。云房自起执炊，吕祖忽困倦，枕案假寐，梦以举子赴京，进士及第。始自州县，而擢郎署。台谏给舍，翰苑秘阁，及诸清要，无不备历。升而复黜，黜而复升。前后两妻，富贵家女。婚嫁早毕，孙甥振振，簪笏满门，几四十年。又独相十年，权势薰炙。忽被重罪籍没家资，妻孥分散，流于岭表，一身孑然，穷苦憔悴。立马风雪中，方兴浩叹。

恍然梦觉，云房在旁微笑，曰："黄粱犹未熟，一梦到华胥。"吕祖竦然曰："翁知我梦耶？"云房曰："子适来升沉万态，荣悴多端，五十年间一顷耳。得不足喜，丧何足悲？且有此大觉，而后知人世一大梦也。"吕祖感悟，知功名皆幻境。再拜曰："先生非凡人也，愿求度世术。"云房故辞曰："子骨节未完，志行未坚，若欲度世，须更数世可也。"吕祖叩头乞度，誓修现在良因。云房曰："子尚有数年尘缘犹未了也。"翩然别去。吕祖如有所失。不得已，强赴春闱，名书雁塔。吕祖哑然曰："又入黄粱梦耶？慎勿至立马风雪时也。"

庚辰（860）六十三岁。时年六十三，始通仕籍。自叙云："咸通二年冬，赴江州德化任。"辛巳（861）六十四岁。时年六十四，出仕江州。复遇钟离祖师。陈上阳云："以科举授江州德化县令。因纵步庐山，游澧水之上，遇正阳授道。"

入终南记

咸通三年，吕祖宰江州德化县。六月炎天。游庐山避暑。忽闻钟响，钟祖从山中出来，心知其时到也。即求指示前途，钟祖即指坐林间，授以金丹妙旨，并教其致仕归家，早入终南。吕祖即抽簪解组，卜吉小阳之月，即往从师。

行次终南第一层，即见师面。钟祖曰："真信人也。子得火龙之法，今已炼还童体。当此六十四岁，卦气尽而返于天，复成乾象，可号纯阳。"又云："而今而后，子即吾山中之友也。"为更名岩，字洞宾。并勉其结庵静坐，以炼还丹。私心易之，临炉三次不就。中心茫然。钟祖曰："人心未死、火候不严故也。必再冥心人于泰定乃可。"

一日坐榻上，杳冥中忽云：自长安归，见家人皆病殁，心无悼怛。但厚备棺具，已而没者皆起。忽云：鬻货于市，议定其值，市者翻然，止酬其半，吕亦无所争，委货而归。忽云：有丐者倚门求施，与以钱物。丐嫌其少，再为与之。丐嫌其迟，傪伀嫚骂，吕祖皆礼谢，丐者笑而去。忽云：牧羊山中，遇虎来过，吕居群羊之中，虎目舍羊视吕，若贪人而贱物者。吕知其不可免，直前当之。虎释去。忽云：居深山中草舍观书。俄来一女子，年可十七八，光艳照人，妆饰靓丽。自言归宁迷路，借此少憩。夜逼同寝，吕竟不为动。忽云：出郊归家，舍中所有，尽为劫盗席卷。殆无以供朝夕，了无愠色。忽云：躬耕自给，于锄下见金数十饼，速掩之不取。又于坊市买古铜砚归，磨之，金也。即访主人还之。忽云：有疯狂道士，在城中市药，自言服者立死。旬日不售，吕异之，因买药归，服之无恙。忽云：春江水发，唤渡至中流，风涛掀舞，端坐舟中不动，竟亦无虞。忽云：独在室中，见奇形怪状，鬼神无数，有欲击者，有欲杀者，一无所惧。复有夜叉数十，械一囚，血肉淋沥，哭曰："汝宿世杀我，急偿我命。"吕曰："杀人偿命，其又奚辞？"遽索刃绳欲自尽，忽闻空中叱声，鬼神皆不复见。云房抚掌而下，曰："尘心难灭，仙才难遇。吾之求人甚于人之求吾也。吾见汝心君大定，魔光十现，而皆不为所折，得道必矣。但功行未满，授子黄白秘术，可以济世利物，使三千功满，八百行圆，方来度子。"问曰："所作庚辛（金）有变异乎？"曰："三千年后还本质耳。"吕祖愀然曰："误三千年后人，不愿为也。"云房笑曰："子推心于此，三千八百悉在是矣。"因与之叙弃世得道来历，且言受苦竹真君记曰："此后遇有两口者，即汝弟子。若得其人，以吾日月交并法传之。今详君姓，实符苦竹之记矣。子来终南，未入妙境。予居鹤顶，能从游乎？"（师自云："人言钟祖试我，而不知为我自试也。魔光十现，能持其心，必如是乃可入室还丹，难哉！难哉！"或言：吕祖累世簪缨，登进士第，何得有卖货、牧羊、躬耕自给诸事？又云：武城取二三策，今于十试，为人间之事，未必尝守己持心经过魔炼者也。）吕祖即随往。星月交辉，四顾寂寥。云房执手偕行，才数步，恍如骑快马历山川。俄顷至洞南，门下钥矣。云房以铁杖敲之，门忽自开，豁然明朗。（《仙鉴》与《本传》俱作："以碧绦系吕带，从门隙中入。"未免是小说家言也。今特正之。）登一高峰，至大洞门东，前有二虎踞守，云房叱之，虎伏不动。引入金楼玉台，珍禽琪花，光景照耀，气候如春。相与坐盘陀石，饮元和酒三杯。俄有一青衣双鬟，金铃、朱裳、翠袖、云履、玉佩，异香氤氲，持茧（指蚕丝纸，原字上为"玺"《康熙字典》，同"茧"，为俗用之"茧"）
金书曰："群仙已集蓬莱上宫，要（同"邀"）先生赴天池
会，论五元真君神游记事。"云房将去，吕祖虑其不返，赋
诗送曰：

> 道德崇高相见难，又闻东去幸仙坛。
>
> 杖头春色一壶酒，顶上云攒五色冠。
>
> 饮海龟儿人不识，烧山符子鬼难看。
>
> 先生去后身须老，乞与贫儒换骨丹。

云房曰："汝但驻此，不久仍还也。"遂望东南乘紫云
而去。

吕祖将所付素书披阅玩诵，旬日，云房又回。曰："子
在此岑寂，得无忆归否？"吕祖曰："既办心学道，岂有家
山思乎？"云房曰："善哉！吾今以九转金液大还丹法，传
付于子。夫道有分合阴阳之妙，守阴只是守魄，守阳只是
守魂。若能聚魂和魄，使阴阳相会，是谓真人。"吕祖问
曰："魂魄冥冥，至理甚深。何以全形？"云房曰："慧发
冥冥，泰定神宁。神既混合，岂不契真？金形玉质，本出精
诚。大丹既成，身乃飞轻。"吕祖问天地、日月、四时、五
行、水火、龙虎、铅汞、抽添、河车、内观、十魔、九难等
事，云房悉传以上真玄诀，洞达条明。又问"有何证验"。
云房曰："始也淫邪尽绝，外行兼修，采药之际，金精充满，
阴魄销融；次，心经涌溢，口出甘液；次，阴阳持击，腹

鸣如雷；次，魂魄未定，梦寐惊恐；次，或生微病，不疗自愈；次，丹田夜暖，形容昼清；次，若处暗室，而神光自现；次，若抱婴儿而上金阙；次，雷鸣一声，关节通而惊汗四溢；次，玉液烹炼成，凝酥而雪花散坠，或化血为乳，而渐畏腥膻，或尘骨将轻，而渐变金玉；次，行如奔马；次，对境无心；次，吹气疗疾；次，内观明朗；次，双睛如漆；次，卽发再生；次，真气足而常自饱；次，食不多而酒无量；次，神体光泽，精气秀媚；次，口生异味，鼻有异香；次，目视万里；次，瘢痕销灭；次，涕泪涎汗皆绝；次，三尸九虫尽除；次，内志清高，外景清虚，凡情皆歇，心境俱空；次，魂魄不游，梦寐自少，神强气聚，不分昼夜；次，阳精成体，灵府坚固，寒暑不犯，生死不干；次，嘘呵可干外汞；次，神光坐卧常生；次，静中常闻天乐，金石丝竹之清，非世所常闻；次，内观如游华胥，楼台殿阁之丽，非世所常见；次，见凡人腥秽；次，见内神出现；次，见外神来朝。功圆行满，膺箓受图。紫霞满目，金光罩体。或见赤龙飞，或见玄鹤舞，彩云缭绕，瑞气缤纷，天花散空坠，神女下降，出凡入圣，逍遥自然。此乃大丈夫功成名遂之时也。"

　　吕祖闻言，得大欢喜。云房又授以《入药镜》一集。曰："得此，采取火候皆明矣。"问："何上真所作？"云房曰："崔公名汪者手著，仙秩已高，为玄元真人也。"吕祖读而赞之曰："因看崔公入药镜，令人心地转分明。"云房曰："予初于终南石壁间，得《灵宝经》三部，上曰《元始金诰》，中曰《元皇玉箓》，下曰《太上真元义》，凡数千卷，予撮其要为《灵宝毕法》，为三乘六义十六科。盖明阴中有阳，阳中有阴，天地升降之道；气中生水，水中生气，心肾交合之机。以八卦运十二时，而其要在艮；以三田互相反覆，而其要在泥丸。至下手工夫，姑借（民国本作"始借"）咽气嗽液为喻，而真羔口诀，实在口口相传，不在文字间也。"又以神丹数粒相示，曰："此非世间五金八石，乃是异宝合成，有质无形，如云如火，如光如影，可见而不可执。服之，与人魂识合为一体，轻虚微妙，非有形之丹也。子他日金液功成，亦须炼此随身，乃能点枯骨，度有缘，超不识字之群生，拔尘海中之九族也。"复赠诗一章曰：

知君幸有英灵骨，所以教君心恍惚。

含元殿上水晶宫，分明指出神仙窟。

大丈夫，遇真诀，须要执持心猛烈。

五行匹配自刀圭，内有龟蛇颠倒缩。

三尸神，须打撒，进退天机法六甲。

知此三要万神归，来驾火龙离九阙。

九九道至成真日，三界四府朝元节。

气翱翔兮神烜赫，蓬莱便是吾家宅。

　　群仙会饮天乐喧，双童引入升玄客。

　　道心不退故传君，立誓约言亲洒泣。

　　逢人兮，莫乱说；遇友兮，不须诀。

　　莫怪频频发此言，轻慢必有阴司折。

　　执手相别意如何？今日为君重作歌。

　　说尽千般玄妙理，未必君心信也么。

　　仔细分明付与汝，保惜吾言上大罗。

　　吕祖闻言，尽豁尘俗。复尽问三元、三清、三宝、三镜之说。云房曰："第一混洞大无元，从此化生天宝君，治玉清境清微天宫，其气始青。第二赤混大无元（民国本作"太无元"），从此化生灵宝君，治上清境禹余天宫，其气玄黄。第三冥寂玄通元，从此化生神宝君，治太清境大赤天宫，其气玄白。故《九天生神气经》云：'三号虽殊（民国本作"王号"），本同一也。'三君各为教主，而又一气相连，乃三洞尊师也。"

　　授受将毕，忽有扣户声。启视，见二人，体凝金碧。相揖共坐，乃清溪郑思远、太华施胡浮也。思远曰："适为真人尹思逸丹成致贺，并造仙扉。"施曰："此一侍者何人也？"云房曰："本朝吕海州之子，少习儒墨，性灵心悟。大中间得遇郑公传以玉液还丹、天遁剑法。既与予邂逅长安酒肆，志心奉道。始通阴阳制炼、形神入道之微。"施笑曰："二师皆得此高弟子耶？"郑正色曰："此云房先生之正传，吾与子当赞成之。"施亦起敬曰："形清神注，目秀精藏。子欲脱尘网，可示一诗。"乃授以金管霞笺灵此生身始觉非轻。炼魄全魂日月精。欲穷大药访三清。紫府仙扉得姓名。

　　二仙叹其才清，各以所秘相赠而别（师云："钟师复赐仙方，施君特赐《易经真解》"）。时春禽嘤嘤。云房于洞口题曰："春气寒空花露滴，朝阳拍海岳云归。"复谓吕祖曰："吾朝元有期，十洲羽客，至玉清启奏功行，以升仙阶。恐汝不能久居此洞，后十年洞庭相见。"取笔于洞中石壁上，草书曰：昼日高明，夜月圆清。阴阳魂神，混合上升。俄有二仙，绡衣霞彩，手棒金简宝符云："上帝诏钟离权为九天金阙选仙使。"拜命讫，云房谓洞宾曰："住世修功，他日亦当似我。"洞宾曰："岩志异于先生，必须度尽众生，方升上界。"时翔鸾舞鹤，玉节金幢，仙吹嚓鸣。云房与捧诏二仙，乘云冉冉而去。

　　壬午（862）六十五岁。时鹤顶闲居。有《怀火龙先生、钟离先生》之诗。癸未（863）六十六岁；甲申（864）六十七岁。《草堂自记》云："钟祖去后二年，予居终南山中，殷勤修养金液大丹。九还功成，十月神全。闲取金丹妙道，放为诗歌。时咸通甲申之六年也。"乙酉（865）六十八岁。

参黄龙（《道缘汇录》

　　咸通七年，吕祖金丹已成，不觉洋洋自喜。乃复继游庐阜，至黄龙山（《全书》作"武昌黄龙山"，误）。值诲机禅师升座，吕祖登擂鼓堂听讲。师诘："座下何人？"吕祖曰："云水道人。"师曰："云尽水干何如？"吕祖曰："曀杀和尚。"师曰："黄龙出现。"吕祖曰："飞剑斩之。"师大笑曰："咄！此固不可以口舌争也。"因问："汝功夫如何。"吕祖曰："一粒粟中藏世界，半升铛内煮山川。"师曰："这守尸鬼耳。"吕祖言："争奈囊储不死药，安知与佛有参差？"师指铁禅杖云："饶经千万劫，终是落空亡。"吕祖豁然大悟，乃留一偈曰：

　　　　弃却飘囊摵碎琴，大丹非独水中金。

　　　　自从一见黄龙后，嘱咐凡流著意寻。

　　遂拜礼辞去。（摵，音"社"，陨落貌）又，《五灯会元》云："吕真人尝游庐山归宗寺，未几，道经黄龙山，值黄龙禅师升座，吕问：'一粒粟中藏世界，半升铛内煮山川。'且道此意如何？'黄龙指曰：'这守尸鬼。'吕曰：'争奈囊储不死药，安知与佛有参差？'龙曰：'饶经八万劫。终是落空亡。'吕恍然大悟，再拜求指归，言下顿契。"《仙佛同源》云："黄龙诲机者，乃商山四皓之一夏黄公所化也。初引钟离祖师见东华帝君王玄甫。继托迹于庐山黄龙寺，架箭张弓，以俟吕真人。其慈悲可谓至矣。其所启发者，正复不少。则吕祖之受益黄龙，黄龙之传灯吕祖，使其集大成、归神化者，岂浅鲜也哉。"

游平都山（《道缘汇录》）

咸通中，吕祖由南康黄龙山之湖南，泛览彭蠡洞庭。复由楚入蜀，闻王方平、阴长生常在平都，因往访之。不遇。遂游青城山。他日再过平都，方平一见即惊曰："神仙宗伯也。"相得甚欢。是时乙酉岁七月中元。吕祖临别，题诗于壁，云：

> 盂兰清晓过平都，天下名山所不如。
>
> 两口单行人不识，王阴仙馆甚清虚。

又曰：

> 一鸣白鹤出青城，再谒王阴二友人。
>
> 口口惟思三岛乐，抬眸已过洞庭春。

《武阳旧志》："唐懿宗时，有吕仙师者，来游锦江，每歇崖洞中，数日不出，人怪之。迹其卧处，只见衣冠草履，委弃于地，已不知其所之矣。"吕祖诗云："曾于锦水为蝉脱。"或即此也。丙戌（866）六十九岁；丁亥（867）七十岁；戊子（868）七十一岁；己丑（869）七十二岁；庚寅（870）七十三岁。以上五年，圣神功化之极，道德崇高之时也。《草堂自记》云："咸通中年，予感黄龙之示，更穷万仞之功。北登医吾闾山，了却归空大道。自此则神满太虚，法周沙界。度人心事。无岸无边。"《锦州志》:"仙人岩,在医吾闾山,北镇庙东北。孤石峭拔,上镌吕仙圣相,又名吕公岩。"想即炼神处也。

吕祖年谱《海山奇遇》卷之二

小　引

古仙云:"度人先度己,成己后成人。"以上七十三岁,吕祖大道圆成,已将自己度矣。向后长生久视,万劫长存。其岁数不烦俱书,惟于每朝之末,总书若干岁一句。余皆省文。至历朝甲子,及改元继统之事,又当序次分明。方于度人济世灵踪,以便因时实录。如此则年谱互有发明。而游行显化,遇之成道、见之生光者,遍山逾海,事与人并传,真奇遇也。故名曰《吕祖年谱——海山奇遇》云。

辛卯咸通十三年,是时吕祖大道圆成,还家省墓。

度柳仙(《道缘汇录》)

柳仙本郭姓,吕祖同乡也。幼失怙恃,孤哀无依,海州公怜而育之,取名寄儿,言郭家寄命之子也。幼伴吕祖读书,性灵识字。吕祖道成,还家省墓,行至南郊蒲阴村,适郭寄拜扫荒邱。吕祖恻然,怜其心慈年老,即以成丹服之,

顿觉神清骨变。吕祖乃陈词墓所，拈香下拜，曰："使岩度
尽有缘，九族同升上界。"复至家觇妻子，临别嘱约："汝且
安居，俟他日重相见也。"遂携郭寄同去。郭平生喜植柳，
自号柳青，一号青青子，年高体建，人称柳仙，亦呼老树
精。久并忘其为郭姓也。吕祖即为更之，柳其姓，荣其名，
并戏之以诗曰："好个城南老树精，分明知道神仙过。"言其
有年华、有识见也。柳仙人自记曰："世有以余为柳精成道
者，甚哉误也。经云：'人身难得，中土难生，真师难遇。'
又吕祖云：'万劫千生得个人，须知先世种来因。'岂有物类
成道者哉。吾姓郭，性喜植柳，自号柳青，长生久视，人遂
称吾柳仙耳。"《仙鉴》云："吕祖步南郊，见一人坐柳树下，
问其从来，即行童寄儿，为主家零落，缢死柳树下，一灵耿
耿，常出现形。吕祖曲为点化，付成丹服之，易其魔相，令
守炉执炊，呼曰郭上灶。"误矣。（见后郭仙传）

度张辞（《道缘汇录》）

辞，咸通初，进士下第，游江淮间，浪迹数年。遇吕祖
得闻道术，常养气绝粒，好酒耽棋，洋洋自喜，不少羁勒。
一日至盐城，匪类乘其醉，与相竞力，令（县令）见而系
之。既醒，作《述德陈情》二诗以献。其述德诗云：

门风常有蕙兰馨，鼎族宗传霸国名。

容貌静悬秋月影，文章高振海涛声。

讼堂无事调琴轸，郡阁何妨醉玉舩。

今日东尖桥下水，一条从此镇常清。

令见诗，知其为风雅道德之士，急释之，并求其玄要。辞以令方宰巨邑，未暇志玄。但书吕祖诗以开其意，曰：

何用梯媒向外求，长生只合内中修。

莫言大道人难得，自是行心不到头。

令拜服。他日将与令别，复口占云：

张辞张辞他不会，天下经书在腹内。

身即腾腾处世间，心已遥遥出天外。

其后于江南上升。于是南游诸名山，遇谈炉火术者，辞大哂之，命笔题其壁云：

争奈乌金沙，头上飞不住。

红炉漫烧药，玉颜可安驻？

今朝花发枝，明朝花落树。

不如且饮酒，莫管流年度。

编年先有《示张辞秀才诗》。

先生（吕祖）归家后，出游江淮，试灵剑，斩长蛟。至洞庭湖，登岳阳楼自饮，云房忽降，曰："来践前约。上帝命汝眷属，悉居荆山洞府（刘夫人尚在家）。子之名字已注玉清。"三月十八日，引拜苦竹真君，酬传日月交并法。苦竹望而叹曰："真仙宗也。"复上朝元始玉皇，敕授选仙使者。自此在人间隐显度世，变化莫测。（《仙鉴》与《本传》

作"六十四上朝元始"，盖讹"七"字为"六"字也）是时有《洞庭湖君山颂》诗。《草堂自记》："余作《君山颂》之前，云房先生约于洞庭相见，浪迹至此，拱候云车，翘首青霄，徘徊咏叹。明日先生来曰：'上帝命汝眷属，悉居荆山洞府。'逾日复朝元始玉皇，敕授选仙使者。"是时，有《赴瑶池仙会》《留题寺壁》《寄学道诸君》诗，有《醉后以道袍戏质酒家》诗，有《知音难遇，仍还星渚庐山》诗，有《过洪都西山遇施希圣》诗。

度地仙施肩吾

肩吾，字希圣，睦州分水人，元和十五年，登进士第。长庆中，即携家隐洪州西山，退藏不出，自称"元和进士"。长庆隐沦，尝结庐于西山，穷究延年之学，得旌阳五种内丹，及存神仙方。又得太极真人杜冲《十六字诀》，曰："一灵妙有，法界融通。离种种边，允执厥中。"希圣守此，保固形躯，四十年来未能入化。咸通初，吕祖来游，见其趣向烟霞，授以金液还丹大道。秘秘修之，遂成真仙。尝作《西山静中吟》，曰：

> 重重道气结成神，玉阙金堂逐日新。
>
> 若数西山得道者，连余便是十三人。

其同心道友李文英，拜为弟子。(《仙鉴》作："长庆初，吕祖游睦州，授以大道。"时吕祖尚未修玄，安能以道授施乎？此序特正之。）

寰瀛图度陈季卿

　　季卿，江南人，辞家十年，举进士无成，羁栖辇下。尝访青龙寺僧不值，时有终南山翁，亦伺僧归，揖季卿同坐。适东壁有《寰瀛图》，季卿乃寻江南旧路，因长叹曰："安得自渭泛于河，游于洛，渡淮济江，而达于家，亦不悔无成而归。"翁笑曰："此不难致也。"乃命僧童折一竹叶作舟，置图中渭水上，曰："君但注目此舟，则如君愿耳。然至家甚勿久留。"季卿熟视之，觉渭水生波，叶舟渐大，席帆既张，恍若登舟。始自渭及河，维舟至禅窟兰若，题诗于南楹。云：

> 霜钟鸣时夕风急，乱鸦又向寒林集。
>
> 此时辍棹悲且吟，独向莲花一峰立。

次日至潼关，登崖题句于关门东普通寺门云：

> 度关悲失志，万绪乱新机。
>
> 下坂马无力，扫门尘满衣。
>
> 计谋多不就，心口自相违。
>
> 已作羞归客，还胜羞不归。

　　凡所经历，亦如前愿。旬余至家，兄弟、妻子拜迎于门侧，题《江亭晚望》诗于书斋云：

> 立向江亭满目愁，时年前事信悠悠。

田园已逐浮云散，乡里半随逝水流。

川上莫逢诸钓叟，浦边难得旧沙鸥。

不缘齿发来迟暮，吟对远山堪白头。

此夕谓妻曰："吾试期已近，不可久留。"即当进棹，乃吟诗一章别妻云：

月斜寒露白，此夕去留心。

酒至添愁饮，诗成和泪吟。

离歌凄凤管，别鹤怨瑶琴。

明夜相思处，秋风冷半衾。

又别诸兄弟云：

谋身非不早，其奈命来迟。

旧友皆霄汉，此身犹路岐。

北风微雪后，晚景淡云时。

惆怅清江上，区区趁试期。

一更后复登舟而逝。家人恸哭，伤其去矣。复遵旧路，至于渭滨，寺宇宛然，见山翁拥褐而坐。季卿谢曰："归则归矣，得非梦乎？"翁曰："俟六十日后方知耳。"时日将晚，僧尚不至，山翁亦别去，季卿还寓所。

后二月，其妻子斋金帛自江南来，谓季卿厌世矣，故来访之。妻曰："某月某日归，是夕作诗于西斋，并留别二章。"实非梦也。明年春，季卿下第东归，至禅窟及关门兰若，见所题两篇，翰墨犹新。后年季卿成名，遂绝粒，入终南山，寻见山翁，始知其为吕祖也。遂从游不返。

《仙史》曰："以梦觉梦，吕祖原是会家。世人知邯郸梦，不知寰瀛图，何也？此则悲凉凄恻，与邯郸之热闹荣华，皆使人哀乐尽兴，真奇观也。"事见《慕异记》《神仙鉴》《太平广记》及《全唐诗小记》。

　　　　　　　度僧怀一

　　怀一，本越人，时住青州云门寺。凌晨欲上殿燃香，有二道流，英爽绝俗，顾怀一曰："有一奇境，能往游乎？"怀一曰："可。"即与入山，花木芬芳，泉石幽胜，或落连峰排天，长松夹道；或琼楼蔽日，层城倚空。所见不可弹述。久之觉馁，道流已知。曰："山桃可以疗饥。"授一枚大如斗。奇香珍味，非人间所有。食讫，即凌波不濡，升虚不碍，矫身云表，振袂空中，仰视日月，下窥星汉。无几，复归旧居，已期月矣。道流谓曰："吾回姓，此吾徒郭柳也。子已游蓬莱，当先得仙，复归于释。"乃去。怀一自此不食谷食。一旦回越，与父母话其事，欲往云游，遍历名胜。许之。懿宗置戒坛，度僧尼，民间翕然崇佛，乃轻道重释之时也。吕祖引怀一入道，正是急水下篙。

　　壬辰（唐懿宗咸通十一年，872）、癸巳（咸通十二年，873）；僖宗甲午乾符元年（唐僖宗李儇，874）、乙未、丙申（是岁王仙芝陷淮南）、丁酉（黄巢陷沂郓，878）、戊戌、己亥、庚子（改元广明，黄巢陷东都，入长安，称大齐皇帝，880。原书中为"改元广平"，有误，当为"广明"，为唐僖宗年号）。以上九年吕祖佩剑执拂，青巾草履，往来名山。有《下庐山遇轩辕集来访》诗，有《赠侠客剑客》诗，有《赠嵩高上下石室主人》诗，有《游华岳遇马湘》诗，有《商山度韩清夫》诗。

度地仙韩湘（不是韩湘）

湘，字清夫，韩昌黎之从侄孙也。贞元末年九月初三日生。幼而奇异，不入名场，遇小洪崖先生，传以清修之法，童真不漏，号元阳子。行踪无定，放浪不羁。长庆间韩湘登进士第，昌黎教湘读书应举，似汝兄荣。湘对之："孙与公所好相异。"因作"青山云水窟，此地是吾家"诗，以言其志，公知其不可强也。及公贬潮州。韩湘随侍。一日抵蓝关，风寒雪紧，忽闻有笛声迎马首吹来，至则韩湘也。公大喜。即携同传舍，仍欲以功名期之，湘笑而不答，临别出药一丸与之曰："服此可御瘴毒。"飘然而去。咸通末，避居商山中，欲炼九华神丹，未知火候精微。吕祖来游，因以钟祖秘法付之。

韩湘不是神仙考

韩湘，字北渚，愈之侄孙也。愈之兄金，算子老成（即十二郎）。老成子湘，登长庆三年进士，能诗文，与一时士大夫相倡和。生平在功名场中，未尝学仙。长庆间，姚武功有《答韩湘》诗云："昨闻过春闱，名系吏部籍。三十登高科，前途浩难测。"又有《送韩湘赴江西从事》诗云："年少登科客，从军诏命新。行装有兵器，祖席尽诗人。"湘尝送文公过潮州。今《昌黎集》中有《次会江口示侄孙湘》二首，又左迁至蓝关，有《示侄孙湘》一首。即贾岛亦有寄韩湘诗。均见《全唐诗》内，并无落拓不羁，少游云水之事。此可见其非仙也。然则韩仙一事，岂遂无人乎？亦非也。《道缘会录》云："韩昌黎从侄孙，有韩湘者，贞元末年九月初三日生，幼而奇异，未入名场。遇小洪崖张氲，传以清修，童真不漏，号元阳子。遂放浪形骸，归宗元教。长庆初韩湘及第，愈教湘读书应举，似乃兄荣。柏对曰：'孙与公所好相异。'因作言志诗云：'青山云水窟，此地是吾家。后夜餐琼液，凌晨咀降霞。弹琴碧玉调，炉炼白朱砂。宝鼎存金虎，芝田养白鸦。一瓢藏世界，三尺斩妖邪。解造逡巡酒，能开顷刻花。有人能学我，同去看仙葩。'愈知其不可强也。湘自言能造奇花，愈令试之，湘乃取一盆，实以土，须臾出牡丹一丛，红艳异常。花瓣中有金字诗一联曰：'云横秦岭家何在，雪拥蓝关马不前。'愈问此何意。对曰：'日久自知。'后愈贬潮州，道过蓝关，大雪不能前进，而韩湘适至，为扫除其雪，愈方悟花中诗意，乃为八句足成之，愈亦稍释旅怀，即携同传舍。仍欲以功名相期，作诗云：'才为世用古来多，如子雄文世孰过？好待功成名就日，却收身去卧烟萝。'湘笑而答云：'举世都为名利醉，伊余独向道中醒。他时定自飞升去，冲破秋空一点青。'临别出药一丸，与之曰：'服此可御瘴毒。'飘然而去。咸通末，湘年六十余，复遇吕祖于商山，得授神丹之学，乃飞升焉。"

今人知有湘，而不知有湘，盖因"湘""湘"二字，"鲁、鱼""帝、虎"之讹也。以湘为仙则诬湘。由湘之事尽归于湘，湘之事尽归于无矣。今特并其事而互发之，使人知韩湘乃功名，韩湘乃神仙也。湘者清浅水貌，故号清夫云。（或言昌黎犹子，或言昌黎外甥，或言十二郎子，或言韩湘之子，故曰韩湘子。诸说纷纷，皆无定论。大抵系当时远处传闻，士大夫各立小说，竦人观听，遂至讹误若斯耳。兹以《道缘汇录》为正，并合事迹相同者附焉。）

度何仙姑

仙姑，永州零陵人也。父讳英，母钟氏，喜清净布施。一夕梦游潇湘之滨，见水面有编衣女子，足踏大白莲花，浮波而至，曰："吾潇湘神女也，将寄汝家，一游人世。"母注目久之，觉而有娠，以元和三年十一月初一日生。生不食乳，母搅莲粉饲之。年八九，姿容端丽，喜入女道观游，诸女冠教以经书文字，若素熟习者。十三岁怙恃俱失，姑与老苍头，守己幽居。性甘茹素，有求布施者，亦如父母在时，皆乐助焉。后有南岳观，老女冠募姑，改注生真君像，脏腑中忽得《黄庭经》两卷，有跋云："何人有缘？何人有福？若得此经，瑶池快乐。"姑见而喜之，以为两"何"字，虽无定词，而今则明明合我也。请以他经易归，老女冠慨然相与。自此家居长诵《黄庭》。年十八，守贞不字，就家上女冠。焚香扫地，拜礼扶桑帝君，久之青童君奉东华命，降于其家，授以紫芝丸饵之，并为讲《黄庭》"琴心三叠、漱咽灵液"之法，姑受之。自此则"体生光华气香兰，却灭百邪玉炼颜"矣。

零陵有求聘于姑者，姑乃佯狂作癫，出入零陵市上，污体秽形，人乃目为疯癫而不之顾。亦有强称为仙姑者，姑乃益加韬晦。年六十，乡里人多物故，而姑仍如二十许人。适吕祖南游衡湘，见姑于市上，知为上根道器，以一桃与之，仅食其半，自是不饥，能谈休咎。度入终南拜见钟祖，教以神丹服食，遂能身轻步虚，上下无碍。吕祖曰："功夫至此，以臻大乘。"乃引之东游，见少阳祖师，又引见木公、金母。金母携回阆苑，命扫蟠桃落花。积功以深，升东海青霞洞真大元君，道号一阳。尝从吕祖游行世间，显迹最盛云。

考何仙姑有二，一系广州增城人，何泰次女，幼随女伴入山采茶，失侣迷径，见东峰下有一高冠道士，姑往拜，道士与一桃。食之，顿忘饥渴。后梦神人麻姑，教食云母粉，久之，往来山谷，轻身飞行。则天长寿间，诏命赴阙，行至中途，纵身上树杪，不知所之。其后在豫章，累现于麻姑坛上。《女仙传》所谓"送子三仙"者，即广州何姑与薎姑、麻姑也。

度地仙李奇（《晚唐高士传》）

华阳隐士，李翁名奇者，得小还丹，年数百岁，容貌不衰。吕祖游句容，访金坛洞天胜景，遇翁于松阴云水之间，望而知为高士，教其炼金液大还。翁大喜，请拜为徒。吕祖曰："吾尚少于先生，结为云霞之交，可也。"翁曰："道无先后，高者为师。"卒下拜，吕祖探囊中秘密授之，并赠以诗云：

> 华阳山里多芝田，华阳山叟复延年。
>
> 青松岩畔攀高树，白云堆里饮飞泉。
>
> 不热不寒神荡荡，东来西去气绵绵。
>
> 三千功满好归去，休与时人说洞天。

吕祖临别，约异日会于华山。（见后）更留二诗赠之，翩然而去。

邯郸梦度卢生

乾符中，吕祖北游，自号吕翁，行邯郸道中。（一作开元十九年，一作开成七年。开元间吕祖尚未出世，开成只五年耳。均误。）息邸舍，摄帽驰囊而坐。俄见一少年，衣短褐，乘青驹，将适于田，亦止旅中。与翁共席斐礼为坐，言笑殊畅。问姓名曰："卢英，字萃之。"生自顾衣装弊褒，乃长叹息曰："大丈夫生世不谐，困如是也。"翁曰："观子形体，无苦无恙，谈谐方适，而叹息其困者，何也？"生曰："吾苟此生耳，何适之谓？"翁曰："此不谓适而何适？"答曰："士之生世，当建功树名，出将入相，列鼎而食，选声而听，使族益昌，而家更肥，然后可以言适。吾尝志于学，富于游艺，自谓当年青紫可拾。今已过壮，犹勤畎亩，非困而何？"言讫，目昏思寐。

时主人方蒸黍，翁探囊中青磁枕以授生曰："子枕吾枕，当令子荣，一如其愿。"生俯视枕窍，两端有小口，渐大明朗，乃举身入。至家数月，娶清河崔氏女，容甚丽，嫁赀丰。由是服御日益鲜盛。明年举进士第，释褐登朝，授校书郎，应制渭南尉。俄迁监察御史，转起居舍人，知制诰，三载，出典同州，迁陕州。生性好上功，自陕西凿河八十里，以济不通，邦人利之，刻石纪德。移节汴州，领河南采访使，征为京兆尹。是时神武皇帝，方事戎狄，恢宏土宇。会吐蕃悉那逻及烛龙莽布支，攻陷瓜沙。而节度使王君镜新败死，河湟（民国本作"河内"）震动。帝思将帅之才，遂除御史中宰、河西道节度，大破戎虏，斩首七千级，开地九百里，筑大城以遮要害，边人立石于居延山以颂之。

归朝册勋，恩礼极盛，转吏部侍郎，迁户部尚书，兼御史大夫。时望清重，群情大翕，为时宰所忌，以非言中之。贬瑞州刺史，三年征为常侍。未几同中书门下平章事与萧中令嵩、裴侍中光庭，同执大政十余年。嘉谟密命，一日三接，献替启沃，号为贤相。同列害之，复诬与边将交结，所图不轨，下制狱，府吏引徒至其门，而急收之。生惶惑不怿，谓妻子曰："吾家山东有良田五顷，足以御寒馁，何苦求禄以至于此？而今而后，再欲衣短褐、乘青驹、行邯郸道中，不可得也。"引刀自刎，其妻救之获免。后为三省中官保护，减死罪，投欢州数年。

帝查其冤，复诏为中书令，封燕国公，恩旨殊异。生五子曰俭、曰傅、曰位、曰偁、曰倚，皆有才器。俭进登第，为考功员外；傅为御史；位为大常丞；偁为万年尉；倚最贤，年二十四为左衮。其姻媾皆天下望族，有孙十余人。两窜荒徼，再登台铉，出入中外，徊翔台阁，五十余年。崇盛赫奕，性颇奢荡，好佚乐，后庭声色，皆第一绮丽，前后赐良田、甲第、佳人、名马，不可胜数。

后年渐衰迈，屡乞骸骨不许。病中候问者相接于道，名医上药无不至焉。将没，上疏曰：

臣本山东诸生，以田园为娱，偶逢圣运，得列官叙，过蒙殊奖，特被鸿私，出拥节旄，入升台辅，周旋中外，绵历岁时，有忝天恩，无裨圣化，负乘贻冠，履薄增忧，日惧一日，不知老至。今年逾八旬，位极三公，钟漏并歇，筋脉俱耄，弥留沉顿，待时益尽，顾无成效。上答休明，空负深恩，永辞圣代，无任感恋之至，谨奉表陈谢。

诏曰：卿以俊德，作朕元辅，出拥藩翰，入赞雍熙，升平二纪，实卿所奈。比因疾疹，日谓痊平。岂期沉疴，良用悯恻。今令骠骑大将军高力士，就第候省。其勉加针石，为子自爱，尤冀无药，期于自瘳。

是夕薨。

卢生欠身而寤，见其身方偃于邸舍，吕翁坐其旁，主人蒸黍未熟，触类如故。生蹶然而兴曰："岂期梦耶？"翁曰："人生之适，亦如是矣。"生忧然良久，谢曰："夫宠辱之道，穷通之理，得丧之情，生死之际，尽知之矣。此先生所以窒吾欲也，谨受教。"稽首再拜，求度，翁慨然许录，传以大丹之秘，并授以剑术。遂从吕翁往来海上云。

是时，有时遭大乱，西归河中，移家终南，《遇司空表圣归隐诗》，郝天挺注吕祖云："咸通及第，两调县令，黄巢之乱，移家终南。"《草堂自记》云："乾符间黄巢作乱，余偕柳仙归河中，发妻刘氏在家为女冠，四子谋生于外，因携入终南，付紫云庵中，令何姑教之，尸解后，招入荆山洞府。"又《自叙墨刻小像》云："有四子为避乱，只携妻入山。"据此二说，可知有妻有子，实有其事，但墨刻所述，未言道成之后，还家来携耳。至所谓姓李名珏，夫妻双修，

故更姓吕，皆喻言。（详后天启六年）

度牛生山、夏侯生

牛生山，夏侯生子云，河中秀才也。龟形鹤骨，有神仙气。吕祖还家，怜其为同乡人，教以"火寄冥宫，水济丹台"之法，命其远隐云山，速离世网。二子拜受而去。子云有诗才（后隐大涤山），尝作《乐圃五绝》云：

绿叶红英遍，仙经细讨论。

偶移崖畔菊，锄断白云根。

此可见其幽致也。

唐僖宗中和元年辛丑（881）、壬寅、癸卯、甲辰。

僖宗改元光启乙巳（885）、丙午（王朝据福州）、丁未（887）；僖宗改元文德戊申（888）。唐昭宗龙纪元年己酉（钱镠据杭州，唐昭宗李晔，889）；昭宗改元大顺庚戌（889）、辛亥（杨行密据扬州）；昭宗改元景福壬子（892）、癸丑；昭宗改元乾宁甲寅（李茂贞据凤翔，894）、乙丑、丙辰、丁巳；昭宗改元光化戊午（王审知据闽，898）己未、庚申；昭宗改元天福辛酉（李茂贞岐王，901）壬戌、癸未（朱全忠梁王、杨行密吴王、钱镠越王）。唐哀帝天祐元年甲子（904）、乙丑、丙寅、丁卯（梁王朱全忠弑帝自立，907）时河东、凤翔、淮南、西川犹奉唐正朔，称天祐四年（马殷据潭州梁以为楚王，以荆南高季昌为节度，以钱镠为吴越王，契丹自称太祖）戊辰（蜀王建称帝，吴王杨隆演、晋王克用薨，子存勖立）己巳、庚午（闽王王审知、燕王刘守光）、辛未（燕王称帝，911）、壬申（梁友珪自立）、癸酉（梁友贞，913）甲戌、乙亥、丙子（蜀王宗衍）、丁丑（南汉刘岩）、戊寅、己卯（吴王杨溥）、庚辰、辛巳、壬午。后唐庄宗灭梁建元同光元年癸未（庄宗李存勖，923）、甲申、乙酉。唐灭蜀。明宗天成元年丙戌（闽王王延翰，926）、丁亥（赵太祖生、契丹太宗）、戊子；明宗改元长兴己丑、庚寅（930）、辛亥、壬辰（吴越王元瓘）。闵帝立位癸巳（闵帝李存厚，闽王延钧）；闵帝应顺元年甲午（934），废帝即位，改元清泰（934，清泰当为后唐末帝李从珂年号。蜀王孟知祥称帝，秋殂，子昶立）、乙未（吴王杨宽，闽王王昶）。丙申，唐废帝崩（晋石敬瑭称帝）。丁酉，吴王宽，禅位于徐知诰，复姓李，名升，建元升元，国号南唐；戊戌（闽王羲）、己亥、庚子、辛丑（吴越宏佐）、壬寅（南汉刘玲、晋王重贵立）。

南唐元宗保大元年，癸卯、甲辰（南汉刘晟，944）、乙巳。丙午，唐平闽。丁未（晋亡，汉高祖刘暠、契丹世宗、楚王希广、吴越王宏傲）、戊申（948）、己酉（汉隐帝承祐，荆南高保融）、庚戌（汉主赟）、辛亥（周郭威弑汉主赟于宋州，自即位，后汉亡，北汉刘崇起，契丹穆宗立）、壬子、癸丑、甲寅（周世宗柴荣，954）、乙卯、丙辰（北汉刘承钧）、丁巳。南唐中兴元年，戊午（南汉刘𬬮）、己未（周恭帝，959）、庚申（周亡，宋太祖建隆元年，960，荆南高保易）、辛酉。南唐后主煜立，仍用中兴年号。壬戌（荆南高继冲）、癸亥（宋灭荆南，改元乾德，963）、甲子（宋灭蜀）、乙丑、丙寅、丁卯（北汉刘继元）、戊辰（宋改元开宝，968）、己巳、庚午、辛未（宋攻南汉）、壬申（南汉亡）、癸酉、甲戌（宋太祖崩，太宗即位）、乙亥（南唐终）。

自贞元十四年戊寅，至咸通十二年庚寅一卷，共七十三年；咸通十三年辛卯，至南唐末年乙亥二卷，共一百零五年。吕祖在唐，历年一百七十八岁矣。

五代论（《草堂自记》）

唐自中和以后，四海分崩，群雄窃据，史家以五代编之，不如以后唐、南唐序之也。哀帝二年，朱全忠弑君自立，直乱臣耳。幸而河东、凤翔、淮南、西川尤奉唐之正朔。尽梁三世而只称天祐年号者，河东、凤翔也。李克用本唐赐姓，舍朱耶而归华夏，勤劳况瘁，以平黄巢功封晋王，誓于一生，靡敢失节，何其忠也！存勖乃晋王主器，恪守父爵，且性孝，惜其灭梁之后，未求唐宗室而立之耳，然其得国宝，称后唐，编为正统，良不诬也；石敬瑭迁都帝汴，特割据之雄耳，何足为正；徐知诰建国金陵，复还李姓；杨宽奉国称帝于吴；后唐以丙申终，南唐以丁酉起，则正统即在此也。刘知远称孤晋阳，入洛守汴，势亦同乎割据；郭威起而刘赟亡，又一弑君之朱温也；柴荣继立，异姓相传，虽号为周，实非真主。

吾作《敲爻歌》起句不曰"汉末周朝"，而曰"汉终唐国"者，诚以割据之辈终，而南唐尚在也。上下九十余年，无人混一疆宇，而唐以一线相承，反以梁晋汉周，攒为五代。此吾所不解也。宋太祖奉天承运，扫荡群奸，而南唐最后终，宋继南唐之统，可了然也。请以寄之读史者。

度饶廷直

廷直字亮工，南城人。僖宗中和初，登进士第，尝过武昌黄鹤楼，闻笛声，寻求遇吕，授以静功秘诀，自是不迩妻妾，翛然端居。后为邓州通判卒，其枢还乡甚轻，盖尸解去。《道缘汇录》《征异录》《姓氏谱》皆作唐进士，《全书》独作宋末人。盖因《仙鉴》叙在景定间耳，不知《仙鉴》所载，乃因宋末显神，与吕祖偕游南岳，补叙其出身也。

度马仙姑（《道缘汇录》）

光化间，吕祖游括苍，过处州，度马仙姑。姑，青田人也。既嫁，家贫，养姑最孝。遇吕先生授以仙术，往来佣织富室，去家百里，有羹不食，以箸笠先浮还家，敬于姑。姑识其笠，知为妇所遗，遂取食，往还轻便，人始知其不凡，呼为马大仙姑。吴越王钱镠闻之，给钱帛养其姑，未几姑亡，仙姑亦无疾而逝，邻人见之于野曰："吾随师归蓬莱也。"

同钟祖度蓝采和

（《自记》云：采和字养素，吾道友也。少遇正阳师传以玉炼金炼，天复初，大丹已成。吾劝其再修神丹，然后超神入化，可度群生。其后神丹已成，于濠梁上升。）

蓝采和，上古伶伦高真，谪于尘寰者也。周游歌咏，觉世盲聋。常衣破蓝衫，六铲黑水腰带，阔三寸余，一脚着鞋，一脚赤跣。夏则衫内加絮，冬卧雪中，气出如蒸。人问其所得，答曰："谁云男子无孕？偏我十月怀胎。"每行城市乞索，持大拍板，长三尺余，老少皆随看之。歌曰：

踏踏歌，蓝采和，世界能几何？红颜三春树，流光一掷梭。古人混混不复返，今人纷纷来更多。朝骑鸾凤游碧落，暮见桑田起白波。长景明晖在空际，金银宫阙高巍峨。

歌词颇多，不及具载。率尔而作，皆神仙意，人莫之测。得钱则用绳穿拖行，散失不顾，或赠贫者，或与酒家，洒洒然无所拘也。后尘居数年，自云将入终南山，采食神芝。（此即吕祖劝之也）朱梁时，忽来濠梁酒楼，沽饮大醉，闻空中有笙箫声，仙鹤下降，采和乘之，轩举于云端，掷下靴、衫、带、板，冉冉而去。（外有长笑先生蓝方者，另是一人，见后。）

度刘海蟾

海蟾名操，字宗成，燕山人。以明经擢甲第，仕燕为卢龙司马，累迁至相位。平昔好谈性命，钦崇黄老，忽遇正阳先生，为演清净无为之宗，以道全形之旨。及守光僭称帝位，谏之不听，遂托疾解印辞去。作诗曰："抛离火宅三千口，屏去门兵百万家。"更名玄英，号海蟾子。遍游访道，遇吕祖授以金液还丹，乃遁迹修真。得成仙道，游行尘世，远泛秦川，陶真于太华之间，溷迹于青城之下。陈希夷遇之，恳求玄旨，海蟾即传以金丹妙道。希夷与弟子张无梦、贾得升、种放，皆同请业焉。海蟾喜希夷寄怀高尚，尝过其山斋，与之谈论一日，戏以墨泼石上，皆成字句。后张、贾、种至山，各言于某日刘师来家，泼墨作字，盖同日分形也。后当坐化时，白气从顶门出，化鹤飞升。元至元六年，封明悟宏道真君。

与何一阳度耿仙姑

吕祖携一阳仙姑南游。有耿氏女者，南唐人，性高洁，心灵妙。吕祖见而识之曰："何先生，此可为汝弟子也。"一阳曰："大道无私，须试乃可。"时耿女出郊，携菜篮独步。一阳直前戏之曰："姑娘有汤，可与女道人解渴否？"曰：

"有则有之，离家稍远。"一阳曰："将篮来，我命人往汝家取去。"耿女曰："何人持去？"曰："篮自会行耳。"耿弗信，一阳默运神通，即以篮浮之，须臾间篮去来，将耿女衣裙盛至。耿女大惊曰："女道姑，术士耶？仙真耶？"一阳笑曰："以此为术，术可学也；以此为仙，仙可从也。"耿憬然有悟，愿从学仙，以究其术。一阳以原身告之，耿大喜，并教与吕祖叩拜，传以道法双修之妙。耿即弃家云游，能捏雪为银，画布成绣。朱文公（南宋名儒朱熹）见而奇之，问以道法，耿作狂语乱之，朱亦不能强究也。自后奇幻益多，人称风仙姑。七真马宜甫之妻孙不二，早从重阳学道，后遇仙姑，携至洛阳，辟风仙洞居之，不二道成，仙姑亦飘然不返。封清灵妙悟耿仙姑。

度黄澄虚

　　澄虚，南唐时人，养静于桐柏山中，心好道而修不勤。吕祖过访，题诗警之，并跋六言于后云："留此片言，用表其意。他日相逢，必与君决。莫退初心，善爱善爱。"时黄适他往，归见庵门上仙笔留题，不觉幡然醒悟。他日吕祖复来，携之同去。

牧童赋诗

　　钟傅弱翁，居平凉。吕祖幅巾衣白芝衣上谒，有牧童牵黄犊随之，立庭下，弱翁异其气局闲雅，指牧童曰："道人能诗，可赋此乎？"道士笑曰："不烦我语，是儿自能之。"牧童乃操笔大书曰：

草铺横野六七里，笛弄晚风三四声。

归来饱饭黄昏后，不脱蓑衣卧月明。

既别，人皆见其担二瓮，长歌出郭。或报弱翁曰："瓮二口，此吕翁也。"亟往追之，不复见矣。

哀南唐

南唐保大末，吕祖在江南化一渔人，自号回同客，每日持莎笠纶竿，唱《渔家傲》，其舌为鸣榔之声，以参之音，清悲如在烟波间。往来金陵凡年余，无有悟者。其词曰：

二月江南山水路，李花零落春无主。一个鱼儿无觅处，风和雨，玉龙生甲归天去。

唱罢，且行且叹，人或与钱不受，与酒则不醉。甲寅二月朔日，忽卒，众座之。一夕风雷大起，冢裂无尸。时元宗亦于甲岁仲春，殂于正寝。始知二月江南，李花零落者，即指唐元宗宾天之期也。并知回同客，乃吕洞宾寓意也。

五代史补：南唐李升，自徐家起而为君，先有童谣云："东海鲤鱼飞上天。"东海即徐之望也，鲤者李也。

化茶坊女

唐中兴时，汴京民有石氏者，以开茶坊为业，日令幼女行茶，尝有丐者病癞，垢污蓝缕，直旨肆索饮。女敬而与之，月余无厌容，并择佳茗以待。父兄见之怒，逐丐笞女，女略不介意。又数日，丐者复来，女供奉益谨。丐谓曰："汝能缀我余茶否？"女颇嫌不洁，少覆于地，闻异香亟饮之，神气爽然。丐曰："我吕仙也，可随汝所愿，或富贵，或寿考，皆可得也。"女不识富贵，只求长寿，不乏财物。吕祖遗以《渔夫词》曰：

> 子午长养日月精，玄关门户启还扃。

> 长如此，过平生，且把阴阳仔细烹。

复授以口诀而去。女白于父母，始悔，遍寻之不得。他日复来，石氏留之，师曰："今年夷夏俱大丧，余恐远人未化，将北游劝其来宾。"遂去。后女年及笄，嫁管营指挥家，享年百二十岁，一生妆食有余，是亦长于寿而裕于财者也。

度乔二郎

二郎，唐末宋初人也。吕祖于皇都遇之，弥留款洽，终年不厌。吕祖见其精诚，授以水中采金之法，命其修炼。二郎即弃名利，结茅松山，照法行之，遂得证果。后复遇吕祖携去。

度刘方

方，字子义，汴都人也。建隆初（960），方见天下未平，兵戈未息，遂淡于仕进，渴慕陶渊明之为人，背城面郭，筑小丹邱自居，虽结庐人境，亦自有心远地偏之致。吕祖于汴都闲游，自号回先生。适方行市中，呼与剧饮，方慨然陪坐，共论太古高人，及天下兴亡之事。先生曰："海内河山，斜阳流水，石火光阴，槿花性命，我见六国烟尘，八方风雨，将来净愁雾而拭青天者，必宋国也。治世有人，吾侪何必代为耽忧。"方大惊曰："顷见先生眉宇，疑是豪侠者流，今闻先生议论，乃安期、羡门辈矣，愿明以教我。"回祖乃作歌与之曰：

> 六国愁看沉与浮，携琴长啸出神州。
>
> 拟向烟霞煮白石，偶来尘市见丹邱。

又勉之曰：

> 刘君刘君审听我，流光迅速如飞过。
>
> 八琼秘诀君自知，莫待铅车空又破。

其诗甚长，大抵皆绵绵策励之旨，方拜而受之。吕祖既去，方即遁迹深山，勤修秘炼，终其身不出。

说麻姑化天妃记

（《道缘汇录》：天妃，水神名。司马光曰："水乃为阴类，其神为女子。"又，妃者言其慈母之心，与天匹配也。）

扬州灯夕，青城刘丈人，枉驾茅斋，自言从吕祖说麻姑化身事云：

唐末宋初，祖师南游麻姑坛，遇方平先生，坐论丹台，适麻姑翩然来归，神采天容，不可名状。吕祖谓方平曰："东南海屿飓风多狂，刚暴者须以柔和制之，某欲于西王母处荐举一人，觅善族降法身，到天风海涛间拯救危难，此非有神通者不能言下承当也。"吕祖言毕，以目视麻姑，方平会意，微笑曰："非大士宝筏不能也，自古女真，大半以游戏为乐，蓬山阆苑中，吹笙度曲，饮酒簪花，其尤者不过按行海岛，採访仙籍耳。"麻姑冷笑，微启朱唇曰："此事亦由人做，特无地可以投足。"吕祖曰："莆田林氏，世积阴德，此大鹏展翅处也。姑即慨然自许，俟缘至而往投之。"

如是者数年，闻林披（别作都巡检林愿。又，民国本作巡按。）夫妇仁爱，生九子皆贤，号九牧林。姑乃念"麻"姓，除去"广"字，即林字也，于是降生其家。时南唐中兴庚申，宋太祖之建隆元年也（960）。三月二十三日方夕，见红光射室，异香氲氤，而天妃诞。弥月不闻啼声，因名曰：默。生而神灵，预知人祸福。八岁从塾师训读，悉解文意。十三岁有老道士元通，授妃玄微秘诀。年十六，窥井得符，知变化，驱邪救世，应手随心。间或御风神游，飞度天海。年二十，九九日前一日（重阳节），妃与家人曰："明朝重阳，适有登高之愿，预告别。"至期，径上湄峰最高处，浓

云卷岫，白气亘天，空中闻钧天之乐，乘风直上，众皆唏嘘
而叹。凌虚见纯阳先生，佩剑执拂而来，笑谓妃曰："姑又
开一番生面也，化身林家，妙年得道，某将闽海一涯，祈姑
保障。"遂别去。自后于海上屡昭灵异，封天妃，在湄洲屿
上建庙祀之。凡遇海天风浪者，但呼"娘妈"数声，即有神
灯点点，隐约于万顷烟波之内，或仍现麻姑形像，坐于樯桅
上，顶挽一髻，余发下垂，尘拂指挥，蛟龙效顺，如此便风
恬浪静，长帆直渡矣。功德崇高，证位碧霞元君，历代敕封
不可具述。闽海之有天妃，犹南海之有大士也。然人知有天
妃灵异，而不知为麻姑化身，并不知麻姑之来，乃扶危拯溺
之吕翁所玉成者。观与王方平一席话，为苍生求安澜之人，
忙中极闲，冷中极热，似激似劝，卒令麻姑立功、天妃著
迹。神仙济世之心，至，吕祖而功溥矣。海蟾言之，潜虚记
之，可作一则仙史读，非徒宣扬而已。

仙迹余记六则（皆未初事）

建隆初年，南唐中兴之三年也。宋太祖得见吕祖于后
苑，称太祖为"朱陵上帝"，留语移时，左右皆不得闻。太
祖解赭袍玉带赠之，倏不见，遂命画工绘其像于太清楼。

建隆之末，吕祖化一老翁，卖药长安市上，常携一大
葫芦。人有疾求药，不计钱有无皆与之，药皆神效。或戏问
有大还丹否？曰："有一粒，一千贯，与草木不同也。"群以

为狂。每于城市笑骂人，曰："有钱不买金丹，尽作土馒头去。"一日于市中抖擞，葫芦已空，内只余一丸，极大光明，安掌上谓人曰："百余年来，无一人肯把钱买此物吃者，惜哉。今将送赤帝归真矣。"言讫，遂以药自投于口，足下五色云起，望东南而去，人始叹悔不及。计其上升，正太祖宾天时也。

《宋事实类苑》：吕仙洞宾，有剑术，百余岁，面如婴童。华阳隐士李奇，自言开元中郎官，年数百岁，与吕仙尝至陈希夷斋中，尝以朱书青纸，令小童持寄希夷，希夷与唱和。（李奇见前）

又《宋史》曰：逸人吕纯阳，善剑术，年百余岁，步履轻捷，顷刻数百里，人皆称神仙。

又《宏简录》曰：吕洞宾年百余岁，有剑术，面如童颜，步履轻疾，往来丁少微家。少微乃亳州人，隐华潼谷，与陈希夷齐名。所受不同，未尝相通，而其志高清洁，则一也。少微善服杰，多饵药，百余岁，康强无疾。宋太祖召赴阙，以巨胜、南芝、玄芝为献。问其受益处，对曰："洞宾先生也。"留数月遣还山。

全州道士蒋晖，志行高洁，吕祖访之，适蒋他出，遂题诗于蒋之门曰：

> 醉舞高歌海上山，天瓢承露浴金丹。
>
> 夜深鹤透秋空碧，万里西风一剑寒。

末书：无上宫主访蒋先生作。蒋归惊曰：宫字无上，乃吕翁也。追之不可及。

吕祖年谱《海山奇遇》卷之三

北宋仙迹引

上二卷编载吕祖年谱，一百七十八岁。今从北宋太平兴国元年丙子（976），叙至钦宗靖康元年丙午（1126），是为北宋仙迹，凡一百五十一年，合前一百七十八岁，共三百二十九年矣。宋太宗太平兴国元年丙子、丁丑、戊寅、己卯（灭北汉）、庚辰、辛巳、壬午、癸未（契丹隆绪）；太宗改元雍熙甲申（984）、乙酉、丙戌、丁亥；太宗改元端拱戊子（988）、己丑；太宗改元淳化庚寅（990）、辛卯、壬辰、癸巳、甲午；太宗改元至道乙未（995）、丙申、丁酉；真宗咸平元年戊戌（998）己亥、庚子、辛丑、壬寅、癸卯；真宗改元景德甲辰（1004）、乙巳、丙午、丁未；真宗改元大中祥符戊申（1008）、己酉、庚戌、辛亥、壬子、癸丑、甲寅、乙卯、丙辰；真宗改元天禧丁巳（1017）、戊午、己未、庚申、辛酉；真宗改元乾兴壬戌（1022）。仁宗天圣元年癸亥（1023）、甲子、乙丑、丙寅、丁卯、戊辰、己巳、庚午、辛未；仁宗改元明道壬申（1032）、癸酉；仁宗改元景祐甲戌（1034）、乙亥、丙子、丁丑；仁宗改元宝元戊寅（1038）、己卯；仁宗改元康定庚辰（1040）；仁宗改元庆历辛巳（1041）、壬午、癸未、甲申、乙酉、丙戌、丁亥；仁宗改元皇祐戊子、己丑（1049）、庚寅、辛卯、壬辰、癸巳；仁宗改元至和甲午（1054）、乙未（契丹洪基）；仁宗改元嘉祐丙申（1056）、丁酉、戊戌、己亥、庚子、辛丑、壬寅、癸卯。英宗治平元年甲辰（1064）、乙巳、丙午（契丹改国号辽）、丁未。神宗熙宁元年戊申（1068）、己酉、庚戌、辛亥、壬子、癸丑、甲寅、乙卯、丙辰、丁巳；神宗改元元丰戊午（1078）、己未、庚申、辛酉、壬戌、癸亥、甲子、乙丑。哲宗元祐元年丙寅（1086）、丁卯、戊辰、己巳、庚午、辛未、壬申、癸酉；哲宗改元绍圣甲戌（1094）、乙亥、丙子、丁丑；哲宗改元元符戊寅（1098）、己卯、庚辰。徽宗建宗靖国元年辛巳（1101）；徽宗改元崇宁壬午（1102）、癸未、甲申、乙酉、丙戌；徽宗改元大观丁亥（1107）、戊子、己丑、庚寅；徽宗改元政和辛卯（1111）、壬辰、癸巳、甲午、乙未（女真称帝，国号金）丙申；徽宗改元重和丁酉（1117。徽宗改重和在戊戌年即1118）；改元宣和戊戌、己亥（1119）、庚子、辛丑、壬寅、癸卯（金天会）、甲辰、乙巳。钦宗靖康元年丙午（1126）。

三头六臂像

太平兴国间，四夷尚未宾服，吕祖每现三头六臂异像，衣黄道袍，盘坐黄鹤上，以法相喝服诸酋，化导归中夏，盖以息干戈、养民生也。三头者，上鹤顶，中狮首，下本像。六臂者，左提飞龙剑，右执珊瑚尺，中两手结无遮印，左五雷诀仰，右剑诀覆。太宗命道录陈景元传其像于世云。

黄鹤楼

江夏郡辛氏卖酒，有一先生飘然而来，衣甚褴褛，人物轩昂，入座谓辛曰："有好酒，肯与饮否？"辛以巨觥斟美酿奉之，饮毕而去。明日复来，不待索，又与饮，如此半载，辛未尝嗔。先生谓辛曰："多负酒债，无以为酬。"取黄橘皮画一鹤于壁，谓："有客来饮，但令拍手而歌，鹤即下舞，以此还汝酒值。"试之果然。四方豪士，闻而欲观，俱挥金买醉。历十年，辛氏巨富。一日先生来，辛谢曰："今已富矣，愿留久款。"先生笑曰："吾岂图是哉。"取笛吹数弄，须臾白云降空，壁上画鹤，飞至膝前，先生跨鹤冲天，杳然而逝。辛氏从飞升处，建一高楼，名曰黄鹤楼。人始知先生乃吕洞宾也。《草堂自记》云："黄鹤山旧名蛇山，昔因王子安骑鹤升空，后人筑楼纪胜，五代间毁于兵火。至宋雍熙初，余有画鹤飞空之事，辛氏乃筑楼祀我。唐以前为子安鹤迹，宋以后则为道人所托也。"据吕祖自记，其先为子安鹤迹，其后为自记鹤迹也。

西月考：子安乃周末时人，自言简王之后，从兄子明学道二十年，死葬黄山，有黄鹤来栖冢树，鸣声如呼子安，安忽自地底跃出，跨鹤而去，此子安鹤迹也。更有与吕祖大相同者，晋太和间，仙人繁阳子，姓朱名库，善音律，曾授笛于桓伊。伊攻寿春之先，江夏黄鹤楼有卖酒辛猷丕者，识人好施。日有道士就饮，醉则出玉笛，倚楼作梅花三弄，饮不偿值者三年。一日云："黄鹤去不复还，空留此名，吾将表之，以实其事。"取橘皮画一鹤于壁，以箸招之，即下舞。临行谓辛曰："参军桓子野，吾尝授以笛谱。若来，可向之索饮值。"遂跨鹤飞于空中。时夏五月，犹闻笛声嘹鸣。伊往作赞于楼，嗣是贵客皆就饮，辛致巨富。异哉，吹笛同、画壁同、跨鹤同、卖酒姓辛者又同，何典故之多同也？谓为混传，实非混传。此中有天然奇趣，吕祖触景生情，一追古迹耳。独叹子安遗迹，繁阳古记，至吕祖而尽掩，使后人知有吕祖，而不知有朱、王二翁。书传之哑，不如人言之响也。吕祖曰："久假荆州竟未还。"先生让名之心于此可见。

同海蟾度陈希夷

雍熙间，吕祖同刘海蟾西游华山，教希夷出神秘诀。希夷名抟，字图南，亳州真源人也。唐长兴中举进士第（932）。游四方，有大志，见世运衰微，喟然叹曰："时不可为也。"父母殁，乃尽散家费，惟携一石铛，遁入太华。周世宗高其风致，赐号"白云先生"。首遇海蟾子，授以道要，麻衣子传以相法；次遇孙君仿，劝隐武当，久之，复归华山，居云台观。

尝乘驴游华阴，闻宋太祖登极，拍手大笑曰："天下自此定矣。"帝手书诏召之，辞曰："九重仙诏，休教丹凤衔来；一片野心，已被白云留住。"帝咨嗟不已。高隐华山，自称莲峰道士，得蛰龙法，恒卧不起。吕祖与海蟾时往过之，祖赠以诗云：

莲峰道士高且洁，不下莲宫经岁月。

星辰夜礼玉簪寒，龙虎晓开金鼎热。

并勉其及时温养，借睡全真。宋太祖累迁使传命入朝，挎不得已，应召出山，至京师藏真不露。帝大喜，谓宰相曰："陈挎独善其身，不干势利，可谓方外之高士矣。"赐号希夷先生，放还。吕祖与海蟾、麻衣，复往过之，教以出神法，希夷敬受焉。

或问："先生居溪崖，寝止何室？"希夷笑吟曰：

华山高处是我宫，出即凌空跨晓风。

台榭不将金锁闭，来时自有白云封。

端拱初（988），忽遣门人火龙子贾得升，凿石室于张超谷。既成造视曰："吾其归于此乎？"端然坐化，有五色云，封谷口弥月。历年一百一十八岁。

破瓜谶

至道初（995），参政张公洎，与吕端同朝。公早年家居，有道者谒之，自称吕翁，与张讲《周易》，并言《孟子》存心养性之旨。自后文章日进，翁作《八分书》诗一章留别。微示他日将佐鼎席之意，其末句曰："功成当在破瓜年。"至此位果参政，后十六年而卒。以破瓜为二八之谶也。

槐　验

咸平间，王旦知枢密院事。其父佑，奉纯阳像甚虔。一旦，祖师来语曰："君家素修阴德，子孙必有致位三公者，请树槐为验。"佑乃植三槐于庭。至是旦果大拜，其后封魏国公。

三醉岳阳

咸平间，吕祖于白鹤山池中，见一巨蟒，能大能小，变化取人魂魄。吕祖见而喝曰："孽畜，毋得乃尔。从吾归正，令汝饱唉天下奸血。"招入袖中，化为绕指柔，即青蛇剑也。遂携游岳阳，三沽村酒，自醉，诡名卖药翁，一粒千金，三日不售，乃登岳阳楼自饵其药，忽腾空而立，众始骇慕，欲买之。吕祖笑曰："道在目前，蓬莱圈步，抚机不发，当面错过。"即吟诗曰：

朝游北海暮苍梧，袖里青蛇胆气粗。

三醉岳阳人不识，朗吟飞过洞庭湖。

瓦罐示异

吕祖游长沙，诡为回道人，持小罐乞钱，所得无算，而钱不满，人皆神之。日坐市中，言："有能以钱满吾罐者，当授以道。"人争以钱投之，竟不满。有僧驱一车钱至，曰："汝罐能容否。"道人唯唯，及推车近罐边，戛戛然相率而入罐，忽不见。僧曰："神仙耶？幻术耶？"道人口占曰：

非神亦非仙，非术亦非幻。

天地有终穷，桑田每迁变。

身固非我有，财又何足恋。

曷不从吾游，骑鲸腾汉漫。

僧惊疑，欲执之。道人曰："若惜此钱乎？吾偿汝。"取片纸投罐祝曰："速还来。"良久不出，曰："非我自取不可。"因跃入罐中，寂然。僧遂击碎之，见有纸题一诗曰：

寻真要识真，见真浑未悟，

一笑再相逢，驱车东平路。

僧怅然归，次东平，忽见道人曰："吾俟汝久矣。"以车还之，钱皆在，曰："吾吕纯阳也，始谓汝可教，今惜钱如此，不可教也。"僧方悔谢不及。又游广陵市，以十千钱散之方陌。暨翌日视之，十千拾者无遗，止余其三，一坠泥中，一坠草中，一坠井中石缝内，去井口三寸许。最后有两人汲水，见而争取之。师于其旁笑曰："世人爱财之心，固如此乎？"

衮州妓馆

咸平间，衮州妓侯姓者，为邸以舍客，吕祖诡服求授馆。蚤（同"早"）出暮归，归必大醉，逾月不偿一金。侯召啜茶，师曰："钟离先生谓汝可以语道。"侯不省，以酒饮之，师索饮不已，侯滋不悦。师乃伸臂示之，金钏隐然，解一令市酒，侯利其金，曰："饮毕寝此乎？"曰："可。"登榻鞭驹。至夜分，侯迫榻前，师以手拒之，侯亟去。迟明失师所在，视所拒处，丹色彻肌肉，隐隐有"吕"字纹。侯感悟曰："此吕仙也，得非宿世一念之差，遂至于此，今其来度我乎？"即短发布服往寻"吕"祖，路遇何仙姑，引入终南不复出。（观侯妓，与琴操闻东坡一转语，即日削发为尼者，同一果决。具此气概，自当得道矣。）

永康酒楼

永康军有倪庚者，新开酒楼。日有道人来，上楼索饮，自旦及暮，饮佳酿石余，豪情未止。众怪之，相聚以观。倪需酒金，道人瞪目不语，颓醉倒，倪坐守之。曙鼓动时，道人忽起，援笔题壁曰：

鲸吸鳌吞数百杯，玉山谁起复谁颓？

醒时两袖天风起，一朵红云海上来。

末书："三山道士纯阳作。"以土块掷倪面，出门望东北，紫云飞来，大踏步去，倏不见。刮其诗，墨彻数分。视土块，乃良金也。自是酒楼大售。

决寿（《刘贡父诗话》）

黄觉，字明先，景德进士，任殿中丞，有诗名，与杨文公、刘子仪、章郇公、宋宣公相唱和。因送客都门外，入旅舍，遇洞宾道人曰："明年江南相见。"既而果得江南。道人至，赠大钱七文，其次十文，又小钱三文，与药寸许曰："每岁以酒磨服，可保无病。"语毕，飘然而去。黄年七十余，药垂尽，因作诗曰："床头历子无多日，屈指明年七十三。"是年果卒。

《神仙鉴》载：黄觉，名觉能，叙为宣和时人，亦言在东都门外，先遇吕祖曰："明年江南见君。"及吕祖游吴兴，见妓张珍奴，每夕沐浴炷香，上告求脱去甚切。乃作《步蟾宫》一曲遗之曰："向后有官长召汝佐酒，欲听道家词曲者，以吾词歌之，必得脱籍。"未几，黄为湖州守，询诸妓有能为道情词曲者，俱无以应，珍独以前词奏之，黄甚喜，即判与脱籍。今以《刘贡父诗话》考之，黄乃景德（1004—1008）时人，在宣和（1119—1126）之先一百余年。故《神仙鉴》一书，辑述甚富，而编年却未清晰。欲为参证考订之，以为壶中历记，盖有愿而未偿也。《仙鉴》用意，亦重编年。重编年，则必牵引故典，以为连络。其实听道情者，别是一个州守，非黄也。此盖因"江南相见"一语，遂以黄觉之仕江南，为宣和时之守吴兴者也。

度郭上灶（《征异录》）

郭上灶者，天禧间（宋真宗赵恒年号，1017—1022），为执灶佣，淹汤涤器于汴州桥茶肆中。一日遇吕道人，随去十余年始归。语赵长官曰："大数垂尽，愿施一小棺，乞于棺首凿一穴，插竹筒于穴中以通其气。"长官笑曰："既死矣，犹有气乎？"郭不答，明日汲水浴身，卧槐下遂绝。葬于河岸，是秋水涨，赵往视，获棺无尸。（郭无名，为执灶佣，故名为上灶。观此则非柳仙也，明矣。）

丁谓遇仙

谓为鄱阳倅。有秀才往谒曰："吾唐吕侍郎之孙也，经史百家，无弗通晓，观君状貌，似李德裕，他日出处皆如之。"谓后果大拜，以女巫诞事发，坐贬崖州司户参军，信似赞皇矣。

度僧大云

吕祖伪为回处士，游大云寺，随堂会食，月余不厌。因谓掌院僧曰："汝馔甚精，但少面耳。"遂去旬日，携少许面至。自炮设数百僧皆饱足，殊惊讶之。掌院僧遂烹佳茗，请处士共啜，偶举丁谓诗曰："花随僧箸破，云逐客瓯圆。"处士曰："此句虽佳，未尽茶理。"乃书一律曰：

玉蕊一枪称绝品，僧家造法极功夫。

兔毛瓯浅香云白，虾眼汤翻红浪俱。

断送睡魔离几席，增添清气入肌肤。

幽丛自落溪岩外，不肯移根入上都。

僧叹其清绝，处士乃以丹一粒遗僧曰："服此可不死。"后竟仙去。

台州退涨

乾兴间（1022），夏竦为台州郡佐。山水横发，率僚属祷于山椒，忽见黄衣道士冒雨而来，衣不沾湿，目竦曰："若遂修道，可登真篆。"竦不答，道士笑曰："亦须位极人臣。"言讫而去，水亦随退。盖吕祖欲往江州，见竦心虔，故晤之。后竦果居台铉焉。

死鱼放生

天圣初（宋仁宗年号），吕祖游庐山酒肆。见剖鱼作鲊，谓曰："吾能令此鱼再活。"剖者曰："子能生，吾亦能放。"祖师乃以药一粒纳鱼腹中，顷复跳掷。剖者惊，放于江，悠然而逝。及欲问吕祖姓名，风过处不复见矣，只于地上画两圈而去。

度僧法珍

庐山开元寺僧有法珍者，坐禅二十年，颇有戒行。吕祖化披发头陀，往问曰："师谓坐禅可了道乎？"珍曰："然。"头陀曰："佛戒贪、嗔、淫、杀为甚，方其坐时，自谓此心无他，及遇景触物，不能自克，则纷飞莫御矣。吾向游一寺，以剑化一艳妇入寺，僧行纵观之，神驰意丧。（杀人剑）一僧独不顾，迳出禅堂，似不动心者，吾以为可教。出观，则已候而挑之，乃知欲之莫能遏也。"因与珍历云堂，见一僧方酣睡，谓珍曰："吾偕子坐此，试观此僧。"坐未几，僧顶门上出一小蛇，长三寸许，缘床左足至地，遇涕唾食之，又循溺器饮，出轩外，渡小沟，绕花台，若驻玩状，复欲渡一沟，以水溢而返。师当其来径，以小刀插地，蛇见之畏缩，即寻别径，至床右足而上，还入僧顶。遽惊觉，问讯曰："吾适一梦，与二子言之。初从左门出，逢美斋食之，又遇美酒饮之，因褰裳渡小江，见美女数十，恣观之，将更渡一小江，以水骤涨，不能往，路逢一贼，欲见杀，乃走捷径，入右门，遂觉。"师大笑，出谓珍曰："以床足为门，以涕唾为斋，以溺为酒，以沟为江，以花木为美女，以小刀为贼。人之梦寐幻妄，睡醒无二也。此僧性多嗔，熏染变化，已成蛇相，他日瞑目，即受生于蛇矣，可不畏哉！吾吕道人也，鉴子精诚，可以学道，因来此度汝。"珍即相随，师授以丹诀，令潜修于青牛谷。谓曰："昔洪志乘青牛冲举于此，道成当来引汝。"

度侯道士

吕祖游庐山寂真观，临砌淬剑。道士侯用晦问之曰："先生剑何所用。"师曰："削平地上不平事。"侯心异之，以酒果召饮，谓曰："先生道貌清高，必非风尘中人。"师曰："且剧饮，勿相穷诘。"既醉，以箸头书《磨剑诗》于壁曰：

> 欲整锋芒敢惮劳？凌晨开匣玉龙噪。
>
> 手中气概冰三尺，石上精神蛇一条。
>
> 奸血默随流水尽，凶顽今逐渍痕消。
>
> 削平浮世不平事，与尔相将上九霄。

题毕，初视若无字，既而墨迹灿然，透出壁后。侯惊拜，因问剑法，曰："有道剑，有法剑。道剑则出入无形，法剑则以术治之者，此俗眼所共见，第能除妖去邪耳。"侯曰："戮奸人于稠众中，得不骇俗乎？"曰："人以神为母，以气为子，神存则气聚，神去则气散，但戮其神，则人将自没。或有假手于人，皆此类也。"侯叹曰："此真仙之言也。愿闻姓氏。"曰："吾吕道人也。"言讫掷剑于空中，化为青龙，跨之而去。侯乃笃志自修，后亦尸解。

点虬化龙（吴锡麒《泰山纪游》）

泰山王母殿南，有吕公洞。宋天圣中（1023—1032），纯阳子于此题诗，内有纯阳石像。两童子夹侍，秀目疏髯，自成仙格。其上为飞虬岭，宋煮《泰山纪事》云："昔吕公题诗石壁，有虬尝对诗顶礼。一夕，吕公复至，挥笔点其额，遂化龙飞去，因以为名云。"

题诗天庆观

宝元中（宋仁宗年号，1038—1040），吕祖游秦州天庆观。适道流悉赴邻院醮席，独一小童在。欲求笔书壁，童辞以观堂新修，戒毋污染。吕祖曰："但烦贮火殿炉，欲礼三清。"童既往，见殿后池水清波，以灰皮画壁曰：

石池清水似吾心，刚被桃花影倒沉。

一到都山宫阙内，消闲澄虑七弦琴。

末题：回后养书。道流回观，皆叹为异，始悟"回后养"，乃"吕先生"反对也。

警石直讲

庆历初（宋仁宗年号，1041—1049），石守道（讳介）为国子监直讲。有方外士，自称回叟，上谒，袖出一诗曰：

高心休拟凤池游，朱级银章宠已优。

莫待祸来名欲灭，林泉养浩预为谋。

石逊谢，延以酒食。日将夕，叟辞去，石留之宿，曰："吾孤云野鹤，安可以留也。"（后因孔直温谋逆，石尝有书与之，坐贬。）

岳阳绘像

庆历四年春，滕子京（名宗谅）谪守巴陵郡。越明年，政通人和，百废俱兴，乃重修岳阳楼。增其旧制，驰书范仲淹，请为之记，苏舜钦书石，邵𫍯篆额。一日有回道人来游，风神耸秀，谈论高华。子京与论名胜，引道经云："两火一刀，可以逃的，系何所？"道人曰："言刘中诸山，可以避灾也。故汉晋以来，多隐逸之士，括苍、天姥是其处。"子京曰："按会稽籍，天姥在剑之东鄙，接天台华顶峰，既入括州，何云吴地？"道士曰："禹导吴江，会诸侯于祈山（民国本作'沂山'），秦置会稽郡，属吴，其郡治多灵异，老子《枕中记》，言吴之华山可度难，山半有天池，产千叶莲，服之羽化。予暂作彼山之伽蓝也。"子京曰："君其仙乎？"道人曰："然。"子京乃作诗送之曰：

华州回道人，来过岳阳城。

别我游何处？秋空一剑横。

道人去后，子京绘其像供于楼上。

戏陈执中

皇祐间（宋仁宗年号，1049—1054），平章陈执中，求罢。政和初（宋徽宗年号，1111—1118，民国本作"政利初"），范缜论其不病家居，宜速退之，以弭天灾。时执中建甲第于东都，延亲朋为乐，有褴褛道士来谒，执中问曰："子何伎能？"曰："有仙乐一部，欲奏之以侑华筵。"腰间出一画轴，悬于厅壁上，绘仙女十二人，各携乐器。道士呼使下，皆累累前列，两女执幢幡以导，余女奏乐。皆玉肌花貌，丽质娇音，顶七宝冠，衣六铢衣，金珂玉佩，转动珊然。鼻上各有一粒黄玉如黍大，而体态轻虚，终不类夫凡女。乐音清彻烟霄，曲调特异。陈曰："此何物女子？"道士曰："此六甲六丁玉女，入学道成，则身中诸神，皆能变化而为此，公亦愿学否？"执中以为幻惑，道士顾诸女曰："可以去矣。"仍悉上画轴，道士卷而吞之，索纸笔作诗曰：

> 曾经天上三千劫，又在人间五百年。
>
> 腰下剑锋横紫电，炉中丹焰起苍烟。
>
> 才骑白鹤过沧海，复驾青牛归洞天。
>
> 小伎等闲聊戏耳，无人知我是真仙。

末题：谷客书。俄出门不见。陈始知谷客为洞宾也，恨欲抉目。未几卒。

同钟祖度曹景休

嘉祐间（宋仁宗年号，1056—1064），有曹景休者，清才俊质，或劝其出就功名。曰："吾不就朝市，愿就崖谷。"因改名谷就（一作谷岫），隐迹山林，葛巾野服，矢志楼真。一日钟吕二师来问曰："闻子修养，所养何物？"对曰："养道。"曰："道何在？"谷就指天，曰："天何在？"谷就指心。二师笑曰："心印天，天即道，子亲见本来矣。"遂授以还真秘旨，令其精炼。未几道成，即持大拍板（民国本作"大捐板"）先入都，度世唱道情曰：

叹人生，多忙乱，火宅尘缘，日日相萦绊。蓦地喉中三寸断，性魄神魂自此俱消散。任妻儿哀切唤，万句千声，更不回头看。饶你在生多计算，落在荒郊，失了惺惺汉。

以后每随吕祖游行，号混成子。

考《潜确类书》云：曹国舅者，苗善时（元代真人，有《吕祖志》传世）传，不能举其名。第言宰相彬子（宋初大将曹彬），皇后弟，少而美姿容，性安恬，上及皇后重之。一旦求出家云水，上以金牌赐之，抵黄河为篙工索渡值，急用金牌相抵，纯阳见而警之，遂拜为弟子，得道。苗传如此，不足据也。夫为曹彬之子，上与后所重之人，尚不能举其名乎？此盖耳闻"曹谷就"三字，疑为"国舅"，遂举曹彬子、皇后弟实之。小说之所以多诬也。今人因"谷就"二字，讹为"国舅"，谓是曹彬之孙、皇后之弟。今考《宋史·外戚传》，有曹伶者，并不知修炼，犹之"杜拾遗"讹为"杜十姨"也。

知来不知去

河南处士邵尧夫先生，精于《易》理。治平间（宋英宗年号，1064—1068），静坐安乐窝中，忽见风过，占之，遇兑，复占外卦，复遇兑，喜曰："吕先生至矣。"俄而一道人至，尧夫亲叩其道，道人曰："既知我来，能知我去否。"邵惘然，恳求道要，道人曰："《易》理通脱，就中探之可得也。"复授以口诀，邵依法修之，遂得尸解。

诗赠东老

熙宁元年（宋神宗年号，1068）八月十九日，湖州归安县沈思，隐于东林，因号东老，能酿十仙白酒。是日有客，自称回道人，长揖东老曰："知君白酒新熟，可许一醉否？"公命之坐，徐观其目，碧色灿然，光彩射人，与之语，无不通究，知非尘埃中人也。因出与饮，自日中至暮色，已饮数斗，殊无酒色，回曰："久不游浙中，今为子有阴德，留诗赠子。"乃劈席上榴皮，画字题于庵壁云：

　　　　西邻已富忧不足，东老虽贫乐有余。

　　　　白酒酿成因好客，黄金散尽为收书。

飘然辞去，视壁上所书，皆成金色字，东老大喜。（东

坡先生闻之，有和诗三首）

度浴室僧

熙宁间，知制诰李大临，出为江西转运使，过陵零，访何仙姑得道处。姑现身谓曰："舍人志节，千载流芳。"大临揖问："吕先生动履，而今何处？"姑曰："近日过此，言久客宜春，与开元寺浴室僧相善，喜其有道骨，曾遗以金。"大临默然志之。先，袁州开元浴室有大井，泉水清冽，吕祖爱留于彼，因与此僧款密。僧朴野不贪，待之尽敬。师曰："吾将游荆襄。"赠墨二笏，僧藏之笥箧。大临至袁，觅僧问之曰："吕先生曾赠汝金乎？"僧曰："前有回道人赠我墨耳，金则无也。"出示之，墨则金也。大临摩挲骇异，欲以他金易之。僧弗受，以一笏转赠，且问："运使何由得知？"大临曰："何仙姑为言之耳。"他日，吕祖复来，问僧墨在否？僧俱以实告。师笑曰："何女饶舌。然李大临、王拱宸，皆吾故友也。"遂授僧禅定之理，后亦度世。又，《宋类苑》曰：潭州夏钧，尝过永州，问何仙姑曰："世多见吕先生，今安在？"姑笑曰："今在潭州兴化寺设斋。"钧到潭日，取寺中斋历观之，其日有华州回客，曾来设供。

度石玉休

石舍人玉休，因避暑山中，有褴褛樵夫，持斧而前，眉目秀整，议论清快。石问乡里及世系，曰："老夫生于河南，移居于终南山，唐礼部侍郎吕渭之孙也。所学者，庄子、老子，此外无所为。"石曰："终南有何佳处？"曰："佳处甚多。"因举陶隐居诗曰：

> 终南何所有？所有惟白云。
>
> 只可自怡悦，不堪持赠君。

石异之，款留三日，极谈"出有入无，超生离死"之法。将别曰："吾将往岳阳。"以成丹一粒，遗石服之，年九十余，面如婴儿。后亦度世。

度刘跛仙

长沙刘跛仙，一号刘铁拐，以跛为名，别无名也。遇吕祖于洞庭君山，得灵龟吞吐之法，功成归隐岳麓，自号潇湘子，尝侍吕祖，往来抱黄。吕祖数游城下，有诗曰："南山七十二，独爱洞真墟。"后有郑思者，遇跛仙于清泰门外，相与俱仙去。

王鼓刀改业

吕祖游武昌，货墨于市，一笏仅寸余，索价三千钱。众笑侮，连日不售。有鼓刀王某曰："墨小而价高，得毋有异？"遂以三千钱求一笏，且与剧引，醉归昏睡，午夜闻叩门声，乃墨客还钱而去。比晓视墨，乃紫磨金也，两端各有口字。遂弃鼓刀之业，别营生理。

梳化龙

吕祖游天心桥（武昌），货敝木梳，索价千钱，连月不售。俄有老媪行乞，年八十余，龙钟伛偻，秃发如雪。吕祖谓曰："世人循目前，袭常见，全不思货敝物而索价高者，此岂无意乎？乃千万人咸无超卓之见，尚可与语道耶？"遂呼老媪至前，为之理发，随梳随长，发黑委地，形容变少，螺髻高盘，众始神异之，争欲求梳。师笑曰："见之不识，识之不见。"乃投梳桥下，化为苍龙飞去，师与媪皆不见。后始知为吕仙也。

仙枣亭

鄂州治南亭前，有枣树一株，相传自唐以来，未尝结实。熙宁间，吕祖偶憩其下，忽有实如瓜。太守命小吏采而进食，吏性至孝，亲死无依。是日，遇吕祖教其私唵，吏从之，食枣甫毕，即飞去。因更名仙枣亭。

石照亭改吕仙亭

熙宁七年秋，鄂州太守与州倅对弈。倏有道人至前曰："吾国手也。"守试与弈，才下八子，即曰："太守负矣。"守曰："子未盈局，安知我负？"道人曰："吾已分据要津矣。"

已而果然，如是者数局，守皆负，道人亦拂袖去。守令人寻之，闻在郡治前吹笛，及至，则闻在东门，至东门则又闻在西门，乃随声转变，直至黄鹤楼前。道人走往石照亭中不见，但见学中有诗曰：

> 黄鹤楼中吹笛时，白蘋红蓼满江湄。
>
> 衷情欲诉谁能会？惟有清风明月知。

末书一"吕"字，始悟为吕仙，因名吕仙亭。是时，有《鄂渚道歌》，有《指玄篇》七律十六首，有《绝句》三十二首，有《百句章》一首。

赠慧觉禅师

熙宁间，吕祖南游韶郴，东下湘潭。至江滨，观智度寺觉公禅学，性源淳洁，与促膝对坐，良久，谓曰："收光内照，一衲之外无余衣，一钵之外无余食，达生死岸，破烦恼壳。方今佛衣，寂寂无传，禅理悬悬几绝，扶而兴者，其在吾师乎？"作偈赠之曰：

> 达者推心方济物，圣贤传法不传真。
>
> 请师开说西来意，七祖如今未有人。

游黄鹤山

江夏黄鹤山前，石洞如扉（今为吕公洞矣）。有军巡夜，逢三人（三口也），衣冠甚古，遗以黄金片片（民国本作"黄金半斤")。携归，光彩焕发，邻里来观，皆化为石。或欲独得之，以为奇玩，众弗许。官觉收之，命藏于军资库中，此熙宁间事也。

他日有冯当世者，言于东坡，坡记以诗，转寄李公择云：

> 黄鹤楼前月满川，报关老卒饥不眠。
>
> 夜闻三人笑语言，羽衣着屐响空山。
>
> 非鬼非人乃其仙，石扉三叩声清圆。
>
> 洞中铿锵落门关，缥缈入石如飞烟。
>
> 鸡鸣月落风驭还，迎拜稽首愿执鞭。
>
> 汝非其人骨腥膻，黄金乞得重莫肩。
>
> 持归包裹弊席毡，反穿茅屋光射天。
>
> 里闾来观已变迁，似石非石铅非铅。
>
> 或取而有众忿喧，讼归有司今几年。
>
> 无功暴得喜欲颠，神人戏汝真可怜。
>
> 愿君为考然不然，此言可信冯公传。

酬笔师

湿江笔师翟某，喜筵方士，吕祖往访之，翟馆于家，礼遇殊至，自是往来弥年。一日携翟游江之浒，啮笔管为二片，浮于波上，吕祖履其一，引笔师效之。笔师怖不敢前，吕祖笑而济，及岸，俄不见，翟始知其异人也。浃旬复来，自挈饮食食翟，皆腐臭也（神奇）。翟掩鼻谢，弗食，吕祖太息曰："若不能食，良可惜也。然吾当以肉酱两瓶酬君。"遂去，不复见，开视酱甋，皆鼓金也。两瓶者，盖亦两瓷之类，寓"吕"字也。

警陈澹然

陈澹然，富而儒者也。延云水士多年，竟无所遇。吕祖诡为佣者，为治圃岁余，所作工役，力过常人。陈爱之，然止以佣工待之而已。一日，陈与一道友讲《阴符经》，至"人发杀机，天地反复"，未晓"杀机"之旨。吕祖从旁接声曰："生者不生，死者不死，已生而杀生，未死而学死，则长生矣。"陈大惊曰："汝殆非佣者也，谁教汝为此言？"既而诘之，则谬悠其辞不可解。道友曰："田野村夫，定于何处窃得此语耳，非真通晓也。"居无何，忽辞陈曰："吾将远行，明年五月五日午时相见也。"既去寂然。陈有乡邻，客于巴陵，遇之曰："为我寄语陈公，道，不忍逆揣，徐察之，则不然。吾不复来矣。"不见。明年于端午日午时，陈竟暴卒。

警侯玖、马善

东都马善（字性根），少师尧夫，三举不第，侯玖游于汴，见一羽士，青巾布袍，腰携紫竹笛，足躐黄棕鞋，丰姿洒洒，面无尘浊。马心甚异焉。即召啜茶，且以饮食为敬。侯性素嗔偏，叱之。羽士曰："汝有何法？"侯曰："飞符召鬼，点石化金，归钱返璧。"羽士曰："所为皆非正法。"侯问何能，羽士曰："吾能清吾神，壮吾气，试观之。"乃吐气射酒肆，去烛数十步，而烛立灭。复吐气吹侯面，若惊风大发，凛凛不可支。二人起谢曰："先生非凡人也，幸见教。"羽士曰："学仙须立功行。"侯曰："弟子平生以药济人。"羽士曰："子杀物命，以济人命，是杀彼以生此也。不若止用符水愈疾为佳。"语及曙，羽士辞去，曰："吾将返湘水之滨，与子酌别于柳阴之下。"以金令侯市酒，适无酒。羽士以一瓶，命侯取汴水，投药一丸，立成美酒，三人共饮大醉，羽士留诗一章曰：

> 三口共一室，室畔水偏清。
>
> 生来走天下，是即姓与名。

既别，二人测之，乃"吕洞宾"三字，皆大悔恨。

引韩魏公归天

韩魏公晚年，始延方士，有道者鹑衣垢面求谒，韩意轻之，问何能，曰："能为墨。"试令为之，即掘地坎波焉。韩不悦，道者和揉坎中泥为墨，曰："成矣。"遂去。公取墨视之，乃良金也。两端有"口"字，破之彻理。韩知是吕翁，追悔无已，寻卒。

或有见魏公骑大兽，从一跨鹤者冲天而去。然后知吕祖之来，盖引韩公归真矣。

警巴陵守

吕祖自东都南游，知巴陵守素行清酷，欲化之。值守出衙，故犯其节，前驱执之。太守置诸狱，令书款，日将晡，无一辞。吏趣之，吕祖笑曰："须我酒醒。"忽失去，但遗诗曰：

> 暂别蓬莱海上游，偶逢太守问根由。
>
> 身居北斗星杓下，剑挂南宫月角头。
>
> 道我醉来真个醉，不知愁是怎生愁。
>
> 相逢何事不相识，却驾白云归去休。

太守惊曰："此吕仙也。"夙兴焚香谢过。一日，见于水盆中，亟召画吏图之，与滕子京本绝类也。

度黄莺

莺，广陵妓也，有姿色，豪客填门。吕祖托为秀才假宿，莺以褴褛拒之。师乃题二诗于屏，飘然竟去，诗曰：

> 姨母西施共此身，可怜老少隔千春。
>
> 他年鹤发鸡皮媪，今日花颜玉貌人。
>
> 花开花落两悲欢，花与人还事二般。
>
> 开在枝头防客折，落来地下倩谁看？

莺观诗有悟，即谢客入道。丁巳春，吕祖再至，语以女金丹，教先积气于乳房，大抵以汞为主，以铅为宾，教其下手速修："待予北度众生水厄，然后来招子也。"后七月河决澶州。

面斥惠卿

熙宁中惠卿在真州作守。忽有异人过，遗以诗曰：

野人本是天台客，石桥南畔有旧宅。父子生来共两口，多好清歌不好拍。

后有《渔父词》曰：

万劫千生得个人，须知先世种来因。速觉岸，不迷津，莫使轮回受苦辛。

惠卿婿余中解之曰："第一首乃吕洞宾吟也。"惠卿首附王安石，因得骤进执政，既又与安石异志，安石命邓编发惠卿奸恶，遂免惠卿出陈州，吕祖后来斥之曰："吾前以宗姓（吕）而来度子，今子恬恶不俊，非吾侣也，天鉴不远，必置尔于无所建立之地。然后知青苗助役，皆非功名也。"言讫不见。惠卿悚惧者数日，后二年竟以有罪安置建州。

范纯仁得黄白术

熙宁二年（1069），罢判国子监范纯仁于河中府。纯仁，文正公（范仲淹）次子也，忠爱仁厚，为奏王安石变祖宗法度，剖克财利，民心不宁。安石大怒，乞加重贬。神宗曰："彼无罪，姑与一善地。"命知河中府，寻徙成都转运使，以新法不便，戒州县毋得遽行。当纯仁初至河中之时，满怀仁念，郁而难伸，慨然曰："安得有点石化金，充山塞海者，以利苍生乎？"忽有吕秀才书谒，谓范纯仁曰："君有义庄，世德之根也，其用犹足乎？"纯仁惊曰："是亦不足也。"秀士曰："济众博施，尧舜犹病，君有爱人之心，而无回天之力。我无君相之柄，颇有黄白之方。"乃袖出一书，竟授纯仁而去。纯仁默用其术，以资义举，因作《渔庄录》传其家焉。绍圣间（宋哲宗年号，1094—1098），纯仁徙岭南，在道覆舟，恍惚中见前秀士扶之，遂得净江出坎，纯仁向天礼谢。建中靖国时（宋徽宗年号，1101），将卒之日，口占遗表，神气不稍衰。言讫，以手枕肱而逝，年七十五，空中闻鹤唳之声。

与滕生饮酒

元丰初（宋神宗年号，1078）东京有一道人，自称"谷客"，与布衣滕生名忠者同饮。将去，以药一丸遗滕。滕素有风癖，服之即愈。又三年，于扬州开明桥东重过，谷客坐水次，以手招滕，滕取路跨桥而往，至则无所睹，始悟"谷客"为洞宾也。

赤壁舟中示坡仙梦

元丰中，东坡先生出为黄州团练使，寓临皋亭，壬戌十月之望，复游赤壁山，返而登舟，施乎中流，听其所止而休焉。时夜将半，四顾寂寥，适吕祖化一大鹤，横江东来，翅如车轮，玄裳缟衣，戛然长鸣，掠坡舟而西去。须臾客散，坡亦就睡，梦一道士，羽衣翩跹，过临皋之下，揖坡而言曰："赤壁之游乐乎？"问其姓名，传而不答。坡悟曰："我知之矣，畴昔之夜，飞鸣而过我者，非子也耶？"道士大笑，坡亦惊悟，开户视之，不见其处。《道缘汇录》云："东坡在黄州，后游赤壁，先见一大鹤横江东来，次梦一道士过临皋之下，皆吕祖示警也。"师在抱黄曾言之。

游黄州、惠州两度坡仙

东坡在黄，与客谈李卫公辅中原，张长髯游海外事，曰："此神仙英雄也。"及夕，风来月上，见一后俊生，携乌革囊从一长髯五缙者，大踏步入，坡惊曰："神人即张李二公耶？"长髯曰："吾海上道人吕洞宾，此小徒卢黄梁也。"坡喜遇仙，顿首称弟子。道人约他日再见，倏然而去。后在惠州白鹤新居，邓道士扣门相访，时已三鼓，月色如霜，忽有衣槟榔叶、携斗酒，丰神英发，如前遇洞宾像者，坡喜曰："吕先生惠然肯来乎？"其人曰："吾非洞宾，乃九霞山人李靖也。子尝真一酒乎？"就坐各饮数杯，击节高歌。合江楼下，风振水涌，大鱼皆出，袖出一书赠东坡，乃"真一法"及修养秘事而去。此盖吕祖因东坡思李靖丰神，先往皋亭示之，后又托名李靖，于白鹤居度之也。（此事后半见坡公全集，前半见《道缘汇录》，盖坡公文集原多遗失也久矣。）

查初白云：东坡晚年留心养生之术，于龙虎坎离之说，不但能言，而且能行，所作《辨道歌》及《赠陈守道》二诗，阐括道家内外丹，殆无余蕴。

《宋杂记》云：东坡由惠州过檐耳。安居海岛，对景无心，将海上道人吕洞宾所传秘诀，刻意修之，既而北归有诏，坡拜玉局之除，卒于常，盖已尸解为玉局仙人矣。

又，《斜川集》中《大人生日诗》云："畴昔东华典秘藏，于今瞳暖水云乡。欲知万里雷霆谴，要与三山咫尺望。世上功名那复记，洞中仙籍已难量。仇池何用追仙驭，香案仍归侍玉皇。穷寓三年瘴海滨，箪瓢陋巷与谁邻？维摩示疾原非疾，原宪虽贫岂是贫？仙姬固尝占异梦，肉芝还已献畸人。世间出世何由并，一笑荣枯等幻尘。"皆实录也。

丹赐李积

积字德成，兖州人，儒而精医，恒以济人。常于隆冬遇一贫穷道士，单衣无寒色，与李入酒肆，自据主席，李怪之，店者曰："交钱取酒。"道士指店中三酒瓶曰："中各有一升酒钱。"店者视之果然，遂以三升酒与之，道士酌酒与李，止取一瓶，而以二瓶自竭，曰："此小术耳，吾吕洞宾也。"李惊喜求度，道士书一绝云：

九重天子寰中贵，五等诸侯门外尊。

争似布衣狂醉客，不教性命属乾坤。

以药一粒赐李，曰："服此当享高寿。"遂去。元祐初（宋哲宗年号，1086）司马康延李治疾，时已八十余，发不白，齿不落，百有七十岁而卒。

赠陈烈

烈字季慈，福州处士也，嘉祐末（宋仁宗年号，1064）曾征为直讲不至，熙宁间，文潞公又荐之，元祐辛未秋（1091），至是遣使召之，乃辞不赴。吕祖尝与往来论道，适诏使至，因作诗赠之曰：

青霄一路少人行，休话兴亡事不成。

金榜因何无姓字？玉都必定有仙名。

云归大海龙千尺，雪满长空鹤一声。

深谢宋朝明圣主，解书丹诏召先生。

烈得诗益喜，未几卒。吕祖复书之曰：

天网恢恢万象疏，一身亲到华山区。

寒云去后留残月，春雪来时问太虚。

六洞真人归紫府，千年鸾鹤老苍梧。

自从遗却先生后，南北东西少丈夫。

烈见王安石行青苗法，作诗讥之。遂隐居不仕，殁后有见吕祖偕之西去者。

游大庾

横浦大庾岭，有富家子慕道，建庵接云水士多年，延众建黄箓，大斋方罢。忽有一褴褛道人至，众不知恤，或加凌辱。道人题《减字木兰词》于壁曰：

> 曾游大庾，白鹤飞来谁与语？
>
> 岭畔人家，曾见寒梅几树花？
>
> 春来春去，久在落花流水处。
>
> 花满前蹊，藏尽仙机人不知。

末书"无心昌老来"五字，作三样笔势，题毕径入云庵，迹之不见，徐视其字，深透壁后，始知"昌"字无心，乃吕仙也，众共叹惋。

神光观画像

吕祖游山阳神光观。丐笔自写己像于三清殿北墉，眉目修整，貌古怪不类世所传：上有北斗七大星君相，被发秉珪立，傍作一符，径丈余，书曰："元祐二年作（宋哲宗年号，1087），如知吾下笔处，可以语道。"人以疾刮符服之，往往良己。或有见神人仪观甚伟，曰："吾神观符使也。世人知吕祖之符甚灵，而不知尊吕祖之像，何也？"人始以碧纱幕护之。

游朱明观

吕祖游罗浮，至朱明观，值道士他适，独小童在，童揖曰："先生请坐小斋。"遂窃道士酒以献。吕祖满引使童酌其余，童不屑，素患左目内障，吕祖以余酒骤之，目忽开明，若素无患者，乃取笔画一山于壁山下，作池三口，谓童曰："汝饮吾酒则得仙。不饮，命也。然当享最高寿。"言讫飞入石壁。及道士归，见所遗画彻壁，大惊曰："山下三口，乃'嵩'字也，得非吕祖乎？"深恨不遇。后童年百有五岁，果符其言。（注：嵩，即"岩"，吕祖名吕岩。）

度张仙姑

姑南阳人，父亡母老，性至孝。元符间（宋哲宗年号，1098—1101）姑年十余岁，自樵自炊，以奉母，入山遇吕翁，以桃一枚啖之，遂不思饮食，他日复授以神符气水之法，命其救人立功，则来携汝。自是出入人间，行踪诡异，人有病延治，仙姑转瞬目，为布气攻之，俄觉腹热如火，已而鸣声如雷，虽沉疴无不立起。崇宁间（1102—1107），徽宗召至京试之，果效。后闻与何仙姑同去，不知所之。

捏土为香

张天觉名商英，大观四年（宋徽宗年号，1110）时久旱，彗星中天，商英拜尚书仆射，是夕彗没，明日南，徽宗书"商霖"二字赐之，有褴褛道人及门求施，商英不之礼，问有何术？曰："能捏土为香。"即于阶侧取泥捏而焚之，奇香酷烈，烟罢，道人不见，案上留诗一章曰：

捏土为香事有因，世间宜假不宜真。

皇朝宰相张天觉，天下云游吕洞宾。

商英自恨不认，从此格去非心。

东都妓馆

有妓杨柳，东都绝色也，一道人往来其家，屡输金帛，然终不及乱。杨一夕乘醉迫之，笑曰："吾先天坎离配合，身中夫妇，圣胎曾结，婴儿屡生，岂复恋外色乎？"杨疑讶其语，时天觉出知河南府，幕宾萧姓者，常与杨狎，杨以道人言告萧，转述于天觉，遽往即之，道人大呼疾走，径趋栖云庵云堂不出，良久，排闼寻之不见，惟壁上有诗曰：

一吸鸾笙裂太清，绿衣童子步虚声。

玉楼唤醒千年梦，碧桃枝上金鸡鸣。

询其貌，则前所见者也。后庵遭兵火，而诗壁囵然独存，亦一异也。

宫中治祟

徽宗政和间（1111—1118），宫禁有祟，白昼现形，盗妃嫔金宝不得休息，盈庭惶惧，帝召林灵素、王老治治之，息而复作。帝精意虔祷，奏词凡六。一日昼寝，见一道士，碧莲冠，紫鹤氅，手持水晶如意，前揖曰："奉上帝命来除此祟。"良久，一金甲丈夫，捉祟物劈而啖之。帝问："金甲者何神？"道士曰："此陛下所封崇宁真君关某也。"帝问："张桓侯何在？"关曰："桓侯与臣累劫兄弟，世世为豪杰，身在唐为张睢阳，今已为陛下，生于相州岳家，他日辅佐中兴，桓侯将有功焉。"上问道士何姓名，曰："臣姓阳名纯，四月十四日生。"梦觉召林、王言之，曰："此吕仙师也。"自是宫禁帖然，遂诏天下有纯阳香火处正妙通真人之号，塑像于景灵宫，奉祀不绝。

张紫阳前身

　　紫阳于元丰末（宋神宗年号，1085）尸解，入王屋山，炼天元功竟，复返天台山，优游二十余年，及政和间，行至江陵，遇董凝阳，知亦受道于海蟾仙师，乃往太华相访，得见海蟾翁，同谒钟吕二师，吕祖谓紫阳曰："子本紫微天宫九皇真人，因校劫运之籍不勤，遂与同事三人，并谪人间，今垣中可见者六星，潜曜者三，子为紫阳真人，汝南黄冕仲尚书，为紫元真人，维阳于敬伯为紫华真人。今子与于，已复清都，惟冕仲沉沦宦海，来世苟复迷妄贪尘，则必坠入恶趣，无复升仙之期矣。子可一主使其觉悟，庶几还原返本。"紫阳承吕祖命，飘然而去，时黄君在延平，素习容成之术，且酷嗜炉火，紫阳累化不听，惟自号紫元翁，寻卒。紫阳叹惜，将复俟其转世而觉之。

昌虚中

徽宗宣和间（1119—1126）有一道人，自称"昌虚中"，往来诸琳宫，动履怪异，饮酒无量，自埋大雪中，旬日不出，或行水上如平地，又善草书，作枯藤游丝之势，一举笔数千，络绎不绝，人争携帛以求，往往不与，又能治祟，帝命召之不得，但于其游息处得诗曰：

> 遥指高峰笑一声，红云紫雾面前生。
>
> 每于廛市无人识，长到山中有鹤迎。
>
> 时弄玉蟾驱鬼魅，夜煎金鼎煮琼英。
>
> 晨朝又赴蓬莱会，知我仙家有姓名。

度珍奴

宣和间，吕祖游吴兴，见妓张珍奴，色容华美，性情淡素，每夕沐浴更衣，炷香告天，求脱去甚切，乃化一士人访之。珍见风神秀异，礼敬殊深。去而复至，如是者月余，珍曰："荷君眷顾已久，独不留宿，何也？"士曰："固自有意，而汝每夜吁天，实何所求？"珍曰："失身于此，又将何为？但自念入是门中，妄施粉黛，以假为真，讴歌艳曲，以悲为乐，本是一个臭脓皮袋，借伪饰以惑人，每叹世之愚夫，睹我如花，情牵意惹，非但丧财，多致殒命，使妾罪愈重而孽愈深，以此昕夕告天，早期于脱耳。"士曰："汝愿如此，何不修道？"珍曰："陷于此地，何从得师？"士曰："吾为汝师，可乎？"珍即拜叩。士曰："再来乃可。"遂去，珍望不至，深自惆怅，作词曰：

　　逢师许多时，不说些儿个，安得仍前相对坐。

　　懊恨韶光空自过，直到如今闷损我。

士至见其词，因续曰：

　　道无巧妙，与你方儿一个，子后午前定息坐。

　　夹脊关，昆仑过，恁时得气力，思量我。

复与"太阴炼形丹法"，临别作《步蟾宫》一阕与之曰："向后有官长召汝佐酒，欲听道家词曲者，以吾词歌之，当得脱籍。"词曰：

　　　坎离乾兑分子午，须认取自家宗祖。

　　　地雷震动山头雨，待洗濯黄芽出土。

　　　捉得金精牢固闭，炼甲庚要生龙虎。

　　　待他问汝甚人传，但说道：先生姓吕。

珍秘而不言。未几有湖州守喜听道情，询诸妓有能为道情词曲者否，俱无以应。珍独以前词奏之，守讶曰："吕先生曾过汝乎？"珍遂述所以，遂得脱籍。自是佯狂乞丐于市，投僻地密修，逾二年尸解。张商英寻吕先生至湖，见珍曰："此女大福，已超物外矣。我尚沉沦苦海，何日得登

彼岸？"及见时事日非，遂进入滇南修炼，未几亦遇吕祖
度世。

警徽宗

宣和间，徽宗设斋，要一千道人，只缺其一，适有一
疯癫道士求斋，监门官力拒之，其时徽宗与道士林灵素便殿
谈话，而道人忽在其阶前，亟遣人令去赴斋，道人以布袍袖
在便殿柱上一抹而往，帝见而怪之，起身观柱上，有粉字
书云：

> 高谈阔论若无人，可惜明君不遇真。
>
> 陛下问臣来日事，请看午未丙丁春。

帝以为仙家显化之常，竟不惊异而已。后靖康丙午丁
末，二帝北狩之难，谁知已预示于此。

题太平寺扉

尚书郎贾师雄夷初，为太守时，有家藏古镜甚宝，常欲
淬磨，无有能者。吕祖称"回道士"谒焉，请试其技，笥中
取药少许，置镜上辞去曰："俟更取药来。"久之不至，贾命
吏察之，但见所寓太平寺扉上题诗曰：

> 手内青蛇凌白日，洞中仙果艳长春。
>
> 须知物外烟霞客，不是街头磨镜人。

贾见而异之，知为吕仙，视镜上药已飞去，一点光明如

月。后复儒冠登武冈谯楼叹曰："佳哉山水，五百年无兵火，可避乱也。"

度孙卖鱼

孙卖鱼者，不知其名，尝卖鱼楚州市中，时当盛暑，鱼不售，吕祖见而戏之曰："汝鱼馁矣，能饮我，可使鱼活。"遂饮以斗酒，鱼果活焉。因与谈竟日而去，自是通晓古今事，决人祸福辄应。宣和中诏至京师，赐号"尘隐居士"。复还楚州。靖康初，常于亳州老子庙，号啕大哭而去，记其日，乃汴京陷时也。及相秦桧，复号于市曰："冤哉！中原不可复矣。"遂隐钵池山不出。

同钟祖度姚平仲

姚平仲者山西人也。靖康中金兵围京城，时平仲为都统制，率步骑夜袭金营，被金人觉之，捣阵即陷，遂乘青骡亡命，一昼夜行七百五十里，至邓州，入武冈，嫌华山为浅，乃入蜀至青城，复进大面山，解骡倚石而坐，顿觉心地清凉。闻有吹笛者，从一双髻胡髯、披襟坦腹道人，自山冈下，曰："汝为蛮触上一点功名，几至失身殆命。夫当此残害忠良之日，见几原非罪过。予汉钟离，此吕纯阳也，汝事迹与予相类，今持来兹度汝。"平仲即拜服求度，钟离曰："子能坚修，何患无成？"令于山洞静养，至九九日，即能出神入化，通往知来，自以为有得，钟祖复至曰："此阴神也，不能久视，须得金液，乃是阳丹。"吕祖以九还之诀示之，平仲乃混迹勤修，积功累行，遂成大道。

后淳熙戊申（南宋高宗年号，1187），范成大为剑南廉访使，于青城山遇之，紫髯过腹，双眸如电，并述得道之由，长啸而去，声振崖谷。范廉访遂辞官归吴，隐于石湖，自号"石湖老仙"云。

《剑南诗稿·寄姚太尉序云》："姚太尉名平仲，字希晏，靖康初在围城中，夜将死士，攻贼营不利，骑俊骡逸去。建炎初（1127）所在揭榜，以观察使召之不出。淳熙甲午、乙未间，或见之于丈人观，年近九十，紫髯长委地，喜作草书，益得道于山中者。"又云："姚将军以战败亡命，建炎中下诏求之不可得。"后五十年，乃从吕洞宾、刘高尚往来名山，有见之者。予感其事，作诗寄题青城山上清宫壁间，将军倘见之乎？诗曰：

> 造物困豪杰，意将使有为。功名未足言，或作出世资。
> 姚公勇冠军，百战起西陲。天方覆中原，殆非一木支。
> 脱身五十年，世人认公谁？但惊山泽间，有此熊豹姿。
> 我亦志方外，与公乃同师。年来幸放废，倘遂与公辞。
> 从公游五岳，稽首餐灵芝。金骨换绿髓，翛然松杪飞。

其《寄姚太尉五律》云：

> 太尉关河杰，飞腾亦遇时。中原方荡覆，大计易差池。

素壁龙蛇字，空山熊豹姿，烟云千万叠，求访固难知。

度谯天授

天授浩陵人也，初学《易》于郭曩，至汴京，复与程伊川游。靖康初（宋钦宗年号，1126），召为崇政殿说书，不就。建炎中复召用之亦不可，乃归蜀，隐青城山。遇吕先生，纳玄理于儒理之中，为讲孔孟存心养气处，在人身天地之间，这才是真幽独、真腔子。天授曰："今而知'退藏于密''独善其身'，竟有如许学问，审能行此，更可成世外神仙也。"遂求乾坤门户上下同流之妙，以卒其业，人皆见其仙去云。

《剑南诗稿·寄谯先生序》云："青城大面山中有二隐士，一曰谯先生，名定，字天授，建炎初以经行召至扬州，欲留之讲筵不可，通直郎直秘阁致仕，今日百三十余岁，巢居岭绝，人不能到，而先生数年辄一出，至山前，人有见之者。一曰姚太尉。盖皆得道于山中云。偶成五字二首，托上官道人寄之，诗曰：寄谢谯夫子，今年一出无？万缘随梦断，百念与形枯。云护巢松谷，神呵爇药炉。凭高应念我，白首学征租。"

以上二则，儒书与道录相合，可谓信而有征也。

外记仙迹八则

监文思院赵应道，病瘵病，渐渐委顿，泣别亲曰："吾将死矣，闺阁中一物皆舍得，独白发老亲无托，为可悲耳。"语未竟，忽有道人叩门语赵曰："病不难愈也。"取纸二幅，各掐其中为一方窍，径可二寸许，以授赵曰："子可烧一幅，以灰调乳香汤涂病上，留一幅以待后人。"言讫，道人不见。始悟两方窍，"吕"字也。赵病应手而愈。

又，东京一岁，民大病虐，有老母家鬻茶，子孙皆病。一日，有道人来，姆善待之，以子孙病为请，道人曰："翌旦待我。"明早赴待之，道人绛纱裹药曰："病发者使持之自愈，一丸可愈百人，遇百人，即不验矣。"姆从之，子孙皆效，遍疗及百人满，果不复验。姆拆囊已不见药，但书"吕洞宾"三字在内，方知遇吕仙也。

又，桐庐有通守，忘其姓名，以母病发背，百方不瘥，祈祷备至，感巳吕祖夜梦之曰："公至孝勤，天命予救援，若迟一日，不复可疗。"乃授以灵宝膏方，枯蒌五枚取子、乳香五块如枣大，二味各研细，以白砂蜜一同煎成膏，每服三钱，温酒化下。通守市药治服即愈，后以施人立效。

又，赵州贫民刘某，病跛二十年，每夕炷香祷天。一日，有道人手携铁瓢谓刘曰："可随我行。"刘随之行二里许，指地下曰："此下深三尺余，有五色石。"试掘之，果得二石大如弹丸，五彩殊常。道人曰："子可持归，暴露九日为细末，以木瓜皮煎汤服。俟病愈后，可来城东驻云堂东廊第三间左壁会我。"及刘疾脱然愈，即往寻之，但见壁上有吕祖像，宛然携瓢者云。

又，世传鄂城濒阳，有一贫妇，素患痛病，每日膝行至桥上乞钱。一日，遇一道人过，见而问之，妇曰："夫故，遗姑年八十余，无以为养，故来此丐些钱米，以奉姑耳。"道人闻已，遂将所执棕拂子，谓妇人曰："汝试牵此起来，吾薄有钱米与汝。"妇果牵之而起，又曰："汝试再随我行。"妇即随之行，不数武，妇大愈如平人，妇曰："先生何处住？我好来叩谢。"道人曰："我在某氏楼上。"妇归，姑见，骇问其故，妇述所以。次日，姑媳寻至其家楼上，盖所奉纯阳帝君像也。某以吕祖显神之故，因留其姑媳奉持香火，以终身焉。此亦妇之孝念有以感之，不仅愈其疾，且资其生，其慈悲为何如耶！

又，武昌省城西城外黄鹄矶石上，有桃痕，相传吕祖假卖桃，以验众售者。第云归遗稚子，无有言及父母者，吕感忿，掷桃于石上而去，此痕至今犹存。

又，吕祖游江夏，诡为吕元圭，往来居民杨氏家，为人言祸福事甚验。一日，忽辞去曰："恶人至矣，吾将避之。"是夕提点刑狱喻某，行部自鄂，首觅吕已不见，得其平日所与往还者岑文秀，诘其所得，岑曰："无有。"喻厉以声色，将罪之，岑答如故。喻命搜其家，得所余卷长歌一首，论内丹事，喻省之曰："此吕先生也。'元圭'者，拆'先生'二字耳，恶人者谓予将迫之也。"

稗说神仙五百年一遭雷劫，躲过则生，遂传吕祖在北宋间，曾于蔡端明炉中避藏劫难，谓端明乃状元根器，雷不得而惊之也，殊属可笑。夫北宋前，吕祖方一百余岁，并非五百年也，况神仙九转大还之后，三千行满，八百功圆，能叱咤雷霆，运斤甲丁，安有畏雷劫者？惟炼小还丹神气未定，五百年难免三灾，通身制伏之气郁而必发，如狂风暴火、雷电交奔，将肢体焚化，此即"雷劫"之说也。然不可以论上仙矣。俗有蔡君谟襄（北宋书法家蔡襄，字君谟），洛阳桥传奇（在洛阳建桥，得观音之助），谓大士助力，纯阳赠金，此不言而知其谬也。但君谟根柢，实自仙山而来，故得海神效顺。按君谟乃仙游人，初县尉凌景阳，以事出郊，有道士楼二童来谒，请凌曰："此仙种反，可善抚之。"凌见其眉目疏秀，迥超凡品，遂引归衙合课以经艺，秩满瞩太守置之郡学，后俱擢上第，即君谟与弟高也，道士即吕祖化形，是神仙未倚状元避雷，状元反赖神仙启蛰也。书奉小说家，添一段佳话。

以上二则正小说也。

吕祖年谱《海山奇遇》卷之四

南宋仙迹引

上三卷编载吕祖年谱三百二十九岁，今从南宋建炎元年（1127）丁未叙至帝昺祥兴二年己卯（1279）是为南宋仙迹，凡一百五十三年，合前三百二十九岁，共四百八十二年矣。

高宗（赵构）建炎元年丁未、戊申、己酉、庚戌（1230）。高宗改元绍兴，辛亥（1231），壬子、癸丑、甲寅、乙卯、丙辰、丁巳、戊午（金天眷）、己未、庚申、辛酉（金皇统）、壬戌、癸亥、甲子、乙丑、丙寅、丁卯、戊辰、己巳（金天德）、庚午、辛未、壬申、癸酉（金真元）、甲戌、乙亥、丙子（金正隆）、丁丑、戊寅、己卯、庚辰、辛巳（金大定）、壬午。孝宗隆兴元年，癸未（孝宗赵昚，1163）。甲申，孝宗改元乾道（1165），乙酉、丙戌、丁亥、戊子、己丑、庚寅、辛卯、壬辰、癸巳；孝宗改元淳熙，甲午（1174），乙未、丙申、丁酉、戊戌、己亥、庚子、辛丑、壬寅、癸卯、甲辰、乙巳、丙午、丁未、戊申、己酉；光宗绍熙元年，庚戌（光宗赵惇，1190，金昌明。原书错为"绍兴"），辛亥、壬子、癸丑、甲寅；宁宗庆元元年，乙卯（宁宗赵扩，1195）、丙辰（金承安）、丁巳、戊午、己未、庚申；宁宗改元嘉泰，辛酉（1201），壬戌、癸亥、甲子；宁宗改元开禧，乙丑（1205）、丙寅、丁卯；宁宗改元嘉定，戊辰（1208）、己巳（金大安）、庚午、辛未、壬申（金崇庆）；宁宗改元至宁，癸酉（金贞祐）、甲戌、乙亥、丙子、丁丑（金兴定）、戊寅、己卯、庚辰、辛巳、壬午（金元光）、癸未、甲申（金正大）；理宗宝庆元年，乙酉（理宗赵昀，1225）、丙戌、丁亥；理宗改元绍定，戊子（1228）、己丑、庚寅、辛卯、壬辰（金大兴）、癸巳；理宗改元端平，甲午（1234，金亡）、乙未、丙申；理宗改元嘉熙，丁酉（1237）、戊戌、己亥、庚子；理宗改元淳祐，辛丑（1241）、壬寅、癸卯、甲辰、乙巳、丙午、丁未、戊申、己酉、庚戌、辛亥、壬子；理宗改元宝祐，癸丑（1253）、甲寅、乙卯、丙辰、丁巳、戊午；理宗改元开庆，己未（1259）；理宗改元景定，庚申（1260，元世宗中统）、辛酉、壬戌、癸亥、甲子（元改元至元）；度宗咸淳元年，乙丑（度宗赵禥，1265）、丙寅、丁卯、戊辰、己巳、庚午、辛未（元始定称国号"大元"）、壬申、癸酉、甲戌；恭帝德祐元年，乙亥（1275）；端宗景炎元年，丙子（1276）、丁丑；帝昺祥兴元年，戊寅（1278）、己卯（1279），宋亡。

度蓝方

衡峰道人蓝方，字岳山，性善笑，凡遇逆意者，皆能一笑去之，因号"长笑先生"。建炎初（南宋高宗年号，1127）遇吕祖同蓝采和来游衡州，授以还丹结胎之旨，遂入南岳深处结炼，不数载而道成。吕祖命刘海蟾教其出壳，海蟾遇尚书郎李观语曰："奉烦寄语岳山先生蓝方，十月怀胎，如何尚不得出？"观至南岳语方，方惊曰："吾养圣胎已成，念非海蟾不足以成吾道也。"是年尸解。景定间（宋理宗年号，1260—1265）吕祖偕饶廷直、张可大，往游衡山绝顶，庐蓬中二道者，逊坐稽首，启问云："南渡时有道长蓝方者，入岳静坐，言已得大还丹，怀胎既久，在此温养，吾侪得以师事之。前有李玉溪，奉海蟾翁寄来十语，乃抚掌大笑，顶间霹雳一声而化，敢求指教。"吕祖曰：

> 九年火候直经过，倏尔天门顶中破。
>
> 真人出现大神通，从此天仙可相贺。

至此则金丹大事毕矣。

祖与饶、张分手而去，二道于庵中立位祀之曰：岳山长笑先生。

一据此则知长笑先生非蓝采和也。他本谓蓝方，字养素者，亦非采和。名太露，君子恶其文著，故号养素。

警御女之术

建炎中，梓潼娄道明，家富，善玄素术，常蓄少女十人，才有孕即遣之，复置新者，不减其数，昼夜迭御无休息，阴火强盛，面若桃红；或经日不食，年九十七，止如三十许人，尤好夸诞大言。对客会饮，或言玄女送酒、素女送果，彭祖容成，往来遣书。吕祖诡为丐者，娄不识，叱使去。吕祖以两足踏石上成两方窍，深可寸许，娄始惊异，即延置座右曰："子非凡人也。"出侍女歌游仙词侑酒，吕祖口占《望江南》词酬之曰：

瑶池上，瑞雾霭群仙，素练金童锵凤板。青衣玉女啸鸾弦，身在大罗天。沉醉处，缥缈玉京山。唱彻步虚清曲罢，不知今夕是何年，海水又桑田。

女进笺请书，吕祖自纸尾倒书彻纸首字足不遗空隙。娄请问道要，吕祖曰："吾已口口相传矣。汝知浔阳翟庄乎？孝友著名，耕而后食，尝以猎钓为事，中年不复猎。或问：'同是害生，何为独去其猎？'曰：'猎自我，钓自物，未能顿禁，故先节其甚者。'于是不复钓，端居蓬门，征命皆不就，尝曰：'岂以饵吞钓者耶？'予爱其保身立命，惜物全生。子之狂妄奚为哉？"俄登门外大柏树杪不见。娄自是忽忽不乐，未几吐膏液如银者数斗，遂卒。"口口相传"、石上方窍：皆"吕"字也。

示刘法真

吕祖游华阴，一道者伏地拜迎，吕祖曰："子何为也？"对曰："仆乃刘法真，昨见黄云渐近，今犹覆顶，故知圣真降临。"祖因问其从来，刘具述："天宝中（唐玄宗年号，742—756），同人入寿春作茶，各致一驮，至陈留遇贼，有人导去魏郡，又遇一老僧，令往五台，众意山寺尚远，僧已知其畏劳，因邀入兰若，发心出家，住持二十余年。后知僧即文殊菩萨，一日谓曰：'有大魔起，必索汝等。'令众各散去。仆后居华阴云台观为法师，嗣遇张公弼，邀入石洞，寻亦别去。每恨遇仙佛而心不坚，遂致郁为腰疾，伏望圣师救拔。"吕祖曰："子之道业过半，为心无所住，致受折磨，今更往峨嵋，拜求菩萨，则大行成矣。予亦将游蜀中。"法真即随至青城山，分途而去。

警黄若谷

吕祖游青城山丈人观，见道人黄若谷，风骨清峻，戒行严洁，常以天心符水三光正羔，治人疾良验，得钱帛即以散施贫苦。吕祖称"宾法师"上谒，款留月余，所作符箓，往往吹起，皆为龙蛇，云雾飞去，斩妖召将，必现形通言语，足踏成雷，目瞬成电，呵气成云，喷沃成雨，善画不用笔，但含墨水喷纸，自然成山水人物、亭台花木之状，略加拂拭而已。每画得钱，即市酒与若谷痛饮，若谷素无量，而每为宾所困，问曰："先生还可语我道否？"曰："子左足北斗七星缺其一，奚能成道？更一生可也。"谷惊曰："宾公真圣人矣。"盖其左足下有黑子作七星状而缺其一，未尝为人知故也。复问寿几何，吕祖倒书"九十四"字，作两圆相围之，谓曰："欲偕徐佐卿游越中。"即别去。若谷始悟两圆相为"吕","宾"姓乃其字也。后若谷四十九岁而卒，果符倒书之谶。

遇徐神翁闲话

吕祖游会稽，适老仙徐神翁亦还越州，与吕祖相见，翁问曰："翁济世心勤矣，闻有柳仙、庐生者，从未一显其迹，于今安在？"吕祖曰："昔攻小技，今喻大乘。柳尝见人绘《竹林七贤图》，耸身入画卷中，与人点化笔墨，旋复自图内飞出，众视之，觉阮籍像独异唇若，方啸坐，客大骇，掷采与之，散与贫者，此微功也。卢尝于楚州遇唐山人，自夸炉火添金缩锡，卢假意求之，唐不与，卢攘臂瞋目曰：'某刺客也，如不得，将死于此。'怀中探乌革，囊出匕首，刃势如偃月。执熨斗削之，宛如木片，唐恐惧具述。卢笑曰：'汝术止此乎？某师吕仙也，令某等十人，索天下妄传黄白术者杀之，至添金缩锡，传者亦死。'唐大惊，倏失所在，此皆唐末事也。"神翁闻之拍掌称快，吕祖曰："吾将暂往江右。"遂别去。

度关肇

绍兴初，关肇为新昌令，喜道术，建斋宝篆宫，大集方士角技能。一道者直前，自赞其能异众，取药少许，实掌中，吹数过，俄而红云四溢成宝轮相，现"吕洞宾"三字，众大惊，倏忽不见。师遂招肇至密室，传以正道，并言幻术误人之事，不可不戒。肇乃揖退方士，奉行阴德，后亦度世焉，与苏云卿显相于宜兴山中，忽不见。

戏道会

绍兴癸丑间，会稽山大集道会，有道人携凉笠至，混迹其山，会散之际，道人乃挂笠空壁而不坠，吟诗曰：

> 偶乘青帝出蓬莱，剑戟峥蝉遍九垓。
>
> 我在目前人不认，为留一笠莫沉埋。

众随其后，倏不见，后乃知为吕祖也。

训宁玮

符离城天庆观道士宁玮，少年谈老庄有奇趣，素敬葛仙，吕祖即为卖药道人，自称"抱璞子"，至观访之。与宁共谈曰："吾观禅学，皆出于老庄，千经万卷，反复议论，要皆自立门户，然其源流授受，终不出次也。"

宁伏地求度，道人曰："容再晤。"临别题诗扉上云：

> 松枯石老水潆洄，个里难教俗客来。
>
> 抬眼试看山外景，纷纷风急障黄埃。

越数日又至，适宁他往，更题二绝曰：

> 秋景萧条叶乱飞，庭松影里坐移时。
>
> 云迷鹤驾何方去，仙洞朝元失我期。
>
> 肘传丹篆千年术，口诵黄庭两卷经。

鹤观古坛松影下，悄无人迹户长扃。

宁归叹息曰："惜缘薄不能再见。"每刮其字疗疾，效如桴鼓，后诣罗浮遇葛公，始知前所遇之"抱璞子"者，乃吕祖借葛公之号也。

题石二十字

绍兴中张九成贬知邵州，闻城外有吕祖遗迹，往观之，数年前有老妪卖酒城外，倏有吕道人至，索饮偶无酒，妪以所藏清酒一升与之，吕问价几何，妪曰："每升钱二十。"祖即指蘸酒书二十字于门外紫石上而去，屡经风雨不磨，好事者传其石，字迹下透，由是观者不绝，酒肆大售，因其地建集仙观。

访薛炼师

江州太平观道士薛孔昭，有高志，常有回道人过访，叩以道德，深通玄奥，薛甚敬礼之，回言犍为郡东十里外，有一道观，在深崖中，石壁四拥，予尝往居住之，临别赠诗曰：

> 落魄薛高士，年高无白髭。
> 云中闲卧石，山里冷寻碑。
> 夸我饮大酒，嫌人说小诗。
> 不知甚么汉，一任辈流嗤。

末书"回道人同三客访薛炼师作"。由是知为吕洞宾也，薛乃求其秘要，得刘子羽助其丹资，未几化去，时绍兴甲子春也。

度三香

安丰县妓女曹三香者，得恶疾，拯疗不痊，贫甚，为客邸以自给，有寒士求托宿，欲得第一房，主事仆以其褴褛拒之，三香曰："吾既立此门户，垢净何择焉。"便延入，且礼遇之。士闻呻吟声，因询其故，仆且以疾告，士曰："我能治此。"三香求视，士以箸针其股曰："回心回心。"三香问何姓，亦曰"回心"，时门外有皂荚树甚大，年久枯死，士以药一粒，实树窍中，以泥封之，俄失士所在。是夕树复生，至旦蔚然。三香疾顿愈，始悟"回"之为"吕"，遂去粉黛，毁冠服，弃家寻师，至荆门，复遇吕祖，三香跪而求道，师始授以女金丹，即觅静处修炼。绍兴末，忽还安丰，颜貌韶秀，邑老人犹有识之者，乃于其地建吕仙祠。

度重阳

重阳姓王，名中孚，字允卿，咸阳大魏村人，以政和壬辰年（宋徽宗年号，1112）十二月二十二日吉时诞生，早通经史，壮习弓刀，易名世雄，字德威。初试武举，获甲第，时年四十七，绍兴之二十八年也，喟然叹曰："孔子四十而不惑，孟子四十不动心，已过之矣，尚无闻若斯乎？"遂解组归，拂衣尘外。二十九年己卯，游终南，遇钟、吕二祖，再拜求道，纯阳即授以口诀，有诗曰："四十八上始逢师。"明年庚辰复遇于醴泉观，更授以《金丹直指》，为更名嘉，字知明，号重阳，时值九月九日也。二师去后，重阳乃穴居以修，道成出关东游，度马丹阳、孙不二夫妇及邱处机、刘处玄、谭处端、王处一、郝大通，是为七真。

游白云堂

吉州旧有白云堂，在龙庆寺边，尝有道人在堂挂搭，喉下复有一口，以吹铁笛，吹罢复塞以纸，笠上题诗云：

> 铁笛随身助朗吟，别开两口度仙音。
>
> 一声吹彻斜阳外，唤起江州万里心。

小孩群尾其后，辄将铜钱撒地使竞取之，他日又题一诗于白云堂后云："牵牛离织女，依旧白云堂。"遂去，皆莫晓其意，后郴州寇李元砺反，白云堂闭门不容挂搭，以防奸细。三年后复开，开之日，乃七夕后一日也，始悟其诗，及悟"二口"为"吕"也。又吉水县北有云浪阁，在崇元观中，唐吕仙有诗，见《吉安府志》。

青城鹤会

绍兴末，吕祖赴青城鹤会，憩一卖果饼人家，人不之识也，师乃自研浓墨，大书四句于门之大木上曰：

> 但患去针心，真铜水换金。

> 鬓边无白发，骣马去难寻。

投笔飘然而去，笔势俊伟，光彩殊常，取刀刮之，深透木背，有识者测之曰："此'吕洞宾来'四字也。"士人关云祚见之，即绘其像，乃一清灌道人也。是后饼果大售。

福州饭店

福州长溪县，有老妪开设饭肆，乾道中有道士来，食毕，以大柴头书壁作"吕洞宾"三字，光焰奇伟，神采惊人，太守闻之，即督骑往观，至则渐就销落，独余"吕"字，盘恒久之，并"吕"字无余迹，信神笔也。太守怅然而归。

警乔守

乾道中，三月三日，有道士衲衣鬏发，竹笠草履，行乞于市，暮憩澧州元妙观，或卧河洲，土人莫识者，一日乘醉过西南桥，值乔守出，犯前节，乔怒而执之，将逮以罪，道人曰："吾醉矣，弗能辞。"命下狱，诘旦引问，道人亦无言，乃赋诗云。书已，遂乘云冉冉而去。乔忧然，始知其为吕仙也。

游华亭

乾道壬辰（1172），吕祖见孝宗敬天勤民好道，故乐周旋，行化于宇内。初过华亭北禅寺，手植樟于殿后，数年樟死，至此复来，取瓢：内药一粒，瘗诸根下，樟复活，叶叶皆瓢痕，人始感悟，因号"吕公樟"。

游江陵

江陵傅道人升，事吕祖像甚谨，乾道癸巳元日，有客方巾布服，游于通衢，顾傅者再，傅即邀回，推炉对坐，与语仙真事迹，滔滔不绝，傅敬之。自是旬日二来，升目昏多泪，客教以生熟地黄，切焙取川椒去枝目，及闭口者微炒，三物等分，炼蜜为丸，清辰盐米汤服五十丸。升如其教，服之，久能视细物，追思客貌，宛若所奉吕祖，自是供养益诚。（"视细物"原作"试细物"。从文意可知当为"视"。）

与王岳州奕

太常王纶，性好道，出守岳州，有一道人上谒，貌清癯，短褐不掩骭，语音清圆，纶异之，因问其姓字，道人曰："不必问，所来请教者奕棋耳。"遂与奕。纶素号国手，至是连负之，日云暮矣，乃酌以酒，又问其姓氏，道人遂书一诗云：

仙籍班班有姓名，蓬莱倦客吕先生。

凡人肉眼知多少，不及城南老树精。

纶惊讶间，已失道人所在矣，庭下烟云溢然，移时乃散。纶遂告疾还家，精思仙道，后遇柳仙于山中云："奉吕祖来授以成丹及尸解之法。"寻亦度世。

度陆游及宋生

淳熙初年，陆放翁以别驾摄蜀州事，三年丙申，缘事免官，别桐柏祠禄。四年丁酉，换授主管台州崇道观，寻又授牧叙州，均未赴任，秋八月，往来邛州，闲游大邑县鹤鸣西岩诸境，山中与宋生同行，至鸭翎馆阻雨，肆中见一异人，独据上席坐，风姿矫劲，气宇清雄。放翁同宋生揖之，异人亦不复让，即邀同饮，纵谈天地间一切不平之事，袖中出宝剑示曰："吾以此枭奸党之魄也多矣。"并以剑法授宋生，宋即弃名学道，又谓放翁曰："子能从我入太华乎？如其不能，他日访汝于越中。子年五十三矣，自今以往，多作祠官，清才与清职相称，勉乎哉，后当为玉局清忠仙人。"言毕飘然而去。后五年放翁山居，就家加主管成都玉局观衔，食玉局俸，多作玉局官，始知其言之验也。后放翁于丙午岁，出知严州，值有蜀使归，因作诗寄邛州宋道人云：

鸭翎铺前遇秋雨，独与宋生栖逆旅。

坐门懵恍见老仙，剧谈气欲凌天宇。

袖中出剑秋水流，血点斑斑新报仇。

我醉高歌宋生舞，洗尽人间千古愁。

老仙约我游太华，是夕当醉莲峰下。

语终冉冉已云霄，万里秋风吹鹤驾。

我今伶傅践衰境，不如宋生弃家猛。

西望临邛一慨然，青松偃盖丹炉冷。

复出严州提举冲祐观及佑神观，升宝谟阁待制，乃致仕焉。放翁寿高神旺，其得道每形于诗，尸解之日，口占示儿云：

死去元知万事空，但嗟不见九州同。

王师北定中原日，家祭无忘告乃翁。

以手枕肱而逝。

游永丰

淳熙初，吕祖住永丰颇久，托名吕生，隐于丐中，一衲被体，寒暑不易，亦无秽恶气，父老之诈者，遂谓其童稚时曾识之，今莫记其甲子矣，口虽异而心则否焉。邑有废祠，瓦盖不完，生席地而处数年，祠坏乃止真隐观，人厌之，又止避市道室中。邑人蔡氏舍之荒园，陈尚书天祐谪居于信，礼谒之，生遥见即走林莽间，解衣固辞，赠于钱亦不受，忽自书死日，乃淳熙内甲一月癸卯也，用薪炉书偈而逝。人以一席卷之，埋于山下，生死后二年，蔡氏子押戌至汴，日暮相遇，道生平欢，蔡以囊竭告生，赠以草履，令瞑目曰：

"吾送汝归。"漏三下遂抵家，白于县令，殊异之，发其冢，见席化为画，酷肖吕祖形，草履化双鹤飞去。画藏真隐观，太守金锐作图记之，建来鹤庭于原墓。

惊崔道士

淳熙初，有崔中者，新举进士第，道过巴陵，于旅邸歌《沁园春》乐章，适吕祖以补鞋隐于市中，问其所歌何曲，曰："东都新声也。"吕祖曰："吾欲奉和三首，但不解书，子为我书之。"崔代录其词，皆醒迷觉悟、阐道谈元之旨，不胜骇然，因问其姓氏，曰："生江曰，长山曰，今为守谷客。"明日崔谒李太守言之，曰："此吕洞宾。"丞往叩其户，先有应声，继而声渐远，排阖而入，阒无人矣，壁上留诗曰：

> 腹内婴儿久已生，且居尘市暂娱情。
>
> 无端措大刚饶舌，却入白云深处行。

崔恨无缘，李曰："不但此也。师曾题长安酒楼，有'促拍满路花'一阕，与此同一清妙。"崔与李共叹不已。

度广真

广真严州唐氏女也，既嫁得血疾，梦道人与药服之而愈，自是入道，初往苏，谒襄衣何真人，何称之为仙姑。淳熙八年辛丑二月间，赴郭氏饭，未竟，蓦然还寓，昏昏如醉，至两夕方甦，言方饭次，若有唤我者，出门逢吕纯阳、曹混成引至海边，跨大虾渡海，随游洞府，吕祖又命至庐山拜紫虚真人崔元静，洞中学书大字诗二百余篇讫，吕祖问曰："汝欲超凡人圣耶？身外有身耶？留形往世耶？弃骨成仙耶？"对曰："有母在，愿尽孝道。"吕祖曰："如是则且留形。"遂以丹一粒分而为四，投之盘中，圆转甚善，攫其一吞之遂醒，自是辟谷，以符水治人疾良验。帝闻之，降香往请符水，召入德寿宫，宣问灵效之故，对曰："但以心为法，以神为符，以气为水，以意作书。"高宗书"寂静元君"四字赐之，遣还。尝语人曰："符水仅救人疾苦，若数之修短，非金丹不能回天也。"后吕祖再至严州携去。

潭州太平观

漳州兵马都监赵不问，于太平观作鹤会，一道人不知所自来，摄衣升阤，不与人揖，径入知客堂房内不见，但于壁上书一绝句云：

这回相见不无缘，满院春光小洞天。

一剑当空又飞去，洞庭惊起老龙眠。

末题"谷客书"。不问录呈朱晦庵详之，晦庵曰："洞宾也。"时淳熙九年四月十四日事。

同采和度蓝乔

绍熙间龙川蓝乔，举进士不第，即隐霍山，尝吹铁笛，一日有笛声自空中应之，降其庐，则吕祖也。乔叩其道，吕祖以还丹服之，即悟本来。乔后赋诗万：

太乙庭前是我家，满床书史作生涯。

春深带雨不归去，老却碧桃无限花。

既忽遇踏歌狂者，携之上升。

现黄祎翁像

长沙钟将之，字仲山，嘉定己巳，自金陵罢官归，舟次巴陵南浦，晡时睹一舟过，中有黄祎翁，风貌奇峻，凝然伫立，熟视仲山良久，窥其蓬中无他物，惟船头有黑瓶罐十枚，蓬前两青衣童，参差凝立，仲山意其必径渡，既而竟行二丈许，即回棹，而翁已端坐蓬后，再熟视仲山良久，忽失船所在。仲山始谓巨商，不与之语，至是恍然惊讶，知其为异人也。翌日往吕仙祠拜礼真像，俨然有两青衣童侍侧，其貌俱与昨所见者相肖，仲山自恨凡目不识，感叹无已。周星作《水调歌头》词，有"更似南津港，再遇吕公船"之句，次年卒。仲山之孙，尝出其祖所绘黄祎翁像示人，诚为清矫绝俗云。

题金鹅寺

吕祖游四明，抵金鹅寺，顾方丈萧然，倾有童子出，祖问曰："汝这方丈，云何寥寥？"童答云："莫道寥寥，虚空不着。"吕祖嘉其语，因作诗题壁，有"道是虚空也不着，主翁岂是寻常人"之句，童识而异之，拜求开示，师叹曰："道缘在余，义不可却。"乃以金粉令服之，其后童亦度世。

携张天纲入四明山

天纲，金臣也，甲午年金亡（1234），被获临安府，薛琼问曰："何面目至此？"天纲曰："兴亡何代无之？我国虽破，比汝二帝何如？"琼奏其语，帝诏曰："汝不畏死耶？"天纲曰："患死不中节耳，何畏之有？请死。"帝弗听。后忽逸去，莫知所之。时吕祖云游临安，见天纲独行江滨，如屈大夫状，怜其孤忠，引至四明，令拜子期真人为师。天纲仕金，正直敢言，金主敬摩之，居家奉道，尊礼纯阳仙像，故吕祖于此报之也。

元世祖敕封纯阳演正警化真君。元世祖中统初年，即宋理宗之景定年间也，是时吕祖显化迹著，世祖闻之，敕封如此。

游戏南岳

景定甲子三月，为玄帝生辰，衡岳观道众设斋不诚。先一日有怀孕尼至观求宿，众恶其厌秽，令宿门外，中夜闻孩儿声，乃尼产焉，主者大怒。次早（尼）抱孩欲入醮坛观玩，众拒之，拖曳逾时，尼以孩掷地，鲜血溅流，尼飞入空中，拍掌大笑而去，视孩则葫芦，血则朱砂也。葫芦内有"回仙来"三字，众大惊。

游秦川

景定甲子秋，吕祖往来陕地，假为货墨，至凤翔天庆观，题诗于壁曰：

得道年来四百秋，不曾飞剑取人头。

玉皇未有天书至，且货乌金混世流。

吟罢，复之四川。

师自咸通甲申，了道终南，至宋之景定，甲子四百年矣。其间所度者，韩、施、柳、何、蓝、曹、刘、王，皆第一流人也，兹云"不曾飞剑取人头"者，盖愿宏而嫌少耳。

游成都

成都药市有道人，垢面鹑衣，手持丹一粒，大呼于市曰："我吕洞宾也，有能拜我者，以丹饵之。"众以为狂道人，往还数四，竟无有拜之者，道人至五显庙前火池上坐，儿童争以瓦砾掷之，道人笑曰："世人欲见吾甚切，既见吾又不识吾，命也。"乃自饵金丹，俄而周身五色云起，顷之不见，众始悔恨晚矣。

昔有富商，极慕吕祖师，朝夕拜祷颇虔洁。一日吕祖化一贫道人，将敝袍一件，欲质钱，商捏袍袖内，有钗一枝，意道人或不知也，遂将衣质钱去，取钗出视，内有纸一幅，书云：

今日忆，明日忆，忆得我来不相识。

钗子酬君作香钱，从今与你不交易。

此正所谓"世人欲见吾甚切，既见吾又不认吾"也。商见所书，悔憾不已。

游江州会道观

景定末，江州瑞昌县有吕公泉之异，遣使以香帛往取泉，在会道观前，有道人来挂搭，无包无伞，仅有一笠，值堂鄙之曰："尔无包伞，云何挂搭？"道人曰："既不挂搭，愿乞一茶。"值堂取茶出，道人以笠置地，饮毕空身而去。值堂曰："子笠遗矣。"道人不顾，其行如飞，值堂举其笠，毫不能动，方大骇。会众讽经谢罪，其笠随风自起，地上现一"吕"字，始知为吕仙师也。后有病者，取土煎服即愈。数年遂成一井，水泡常结"吕"字，划开复合。内侍取归，帝已宾天矣。

警似道

咸淳初，贾似道母两国夫人，设云水道人斋，忽有群道人拥一孕妇将产而来，斋未罢，产婴在地，群道人即扶女子而去，只留婴在地，众人拾起婴儿，乃一剑袋也，始知吕祖为此，以戏凡俗云。

又，似道日在葛岭起楼台，延羽流塑己像其中，建多宝阁，大设云水斋，有二道人入座中，唆饮太过狠，全倒地，家人恶之，拽以出，则剑囊、琴囊也。众以真仙降临为庆，而不知吕祖化为两口戏之也。

荀叔伟，憩江夏黄鹤楼上，有人飘然，降自霄汉，乃驾鹤之宾也，宾主欢对，已而辞去，跨鹤登空，渺然而灭，见《征异录》。

曹州单县，有吕公井二，一在城北隅，一在城南，金大定间，吕仙翁来游，水初苦滞不可饮，翁掷瓦砾其中，味遂甘冽，二井相去二里云。

《名胜志》：仙翁鹤草在单县城东北隅，相传仙翁以四月十四日来游，邑人包九成者，于前日积虔致祷，次早果有白鹤四只，从西南来，晡时方去，自是每仙翁诞期，祠草荆上，陡成鹤形，日高乃散，至今尚然，人呼为"吕翁鹤草"云。

吕祖年谱《海山奇遇》卷之五

元朝仙迹引

上四卷编载年谱，四百八十二岁，今从元世祖至元十七年庚辰（280），叙述顺帝至元三十四年戊申（1368）止，是为元朝仙迹，凡八十九年，合前四百八十二岁，共五百七十一年矣。

元世祖至元十七年庚辰，辛巳、壬午、癸未、甲申、乙酉、丙戌、丁亥、戊子、乙丑、庚寅、辛卯、壬辰、癸巳；成宗元贞元年甲午、乙未（1295）；成宗改元大德，丙申、丁酉（1297）、戊戌、己亥、庚午、辛丑、壬寅、癸卯、甲辰、乙巳，丙午、丁未；武宗至大元年，戊申（1308）、己酉、庚戌、辛亥；仁宗皇庆元年，壬子（1312）、癸丑；仁宗改元延祐，甲寅（1314）、乙卯、丙辰、丁巳、戊午、己未、庚申；英宗至治元年，辛酉（1321），壬戌、癸亥；英宗改元泰定，甲子、乙丑、丙寅、丁卯；英宗改元致和，戊辰（1328）；又，文宗天历元年，戊辰、己巳（1329），文宗改元至顺，庚午、辛未、壬申；顺帝元统元年，癸酉（1333）、甲戌；顺帝改元至元，乙亥（1335）、丙子、丁丑、戊寅、己卯、庚辰、辛巳、于午、癸未、甲申、乙酉、丙戌、丁亥、戊子、己丑、庚寅、辛卯、壬辰、癸巳、甲午、乙未、丙申、丁酉、戊戌、己亥、庚子、辛丑、壬寅、癸

卯、甲辰、乙巳、丙午、丁未、戊申（1368），元终，明太
祖元年。

度方妙智

元至元间，句曲易迁宫中，方妙智被谴于临安，邵武张
腥为主薄，买以为妾，犯之则不从，已五六年矣。吕祖入闽
至潼，恒止双节庙，与阚氏夫妇论"凝神栖息"之道，至邵
见妙智，尘限将满，假为贫士，请张自言能造墨，张馆之令
造。一夕闻其在妾卧室内谈笑，张急入，见二鹤冲霄皆去，
始知为仙，因吸其所留墨汁，痼疾均除。后出知江州，愿立
功以报遇仙之恩。

访郝天挺

天挺字晋卿，山西陵川人也，为人有崖岸，有气节，尝
言："读书不为艺文，选官不为利禄，惟通人能之。"又曰：
"今之仕者，多以贪败，丈夫不耐饥寒，一事不可为也。"至
元间吕祖闻其名，托一老儒访之，语言甚洽，及诱以出世
之谈，天挺不可，然心异为奇人，遂密叩其姓氏，老儒曰：
"咸通进士，两宰江州，黄巢作乱，移家终南，在世四五百
岁，吕洞宾是也。"郝大惊下拜，祖忽飘然而去，郝叹羡不
已，即绘其像祀之。皇庆中天挺为御史中丞，以直声著。一
日静坐，梦一黄衣道士曰："郝先生读书厉行，居官为国，

即俺老吕一流人也，何不从我一游，得遂初衣乎。"天挺忽悟，感叹久之。（见《仙缘录》）

加封孚佑帝君

至大间，吕祖显化于世，武宗闻之，加封"纯阳演正警化孚佑帝君"。

手上产芝

吕祖尝憩于广西梧山，郡人因构亭其上，曰"吕仙亭"。元天历间，时疾大作，有张彦才者，梦一道士入其家，求庭前樟树为吕仙像，张许之，明日樟被风拔至亭下，疫遂息，今吕仙像即此木也。元末仙之左手指间，产芝一本，状若莲花，馨香袭人。

九天采访使

至顺间，陈上阳云："吕祖至今在世。天帝颁诏为九天采访使，五月二十日奉诏。"有诗云："科司天上神仙籍"，就以此日为上升之晨。（注：民国本作"纠司天上"。）

洞庭和张三丰诗

元统间，仙人张三丰云游洞庭，遇吕洞宾先生，记以诗曰：这回相见不无缘，访道寻真数十年。雅度翩翩吹凤笛，雄风凛凛背龙泉。

治疽方

元末，嘉兴桐乡县后朱村徐通判，素慕吕祖，朝夕供礼，一日疽发于背，势垂危，犹扶起礼之如昔，偶见净水盂下，白纸一幅，视之有诗云：

纷纷墓土黄金屑，片片花飞白玉芝。

君主一斤臣四两，调和服下即平夷。

意其为吕祖所赐也，然不知何物为"黄金白玉"，乃复叩祖师，师曰："大黄白芷也。"服之果验。后以之医人，无不验者。徐无子，方竟传婿沈氏。至今沈以治生，数百里来货药者无虚日，族大而分数十家，惟嫡枝居大椿树下药乃效云。

度吕山人

山人名敏，字志学，毗陵人也，少欲举进士，遭时兵兴，遂避地梁溪汾湖之间，闭门教授，粗衣蔬食，以勤苦自励，绝不枉求于人。吕祖喜其宗姓，并爱其清高，因化为老人访之，自称"同姓翁"，说其入道，从事黄冠。山人曰："吾已知时不可仕，则韬晦以养其真耳，何必变衣冠之制，弃诗书之业，托迹山林，溷形庄老，长往而不返哉？"翁曰："非也。干戈之际，武夫得志，章甫缝掖之流，不为人所喜，必为人所迫，不如是不足以自绝也。子不闻五代时之郑遨张荐明乎？"山人豁然曰："诺。"乃着黄冠，谓寸弟子，从翁东游海滨，求深山长谷居之，遂飘然不返。按明初高青邱先生有《送吕山人入道序》，即此人也。（见《道缘汇录》）

游锦屏山

吕祖游锦屏山，望而叹曰："阆州城南天下稀，真信然也。"遂题诗云：

半空豁然雷雨收，洗出一片潇湘秋。

长虹倒挂碧天外，白云走上青山头。

谁家绿树正啼鸟，何处夕阳斜倚楼。

道人醉卧岩下石，不管人间万种愁。

又以瓜皮为汁，题于锦屏云：

时当海晏河清日，白鹿闲骑下翠台。

本为君平川里去，不妨却到锦屏来。

观者云："真有神仙风度。"

访蒲居士

停云岩在南部县，北蒲景瑜家于此，一日吕祖访之不遇，以瓜皮写诗于石壁云：

我自黄粱未熟时，已知灵谷有仙奇。

丹池玉露装珠浦，剑阁寒光烁翠微。

云锁琼楼铺洞雪，琴横鹤膝长江湄。

有人试问君山景，不认君山景是谁。

其字痕常湿，随擦随见，后洪武中失去，只存一龛。

吕祖年谱《海山奇遇》卷之六

明朝仙迹引

上五卷编载吕祖年谱，五百七十一岁，今从明太祖洪武二年己酉（1369），叙至怀宗崇祯十七年甲申五月初止（1644），是为明朝仙迹，凡二百七十六年零四月，合前五百七十一岁，共八百四十有七年矣。

明太祖洪武二年己酉、庚戌、辛亥、壬子、癸丑、甲寅、乙卯、丙辰、丁巳、戊午、己未、庚申、辛酉、壬戌、癸亥、甲子、己丑、丙寅、丁卯、戊辰、己巳、庚午、辛未、壬申、癸酉、甲戌、乙亥、丙子、丁丑、戊寅；建文元年，己卯（1399）、庚辰、辛巳、壬午；成祖永乐元年，癸未（1403）、甲申、乙酉、丙戌、丁亥、戊子、己丑、庚寅、辛卯、壬辰、癸巳、甲午、乙未、丙申、丁酉、戊戌、己亥、庚子、辛丑、壬寅、癸卯、甲辰；仁宗洪熙元年，乙巳（1425）；宣宗宣德元年，丙午（1426）、丁未、戊申、己酉、庚戌、辛亥、壬子、癸丑、甲寅、乙卯；英宗正统元年，丙

辰（1436）、丁巳、戊午、己未、庚申、辛酉、壬戌、癸亥、
甲子，乙丑、丙寅、丁卯、戊辰、己巳；景宗景泰元年，庚
午（1450，景宗当为"代宗"，称"景帝"）、辛未、壬申、
癸酉、甲戌、乙亥、丙子；英宗天顺元年丁丑（1457）、戊
寅、己卯、庚辰、辛巳、壬午、癸未、甲申；宪宗成化元
年，乙酉（1465）、丙戌、丁亥、戊子、己丑、庚寅、辛卯、
壬辰、癸巳、甲午、乙未、丙申、丁酉、戊戌、己亥、庚
子、辛丑、壬寅、癸卯、甲辰、乙巳、丙午、丁未；孝宗弘
治元年戊申（1488）、己酉、庚戌、辛亥、壬子、癸丑、甲
寅、乙卯、丙辰、丁巳、戊午、己未、庚申、辛酉、壬戌、
癸亥、甲子、乙丑；武宗正德元年，丙寅（1506）、丁卯、
戊辰、己巳、庚午、辛未、壬申、癸酉、甲戌、乙亥、丙
子、丁丑、戊寅、己卯、庚辰、辛巳；世宗嘉靖元年，壬
午（1522）、癸未、甲申、乙酉、丙戌、丁亥、戊子、己丑，
庚寅、辛卯、壬辰、癸巳、甲午、乙未、丙申、丁酉、戊
戌、己亥、庚子、辛丑、壬寅、癸卯、甲辰、乙巳、丙午、
丁未、戊申、己酉、庚戌、辛亥、壬子、癸丑、甲寅、乙
卯、丙辰、丁巳、戊午、己未、庚申、辛酉、壬戌、癸亥、
甲子、乙丑、丙寅；穆宗隆庆元年，丁卯（1567）、戊辰、
己巳、庚午、辛未、壬申；神宗万历元年，癸酉（1573）、
甲戌、乙亥、丙子、丁丑、戊寅、己卯、庚辰、辛巳、壬
午、癸未、甲申、乙酉、丙戌、丁亥、戊子、己丑、庚寅

辛卯、壬辰、癸巳、甲午、乙未、丙申、丁酉、戊戌、己亥，庚子、辛丑、壬寅、癸卯、甲辰、乙巳、丙午、丁未、戊申、己酉、庚戌、辛亥、壬子、癸丑、甲寅、乙卯、丙辰、丁巳、戊午、己未；光宗泰昌元年，庚申（1620）；熹宗天启元年，辛酉（1621）、壬戌、癸亥、甲子、乙丑、丙寅、丁卯（大清天聪）；思宗崇祯元年，戊辰（1628）、己巳、庚午、辛未、戊申，己酉、甲戌、乙亥、丙子（大清崇德）、丁丑、戊寅、己卯、庚辰、辛巳、壬午、癸未、甲申（1644），五月初明革，我大清顺治鼎元。

家庆楼

峨嵋县北二里飞来冈上，有家庆楼，系唐懿宗敕建，其楼名乃宋魏了翁书。洪武间吕祖来游，无有识者，因于西壁题诗云：

教化先生特意来，世人有眼不能开。

道童只接云游客，不识终南吕秀才。

后弘治间，督学王公敕游此，以刀剜其数字，入茶饮之，墨俱透壁，今余字尚在，观者旁午。嘉靖二年楼毁，过者惜之。

庐生荐世

山东王姓，世行阴德，居恒奉吕祖像甚虔，日久不懈，一夕梦黄衣道士，携一金色少年来舍，告之曰："此富贵神仙也，奉上天敕令，以报汝累世修因。"王后得子，遂改名敕，生而智慧，仙风道骨，成童读书，一目数行下。吕祖化一秀士访之，如曾相识者，临别赠诗一首曰：

> 琅函裂石火光催，一得能将慧眼开。
>
> 我有一言君记取，黄粱再梦早归来。

吟罢飘然而去。敕遇师后，心中暗喜，作茂才时，支席云门寺，偶见一地夜有火光，发之得石匣一，函书二册，读之通慧，能知未来休咎，御风出神。弘治间，由翰林督学四川。至峨嵋罗日街，知有异物，掘地得一石碣，书"紫芝洞"三字，旁注："一山五口道人书"，盖吕祖笔迹也。因为竖于道左，以后更多奇迹，如为河南、四川督学时，诸生见锁院窗院各有一公危坐鉴视。一日较士，忽见白云一片起，公遣骑追至云落处，得白石如雪，细切烂煮，以遍食诸生，其甘如饴。在辉县山麓，忽令人掘土得一大石，玲珑苍翠，今尚置之白泉山中。又于道旁古垣，开出紫石现二枚，各有鸳鸯一只，雌雄相向，其家至今宝之。又同僧扃门，入山采杞，僧先归，公已在屋内。采杞僧临终，公问何欲？僧曰："欲富贵兼之。"公曰："不能，但堪作一藩王耳。"因批其臂曰"蜀王"。（蜀王）后产二子，背上隐隐有公批手笔。

公预知死期，但化时四城门皆见，公羽衣鹤笔而去，生平深晓天文曲折，王明阳先生极信服之。公字嘉谕，龙城人，年三十八，中成化甲辰探花。

度陆潜虚

　　潜虚名西星，字长庚，淮海人也。幼慕玄修，冥心参悟，讲读丹经万卷，未能洞达其旨。潜虚慨然曰："不因师指，此事难知回先生不我欺也。"嘉靖丁未，以因缘得遇吕祖于北海草堂，弥留款治，嗣后尝至其家。一日谓潜虚曰："居吾语汝，汝今四世分神矣，劫劫栖真，皆明大道，赐以玄醴，慰以甘言，三生之遇，千载难逢。"既以上乘之道勉进潜虚，并授以结胎之歌、入室之旨及《宾翁自记》数十则，《终南山人集》二卷，微言奥论，动盈卷帙，笔而藏之，旨其言而未能畅也。研寻二十载，流光如箭，甲子嘉平，潜虚乃遁于荒野，览镜悲生，二毛侵鬓，慨勋业之无成，知时日之不再，复感吕祖示梦，去彼挂此，遂大感悟，由是入室求铅，不数载而事毕。平生著述甚富，所作有《老子元览》二卷、《阴符测疏》一卷、《参同测疏》一卷、《紫阳四百字测疏》一卷、《就正篇》一卷、《方壶外史》八卷、《南华副墨》八卷，俱行于世，启发后人。吕祖常命两仙童受业于潜虚，偶与嬉戏，童子飞空而去，潜虚知夭符事近，急欲述吕祖遇钟祖、众仙遇吕祖事迹，编为一册，名曰《道缘汇录》，书将成而吕祖乃至，索纸题诗，以指代笔，末有云："每一下阶，众仙为之侧目，自此仙迹渺然。"虚亦由此坐化，陆氏子孙至今珍藏此卷，书尾犹带指上螺纹。

西苑面斥严嵩

嘉靖间，西苑宫中，日日以请仙为事，每当女真降临，则命宫人礼拜，歌咏其诗，若丰翁、周颠下临醮坛，帝则钦加封赠，其凛然在望者，惟纯阳先生至，帝必倍加优礼。一日开坛，吕祖降时，严嵩亦在苑中，先拈名香，拜叩吕祖，祖即掷笔曰："此香有铜臭气。想为必从觅缘（攀附关系）中来，带了些污秽也。"严嵩心大怖，遂巡辗转而退。他日三丰翁作《宫祠》数篇，以存讽谏之意，其首章即记吕祖面斥嵩事也。词曰：

西苑无人白昼长，至尊端敬吕纯阳。

神仙早已知名分，不受分宜一炷香。

治　痿

金陵万与石者，尝病痿，数载不愈。一日有道人云："自普德山来。"见与石询之，万以实告，谓诸医咸以为偏枯，道人笑而不言，但以手按其患处，忽觉酸痛入骨，曰："是岂得为偏枯？行当自愈也。"万因叩其姓字，曰："我乾姓，字思屯，寄寓于清源观。"遂与言乾坤屯蒙之旨，为天地君亲师之位，皆世人未经道者，万归疾顿愈，步履如常，乃以其所遇白诸友人，其中有善解者曰："此纯阳先生也，

思为系，屯为屯，乾为阳，盖隐语耳。"万寻访不得，后于清源观见吕祖像，与前遇道者相似。（此隆庆庚午冬月事）

度广陵徐氏及临江李常篷

鹤城徐氏，久在空门，实践乐施，致身颠沛，年逾七十，道心不退，虽无冲举，亦有深功，吕祖承玉旨命度苍生，慧照人间，感诚下降，遂于广陵徐氏坛上，说一品二品仙经度之。又至临江府缪丁村，遥见月明庵中，李常篷打坐修行，参学真一，于是现形庵中，谕之请箕，篷闻师言，焚香百拜，随置箕砂，求无不降。复告篷曰："吾奉天帝命，遍历五陵四海、八极九州，阐教垂经，浮沉浊世，行化度人，所有妙音，无人可告。"常篷闻谕，再拜恳求，师遂以第八篇授之，以全《八品仙经》。观此知李常篷已入吕祖之门也。惟演四五六七品，并不载有弟子，才难不其然乎。

演《前八品仙经》

八品者八篇也，一、二品授于广陵，三、四品授于金陵，五品授于毗陵，六、七品授于信州，八品授于临江，经成，命广陵弟子童启玄汇齐梓布，李启真序之，同时孙子得富、朱子霓，咸与有功，师皆传以至道，其间杰出者，童、李二生，集仙楼中，恒盘旋不能去，梓功告竣，则万历十七年、己丑岁三月吉日也。（1589）

再游临江演《后八品仙经》

童启玄刻《前八品经》毕，广陵之人多谤之，然其一片诚心始终不懈，吕祖曰："吾尚有炼神之机，当授启玄。特以维扬矜薄人，多妄谈，前传《八品》，徒招讪谤，此中语云不足为外人道也。"逾及年余，万历庚寅（1581），始于临江府水月庵中，重招启玄等，授以《后八品仙经》，命其秘藏庵内，俟八十余年后，自有见而刻之者。清朝康熙乙卯（1675），徐太极请移武昌刊之，即此经也。噫，道高毁来，千古同慨，若非祖师神力，鲜不为小人沮气也。可胜叹哉。

嘉禾诗会

万历庚寅秋，古邓吴道人，以符箓游淮间，寻抵嘉禾，吕祖降神于周处士履靖逸之宅，自称曰"无上宫道人"，又曰"崖老"，缚笔于乩，挥洒若风雨之骤，一时诸名士无不望而心惊，由是彭辂子、殷文嘉、休承、皇甫游子循、张之象、月鹿侯，一元舜举李奎伯文、仇俊卿谦之、冯皋谟明卿、莫云卿是龙、李日华君实，异而交和之，处士裒为一卷，子殷序之，君实跋其尾焉。（《朱竹垞诗话》）

示冷生

万历间有冷生者，不知其名字里居，业歧黄，喜游云水，每来湖南、湖北，风月扁舟，吹铁笛以自娱，或言冷谦显相，或疑冷谦化身，皆无定论。生尝云："古来神仙，吾仰纯阳祖，及今张三丰，隐显人间，逢缘普度。"又云："纯阳有三大弟子，为群真冠，海蟾开南派，重阳开北派，陆潜虚开东派，吾愿入西方，化一隐沦，亲拜吕翁之门，身为西祖。"一日上黄鹤楼，忽遇吕祖从空而下，谓之曰："汝欲临凡耶？今乃万历丙午，再候二百年丙寅之岁，手握金书，降生锦水之湄，精修至道，阐发玄风，为吾导西派可也。"言讫，吕祖即乘鹤飞去，冷亦不知所之。

陈将军

陈将军讳洪范，字九畴，别号东溟。儿时遇佩剑道者，眼光射人，熟视将军曰："孺子勉之，异日统百万貔貅，为国家干城。"幸自爱，发未燥，即喜习尚父司马兵法，以报国自矢。己未春，会辽左四路进师，将军当后劲，大军失利，被剑堕马，僵卧草中，见儿时所遇道者相慰劳云："救尔者至矣。"忽闻马蹄声数百，踉跄觅路，遂以马乘将军，疾驰而归，始信吕翁之神鉴，为不虚也。将军念仙翁与有夙缘，节钺所至，必为立祠，红螺固其家山，至若在甘肃则祀之，在招宝又祠之，迨莅昌平镇，平齐凯还，度铃阁右，购隙地建堂三楹，丙舍为丹室，崇门邃厦，视诸祠尤雄丽。惜将军未蚤遇，遂其谈笑吞吐之志，以慰吕公。然随在必桓桓著壮猷，人皆知为砍春廉将，不知为文将筹边诸著作，凿凿中肯紫，与戚大将军后先伯仲。将军土祠吕公之意，政未可量也。祠后誉石索翰林学士董其昌记之，董闻而叹曰："司马子长之记轩后也，固曰'且战且学仙'，留侯、邺侯亦必借剑刃上，了其护主之愿。"《真诰》所载"碧落上真"，类皆血性男子所主，在忠孝节义，清净其寓境也。

陈仲醇得药

陈仲醇号眉公，松江华亭人也，与董思白同乡里。年甫壮，即弃名习隐，结庐于小昆山之阳，买舟载书，称"无名钓徒"，每当草蓑月冷，铁笛霜清，仿佛张志和、陆天随一流人也。时吕祖混迹华亭山野间，有本一禅院，朝往暮来，多著灵迹，见仲醇喜之曰："隐士也。"复遗仲醇药一瓢，命其施济，取用不竭，思白闻之，叹为奇事。

《八品经》传赵性粹

性粹号还阳道人，滇中太守也，受性恬简，有志于道，居恒奉吕祖甚虔，凡有所为，必以告师鉴其诚，往往降箕，以示规训，赠以诗歌。及迁滇守，吕祖至澄怀轩，召而语之曰："昔著《八品经》，业已梓之广陵矣，特其传未广。子令守滇，滇为古六诏地，夷汉杂处，民性羯狭。子序是经，而广其传，则为利益溥。"赵唯唯。时万历甲寅之冬也。

再定《八品经》授复诚子

复诚子，不传其姓氏里居，儿时刲股活母，以愚孝称。嗣因父罹于难，过痛失明。吕祖感而降之，赐方药符水，目明如初。复投诚入道，师授以《语录》一集、《修真忏》一卷、《斗光度厄大神咒》一帙，更将《八品仙经》诠次讲明，一并授之。吕祖飘然而去，时天启丙寅正月上元日也。（1626）

考吕祖重校《前八品经》授复诚子时，其经讹传已久，因阅第八品，有添"须俟酉年酉月酉日酉时"十字者，吕祖笑而删之，口占曰：

> 几个人生百岁延，回头迅速在当前。
>
> 爱河欲海无边苦，安忍迟迟待酉年。

唐宗室李名琼字白玉解

天启丙寅秋月，济南太守樊时英，请降乩于旴突泉之来鹤亭，祖师自序曰："余本唐之宗人耳，姓李名琼，字白玉，配金氏，生四子。"又曰："不意唐有日月当空之祸，余是以弃四子而携一妻，移于山下，隐于洞中，时为两口，故更姓曰'吕'，因在山下，故易名曰'岩'，常处洞中，故改字曰'洞宾'。其后妻亡身孤，乃扁其号曰'纯阳'。此与《自叙墨刻小像》所云'姓李名珏'者，同一游戏也。"

或问："游戏云何？"答曰："家室者，玄元皇帝嫡派也；李从木子，'东家子'也；名琼者，八琼丹也；白玉者，内丹玉炼洁净无瑕也；配金氏者，外丹金炼水府求铅也；四子者，四象会中宫也。以下皆敷衍其说，以全游戏之文也。"

窃谓吕祖本系贞元年间吕侍郎之孙，吕衡州之侄，儒书确然可考，愚蒙不知其秘，故信其辞而不能解其意。又"日月当空"，乃指则天武曌，吕祖岂则天时人哉？此亦《枕中记》之笔墨耳。《枕中记》出于开成年间（836—841），而用天宝时（742—756）事演之，极妙幻哉。

乩仙记

乩或作日卜，与稽同。卜以问疑也。后人以仙降为"乩"，批名为曰"乩仙"，亦称"箕仙"，又谓之"扶鸾"。凡鸾仙多吕祖语，极灵验。崇祯末，台州诸生张报韩，字元振，善请吕祖鸾，云传自金坛贵游子，其咒乃吕祖亲授，持咒极熟，随意书符，请之无不立应。同时有庠生朱日昌、董万宪、王人玉、洪凉咸持符咒，称天仙弟子，凡仙降，先赋诗，喜饮酒行令索句，输者罚巨觥，月三次，命题作文。郡城有白云山，文毕，仙命送置山中某崖穴处，次日行携，咸仙亲笔所评者，凡有遗赠，悉批示取于某崖某穴。仙弟子各赠以自写纯阳小像一幅，悬奉于家。

一日于白云山书院楼中批既久，咸未食，仙曰："汝辈饿乎？"曰："然。"曰："予为汝辈乞之。"停乩半刻，复批曰："可于窗前取而分啖之。"视之，盖竹箸盘贮松花饼数十枚也。叩其由来，曰："予适向天台国清寺僧处，乞得之耳。"群食之，腹殊饱畅。复一日，各赐以葫芦一具，仙桃数枚，其葫芦皆五色彩绸粘成者，内衔赤诚山朱砂数粒，桃亦不甚大，味与凡桃等，诸生皆受而食之。

逾年沧桑改变，张生既物故，王生、董生亦相继亡。或言食仙桃者可百岁而上之，张、王诸生均食桃者也，何均不能周甲子乎？仙不仙未可知也。余曰："此读书作文辈，搜索枯肠，祖师摘山桃以助逸兴耳。若求不死之服食，非拜为玄门弟子，研寻大药，不可得也。"

（《乩仙记》，乃顺治乙未进士洪若皋所作，其记甚长，所言皆明末、清初吕祖降神于台州之事也。《海山奇遇》，例用编年，故分为数则读之，此则在明末也。）

乩沙记

明崇祯末，湖广武昌秀士有稽肇新者，善布吕祖乩沙，少时遇吕祖亲授宝诰、灵符及咒赞，自后登黄鹤楼，有请必降。一日吕祖复至，肇新敬问曰："祖师长生至人也，何不现形一示，特著精神。"吕祖曰："噫，子亦知觇沙之道，至精至神乎？夫觇沙者，仿于《易》之卜筮。孔子问焉而以言，其受命也如向，无有远近幽深，遂知求物，'非天下之至精，其孰能与于此？'是乩也，即筮道也。"又云："卜巫者，须要诚心正意，无思无为，不以休咎分其心，而后能通休咎。孔子曰：'《易》无思也，无为也，寂然不动，感而遂通，天下之故，非天下之至神，其孰能与于此？'至精至神，此即赫赫明明，法身昭著也。"肇新曰："乩用诰、符、咒者何也？"吕祖曰："诰也者颂扬之词也，欲叩其神，先以词颂扬之，使神欣而意惬飞动；符也者契合之文也，欲请其神，先以文契合之，使神知而明验自来；咒也者，祝告之言也，欲降其神，先以言通禀之，使神听而迎机剖断。自昔张辅汉天师，受太上灵文，默默持诵，太上即自丹台教之，故天师即祖其意而为乩卜，制真诰、符咒秘书。要之诵真诰者须至万遍，乃或于定中、梦中，得受神人指示，书字号以与之，名曰符章，其字宛如篆体，问乩者照此书写，焚于坛上，神即见符契合也，洋洋如在，乃以叩问之事，默默陈之，录于纸者为疏为表为呈词，念于口者为祝为诉为祷告，皆谓之咒，时人称为通白，并非奇文异字、怪诞不可解者以为符咒也。咒从二口一几，言陈两端于案前，祈神一决可否也，但书符诵咒之际，总要一心镇静，不思善不思恶，不以是非见解先据胸中，神乃怜而明教之。"肇新曰："妙法如此，可另有嘉名乎？"吕祖曰："此空中传语法也，使人闻其声而不见其形，即问焉以言受命如向，'寂然不动，感而遂通'之旨也。上等遇仙，形声并得；中等遇仙，示以声而不示以形；下等遇仙，临坛一二次，即杳然无声，委而去之也。至若求诗求字求画求词求方药风水者，无不慨然相与，以其皆细事也。"肇新曰："乩沙有天尊之命否？"吕祖曰："明初有乩沙会，太上降武当山，命玄天文昌及诸仙神将，以空中传语法，流播人间，演经立训以醒世，讲道谈玄以觉迷，有为仙真弟子者，则不以乩沙为常，而必现身说法，以示金丹阳神也。"肇兴闻言惊喜不已，他日述其语于钟祥进士，黄公卷志之，名曰《乩沙记》。见《信征录》。

乩沙妙语二则

《吕祖栖真录》曰："吾之为乩沙也，有数种焉：一曰龙沙，言龙蛇走于沙中也；一曰鸾沙，言鸾鹤舞于沙中也；一曰箕沙，言天之喉面吐于沙中也；一曰樵沙，言人之薪传采于沙中也。一曰驻鹤，一曰飞鸾，一曰降笔，一曰降乩，皆言降神也。正人遇正神，邪人遇邪神，此登坛所当知者。又当扶乩三法，由诵诰入者，先难而后易，盖其精诚相感，久持圣号，千周万遍，使神动心，不降则已，一降必真，侍者之诚心不懈，仙人之留住必长也；由特符入者，难合而易离，仙家字号草为天象，不得已而传之其人，使人遇事求我救厄，求我符到神驰，立解疑难，所以济世也，乃人或轻之，或戏之，或以邪诬之，事不可以问者，而亦问之，盖其平日间先未尝苦诵宝诰，久积诚心，幸而得符，不思感佩，反以神仙为指麾，可使符契为幻妙通灵，妄撰栖仙、催仙无稽怪诞之文，以乱人耳目，传为法律奇书，此其人或与仙遇，转瞬与仙离也；由咒语入者，有应有不应，呼吁之惨，其事关乎重大者则应，否则不应也，祝告之虔，其心至于恳切者则应，否则不应也，亦有貌为吃紧之言，呼吁上圣，苟为祈祷之语，祝告天尊，应之则淡漠相逢，不应则立坛毁谤，盖其未念咒告之前，神已察其虚伪矣，故不应也。余降栖真观多年，宋生诵吾宝诰至数万遍，吾故频频相访，不必符咒相通也。"

　　又，《吕祖全集》，载阿难尊者，借觇说法曰："且道今日我来，为是我书，为是汝众生手书？若汝众生手书，汝手即应自书，何故借此朽木一株？若我自书，如何我不亲现色身，手书而必假汝众生手共扶持，乃能书，何以言的？又是佛法汝心尚不能透，何因能书？汝试谛审，谛审汝二侍者，非一身体，非心口同，何以两人两手，共书一字？我之色身，究何所在？为在于空？为在汝身？若在空者，空非有体，何汝二人能书？若在汝身，在此一身，不能兼两；若为在两，则为偏体。汝细参细参，我之法身，同汝慧性，今汝二人并一朽木，则如女（汝）之四大和合，幻缘所成，能动能书，非汝手动，非彼木动，由我神动。吾神气一去，木不能动，手亦不书，譬汝四大一坏，汝之真性，究归于空。汝试静参，汝四四大一坏，汝在何处安身立命？汝试思此木一不动，我在何处？为在灵山？为在坛内？若在坛者，则我一色宛然；

若在灵山，缘何汝二人手一扶即至？汝试参究，若这里
参得透，方是佛门弟子，如来手摩其顶，亲为如来之所授
记。咦！梦里说江山，醒来无一物，且道未梦未醒时，作磨
生道？"

　　乩沙者小术也，传道之筌蹄也，得鱼兔则筌蹄可去，行
之正者，亦得正法行之，邪者必入邪途。大修行凝至诚以格
真师，务必面传口授，不用小术。

吕祖年谱《海山奇遇》卷之七

皇清燮元赞运孚佑帝君仙迹引

　　以前唐宋元明六卷，编载吕祖年谱八百四十有七年矣。
今从我朝顺治元年（1644），叙至道光二十六年（1846）是
为清朝仙迹，凡二百有三年，其一千零五十年，猗与休哉。

　　道光上下，勤施四方，我朝帝运无疆，祖师之显迹亦与
昌期而并长矣。

　　顺治元年甲申（1644），十有八年；康熙元年壬寅
（1662），六十一年；雍正元年癸卯（1723），十有三年；乾
隆元年丙辰（1736），六十年；嘉庆元年丙辰（1796）二十
有五年；道光元年辛巳（1821），万寿无疆。

携手飞空

顺治初，秦蜀未平，吕祖乘时辅运，见张三丰尘世往来，隐显莫测，行且叹息，叹已复笑，笑已复歌曰：

乾坤明不明，豺虎尚横行。

拂袖归三岛，蓬莱看水清。

吕祖佩剑执拂而来，依声和之曰：

五更天欲明，出栈看云行。

与子同归去，天得一以清。

和毕，谓三丰曰："真人立功明朝，今可以休息矣。"三丰稽首相答，忽见放大毫光，空中红云飞舞，结成"吕"字，两仙师腾空而去。见《三丰全集》。

两叶清字皆妙，二仙师可为本朝告太平之圣瑞也。

剑传刘海石

刘海石，薄台人，从父母避乱于滨州，时年十四岁，负豪侠气，慨然有剪寇除盗之心，与滨州生刘沧客同函丈，因相善，订为昆季。无何海石失怙恃，奉丧而归，音问遂阙。沧客家颇裕，年四十，生二子，长子吉十七岁，为邑名士，次子亦慧。沧客又内邑中倪氏女，大嬖之。后半年，长子患脑痛卒，夫妻大惨，无何妻病又卒。逾数月长媳又死，而婢仆之丧亡，且相继也。沧客哀悼，殆不能堪。

一日方坐愁间，忽阍人通海石至，沧客喜，急出门迎以入，方欲展寒温，海石忽惊曰："兄有灭门之祸，不知耶？"沧客愕然，莫解所以。海石曰："久失闻问，窃意近况，未必佳也。"沧客浸然，因以状对，海石歈歔，既而笑曰："灾殃未艾。余初为兄吊也，然幸而遇仆，请为兄贺。"沧客曰："久不相晤，岂近精越人术耶？"海石曰："是非所长，阳宅风鉴，颇能习之。"沧客喜，便求相宅。

海石入宅，内外遍观之，已而请睹诸眷口，沧客从其教，使子媳婢妾俱见于堂，沧客一一指示，至倪，海石仰天而视，大笑不已，众方惊疑，但见倪女战栗无色，身暴缩，短仅二尺余，海石以界方击其首，作石缶声，海石揪其发，检脑后见白发数茎，欲拔之，女缩项跪啼，言即去，但求勿拔。海石怒曰："汝凶心尚未死耶？"就项后拔去之，女随手而变，黑色如狸，众大骇，海石掇纳袖中，顾子妇曰："媳受毒已深，背上当有异，请验之。"妇羞不肯袒示，刘子固强之，见背上白毛长四指许，海石以针挑出曰："此毛已老，七日即不可救。"又察刘子亦有毛，才二指，曰："似此可月余死耳。"沧客以及婢仆并刺之，曰："仆适不来，一门无遗类矣。"问此何物，曰："亦狐属，吸入神气以为灵，最利人死。"沧客曰："久不见君，何能神异如此，毋乃仙乎？"笑曰："特从师习小技耳，何遽云仙？"问其师，答云："山石道人。适此物我不能死之，将归献俘于师耳。"言已告别，觉袖中空空，骇曰："亡之矣。尾末有大毛未去，

今已遁矣。"众俱骇然,海石曰:"领毛已尽。不能化人,止
能化兽遁,当不还。"于是入其室而相其猫,出门而嗾其犬,
皆曰无之,启圈笑曰:"在此矣。"沧客视之,多一豕,闻海
石笑,遂伏不少动,提耳捉出,视尾上白毛一茎,硬如针,
方将检拔,而豕转侧哀鸣,不听拔,海石曰:"汝造孽既多,
拔一毛犹不肯耶?"执而拔之,随手复化为狸,纳袖欲出,
沧客苦留,乃为一饭,问后会,曰:"此难预定,我师立宏
愿,常使我等遨游海上,拔救众生,未必无再见时。"

及别后,细思其名,始悟曰:"海石殆仙矣,山石合一
'岩'字,此吕祖尊讳也。"(见《聊斋志异》)

敬仙报

洪若皋之父,与长子深,及台州诸生,事吕祖甚虔,每
逢仙降,公必登楼礼四拜,饮酒必令尽欢而散。时顺治初,
公年六十有余,偶往乡染时疫归,发热三日不汗,六日热
甚发谵,医人咸却走,计无所施。乃祈之吕祖,符方发扶
乩,乩跃入地,再持起,纵横乱击,扶者手破血流,沙盘皆
碎裂,若皋等伏哀求祖方,大批云:"尔父病亟,请我何迟
也?"命急取梯来,向楼檐某行瓦中,取吾药方下,即如言
取下,黄纸一卷,药方一章,灵符三道,皆紫朱所书,其药
件皆人所常服者,随命抄誊,赴坊取药,原方焚之。复命取
水一碗,用桃仁七枚捣碎和之,焚三灵符于药内,以饮洪

公。嘱饮后，手持木杵，向床中四旁击之。若皋等手捧水至
床前，公素信仙，一吸而尽，复如言持杵击左右前后。祖停
笔以待曰："汗乎？"视之果汗，随命服汤药，既服复停乩
以待，曰："睡乎？"视之果睡，即命取白米煮粥以俟，少
顷举乩曰："睡觉乎？"视之果睡觉，曰："急进粥。尔父病
瘳矣，吾去命碧桃子守尔家。"洪乃供碧桃仙像。碧桃嗜水，
朝夕奉水一大盂，无他供也。未三日洪公服食如常，一似未
尝病者。他日设酒食酬拜吕祖，洪公伏地感而且泣，未几祖
赠洪公小像，墨迹甚淡，视之如影，然酷肖公状，上书"九
天紫府纯阳道人赠"，其词曰：

　　霖雨飘衣，清歌满谷。鹤之餐云，鹿之咽月。

先生一蓬莱客，只谱片词，为君售也。又赞曰：

　　脸朣而衷腴，所举又若拘。其语言落华而存实，至接
物宏以宽。温温安安，浑浑漫漫。继繁兰桂，鸿渐于磐。近
天子之龙飞，庆上国光辉，其容舒舒，其象如愚。是武城墨
士，弦歌方隅。抑西河先生，课古诗书，称泗杏之道儒。盛
哉猗与！

　　公拜受而珍藏之。（节录《虞初志》）

示洪若皋

台州洪源，与同郡诸生，素奉吕祖乩，称天仙弟子。顺
治乙酉，设坛于自家楼上，凡请仙必须楼所，谓仙人好楼居

也。时凉有一弟，年方舞勺，善诗文，登楼礼谒，祖师即批云："此子可教。"随命更名"若皋"。凡为仙弟子者，其名皆仙所命，因示若皋同会文题，不倾不求，至何足以臧？艺完，命送置白云山土地祠中，次早往领，独取若皋文圈点叠加，备极褒美，其朱皆紫色，其笔如悬针倒韭，字法绝似螳螂张膝、蜻蜓点水，不类俗手所为。末注云："三千六百九十日，予言始验。"若皋默之，后至乙未，若皋果会试云。

决　科

顺治戊子，洪若皋登贤书，壬辰会试，其兄涞，代问，吕祖云："若皋捷南宫否？"师降批"中阿"二字，再叩不答。是科若皋落第，其乡邻何公统度，及陈公璜中式。盖折"何"与"陈"姓之半，而成"阿"字也。乙未会试，复问如前，批诗云：

大国崔嵬正展旗，春光逗发远为期。

君家福分非轻浅，先报琼林第一枝。

是科若皋果宴琼林。其兄问殿试几甲？则批一"里"字，再问则云："二十二十，又二里。"及闻报则二甲四十二名也。盖"里"字移两画于上，成"二甲"，更逆数是年三月某日揭晓之期，以验前之所云"三千六百九十日"者，殆唇刻不爽云。

刊江驻鹤

顺治丁酉，驻鹤邗江湖南草堂，授《圣德诸品妙经》，度施汉如三人，义陵刘柯臣序之曰："圣德诸经二十四篇，吕祖飞鸾于邗江之莲华社所著也。"粹然性命之言，而深斥夫男女黄白之术，考其时则顺治丁酉，其地则澹宁堂清信社空凌阁悟真斋，其人则汉如施子，及维清、维静二子焉。（邗江，县名，在江苏。）

燕山度七子

顺治庚子辛丑冬春之际，显化燕山，作诗度人，凡数十日录而成篇，名《葫头集》。其地则东岳庙驻云堂，其人则静源、止源、通源、引源、玄源、渊源、津源七子，吕祖曰："向来列名者，虽有七十，遵崇者不过三十四人，仅可度者七子而已。"

示李笠翁

康熙辛亥夏，吕祖降神于寿民佟方伯之寄园，正判事，笠翁李渔过之，方伯曰："文人至矣，祖师何以教之？"吕祖曰："笠翁虽文人，亦慧人也，正欲与之盘桓，可先唱一，吾当和之。"李至园中，因呈一绝云：

　　　今古才人总在天，诗魂不死便成仙。

　　　他年若许归灵社，愿执诸真款段鞭。

吕祖和之云：

> 闻说阴阳有二天，诗魔除去即神仙。
>
> 相期若肯归灵窟，命汝金门执玉鞭。

复赠一绝，有"万里秋江一笠翁"之句。

示石天基

维扬石成金，号天基子，性喜念佛，日尝不辍。一日游虎邱后山绝顶，殿宇辉煌，旁有静室，供吕祖像，梁中以丝悬木笔一支，其下承以沙盘方几，旁坐老翁，问设此何意？翁曰："乩卜也，凡事有疑难者，启问必答，人若虔诚礼叩，吾即代请吕祖降临判断。"石因默祷，以时常念佛，有无功效，恳求明示，少顷，见木笔即自运动判曰：

> 念佛虔诚即是丹，念珠八百转循环。
>
> 念成舍利超生死，念结菩提了圣凡。
>
> 念意不随流水去，念心常伴白云间。
>
> 念开妙窍通灵慧，念偈今留与汝参。

徐太隆刻《后八品经》

康熙乙卯三月十五日，驻鹤武昌，命徐太隆刻《后八品经》。是经也，演于万历十八年庚寅之岁，秘于临江，避下士毁谤也。至康熙乙卯八十余年，武昌徐太隆忽得《后八品经》，系前明广陵童启玄抄本，至诚归依，奉祀非懈。一夕梦黄冠博带、仙风道骨者，飘然而来，醒即有悟，因与道友张太伦吴太曰行启叩祖前，欲合《前八品经》同刊于世，祖即降于云集阁中，大加赏予，张、吴二人恭就武昌城内玉皇阁书写，命匠梓之，功竣乃五月既望也。见徐序。

度傅先生

傅先生者，江夏人也，纯朴质真，不事文饰，业歧黄，好道，雅慕吕祖，居城北武胜门外，与附近陈元芳、杜国相、刘九级等友善，结吕祖社请乩，附郭东行半里许，有观曰栖真，前对沙湖，后倚凤凰山，水涨一碧千里，退则缘堤柳阴中行，可以至观，傅与诸同志，常兹雅集。先是吕祖云游过楚，见会城东北隅紫气烛天，知有达人在内。

康熙己未十月初九日，祖遂寻紫光凝处而降神焉。傅之前因隔世，已不自知，即祖亦未发，一日会众朋集，傅以他事为监坛，熊帅所责，傅唯命，无何祖至，演典未毕，忽奉上帝召语，祖曰："予有道友，系西天古佛，来此南瞻度世，历今八百余年，现在汝处侍坛，汝部下不知误罚，可速往论之。"祖回坛大让（责备）熊帅，即于龙沙中密示玄要，复语往因，傅言下顿悟，及下堂礼谢，祖谦逊久之，始受拜。

傅后入定，遍历寰宇，时而天宫，时而西土，灵异颇多，不能阐述，聊举一二事。会中人艰嗣，祷求吕祖，方生一子，数岁痘疹危笃，举家哀求于傅，傅即咒祖曰："既已与之，何又令一家号泣为？"是夜即见王天君执痘神击之，次日遂愈，赴坛称谢。又闽省大旱，傅悯其凶，出神往救之，甘雨即降，禾勃然生，遂有秋。上帝以其侵权，特启宝林，移西土奉佛召回，临行题诗曰："自入南阁八百秋"，甫一句，妻子环泣，掷笔而逝。西归后，他经有载其诰者，曰："寂皇大天尊，素鬷高上帝。"今其子孙遇圣节，则在楼真观诵经不辍。是时吕祖在栖真会中，复改《拔济苦海雪过修真仙忏》一卷。

传《忠孝诰》

康熙三十二年癸酉之冬，吕祖游回雁峰，遇花石城，云端之上，香风缥缈，俯见周永祐、秦文超诸簁，胡思恭虔心静养，拜迎鹤驾，师告以神仙本于忠孝，诸子感之，因为作忠、孝二诰，引古大忠者七十二人，大孝者三十六人，各系以赞，有如褒扬之词，故名曰"诰"，其后有姚、蒋二生者，刊以训世。

传《醒心经》

康熙四十六年丁亥二月，传《醒心经》于顾周庚，庚太仓人也，幼遇异人，传以灵符宝篆，时方读书谋道，谓其术近于师巫，虽得此符，只束之高阁，从未试。康熙丁亥庚年，五十余家居客，有与庚次子启元交者，其室人病剧，遍祷于神不效，而知庚家故藏正一灵符，可致诸仙，乃亟请于庚，欲得真仙一问，庚辞之再三，乃许为致斋三日。二月甲申朔，设坛如法，焚符凝神，注想良久，乩若有神附者，大书云："一目子至"。坛中为之肃然，客因整冠叩问，乩遂运转如飞，视盘沙中字，则右军体绝妙草书也，语意尤妙，一时未能遽测，乃录之楮，以候后验。次日里中好事者闻之，纷然各以事来问事，率默祷久无闻者，仙不为少拒，随问随答，乩运如前，略不停滞，侍者神为之疲，所答语率用韵，非诗即词，各中事情，毫不宽泛，间或摘发隐事，令人毛骨为竦，因共相惊讶，以为此仙非等闲者，乃就一日二字推之，日包雨口，知为吕祖降乩也。然尚未敢遽定，他日书符误填祖讳，仙忽降乩云："即使友朋犹唤号，如何漫把我名书？"由是益知为吕祖无疑。越数日，吕祖又降曰："吾奉上帝敕命，救人度世，今观尘海群生，陷溺纷纷，深可怜悯。我有《醒心经》一卷，久欲觉世，今当为汝等宣之。"庚等因屏息拭目，随乩记录，录完，伏读一过，义深虑远，道宏教正，醇乎如孔孟之言，盖约圣贤经传之旨而成篇，与儒宗语录毫无刺谬，而世态物情，荣枯殆尽，烛照无遗，虽通天之犀，照胆之镜，不是过也。庚又谓："其言直，出《阴骘文》之上，可与五经四子相表里。"刘柯臣读之曰："庚言询不诬也。"

涵三宫传《清微三品真经》

吕祖游鄂城，见其中颇多好道之士，而不得其旨归，一片慈衷，勃然莫遏，适江夏诸生有顾行恕者，与同学宋体诚、吴一恕及乔以恕、恭恕等友善，相约请乩，专延吕祖甚久。（乔）以恕善抚琴，一日操弦曲将终，而仙降，叩之，吕祖也。观其诗意飘然，脱屣尘垢，运笔如飞，问以事则验，群相惊服，无何，遂有阐演《三品》之谕，即于宋氏楼头开论。一时向道而至者，郡诸生鲁思恕、于慎恕、耶律尽恕、国学杨传恕，汉阳诸生傅敬恕，江邑诸生殷由恕、同恕，与其弟为恕，先后群集。复有鲁循恕、王遵恕、马慕恕、安依诚诸人，左右之。寻因宋楼狭隘，复迁乔氏之宅，既因演典事重，云驾尊严，驻鹤人家，虑有褒越，爰卜坛于城东北隅，得西陵陈太史大章旧宅，陈与宋故姻戚，闻其事欣然乐施，即以原锢为助建资，而皈依焉。一时会中若安恒恕、李务恕、宋真恕、王醒恕、钱能恕、陈崇诚等，莫不争先捐助，鸠工庀材，不一载而殿阁次第告成，所谓涵三宫是也。经成镌板，上元孙守恕尤为出力。是举也，同心向善者二十四人，法缘始于壬午，开演在于甲申，付梓成于壬辰，前后十一年而天工大备。原刊梵板二副，一送武当山，一贮本宫，其后改镌便函者，不一而足。於戏！吕祖之立教涵三，可谓盛矣。

演禅宗正旨

康熙甲午，吕祖悯世间禅宗流弊，发慈悲心，屡诣灵驾，请佛宣演禅宗秘要，如来嘉其诚恳，欣然与之。爰于甲午冬，特敕弟子阿难陀降神于鄂之涵三道场，敷说如来禅宗秘义，务期人人共晓，开帙了然，不复有入海算沙之弊。其经始于甲午，迄于乙未，凡两度飞锡降笔，大士与吕祖亦为赞襄其事，校勘字句焉。

涵三宫传《参同妙经》

天下之事，信有因缘，吕祖之演《参同经》也，以数省之人，一旦因缘会合，遂成《参同》巨典，究所从来，实事端于贵阳诸生刘清虚，初随父宦游于楚，从宋式南学，式南涵三始事者也。讲艺之暇，语及涵三吕祖道场演有《清微三品》《禅宗典要》，清虚闻而慕之。一日随师谒祖，祖察其有夙因在焉，遂赐之名曰九诚。未几归。雍正癸丑与义陵刘无我、渠阳邓东岩、滚川屠锦城等，相遇于播（贵西遵义府），中州李克修年耄善外事，亦来黔，闻涵三名皆喜，倩清虚先导挈李立诚、邓信诚于甲寅正月谒吕祖，恳求鹤驾一降黔南。吕祖姑应之，无何而克修回豫矣，景诚解组矣，其外有姚如孙、如洪者，又皆散去，独无我与东岩力肩其事，而东岩复远游在滇，乃复令清虚从中赞襄，仍请就鄂渚。清虚欣然就道，不避寒暑，往来跋涉十余次。由是黄诚恕、李本恕、丁存恕、刘悟诚、殷秉诚、徐峻诚同侍法筵者，不一其人。己未春开演，经稿积成乃复缮写。时刘清惠始之，刘清虚实终其事。是冬信诚自滇至楚，《参同经》品告成功矣。方甲寅之初联会也，起经之日，瑞鹤舞于云端，至演典时，亦复翔集，诚信之感负，固宜如是其速也。

一行子曰：吕祖道场在鄂城者不少，独涵三数十载罔替，惟始事者立诚信于前，其子孙善继述于后，以致诸君子越数千里而联会，诅非因缘有前定耶？于此见际会之非偶然也。

无我子曰：《五品经》序云：吕祖垂怜三楚，百倍五陵，在祖婆心度世，一体同仁，原无歧视，然《八品》分演各处，独楚地一而再，再而三，如《五品》演于栖真，《三品》《参同》演于涵三，皆在鄂城内外，岂非桃源洞口、岳阳楼上、黄鹤矶头，灵迹叠见，素称仙人出没之所欤？

恋　迹

吕祖在涵三宫历年既久，一日将别，又不能别，因语诸生云："予自三十年前，飞鸾演化，遂降禅鄂渚，留验此地，于今回想，实同昨日事耳。但予之开化有成，惟赖尔等赞襄，亦得诸始事之子竭尽心力，此时虽大功告竣，均受宏庥。然于始事之子，此心时为恻念，以成恋恋，宫中不即绝迹者，实为此也。"此乾隆戊午己未之言，兹特记之。

度刘体恕

体恕，湖南武陵人也，道号无我子（原号何臣），性倜傥旷邈，与人言语，勃勃有气，壮岁举贤良，至京师，梦道人赠白履二，觉而疑之，解者曰："此以州县用之征也。王乔飞舃，舃化为凫，凫固尚白，白履之梦，足当之矣。"后果如其言。因念此梦既兆得官。岂不亦将遇仙乎？初令施秉，自楚市帐来，见有题檐句云："云无心以出岫，鸟倦飞而知还。"览之如冷水浇背，陡然一惊。然时方锐意进取，亦旋置之。此两事者，当风尘奔走之际，刘时念之不忘。后于贵阳晤东岩子邓优恕，并遇清虚子刘九诚。闻知鄂渚涵三宫为吕祖飞鸾演经处。前侍演者有一行子黄诚恕在，闻而慕之，遂与东岩等发积经演典之愿。继宰清平县，亲率胥吏煮粥赈贫。次年子天位弱冠，成进士，官太史，吕祖尝言其累世有阴德也，既从一行子等谒见吕祖，祖即示以前因云："子前三世精习儒业，名列桂香，因阅道书，倾诚向予，自立道号，一名'了缘'，再世名'守朴'，三世名'淳真'，又名'修玄'，今已四世奉道矣。其生而颖悟者，静修之力也。"又云："子嘉体恕一片恪诚，实有望道如未见之心，见善如不及之愿，其起心动念，孝早已知之。正欲以前程大事，亲为指点，俾令深悟夙因，修明元要，不徒积诵琅函，为了脱尘缘也。"刘聆师示，如梦斯觉，由是星夜非懈，益励忠孝，双修性命焉。

度邓东岩

东岩子者，楚渠阳明经也，皈依涵三宫，吕祖谓与无我子亦有前缘，"淳真入道之世，即与淳真结社，汝为秀士，深慕玄风，道同志合，声应气求，南华仙师所谓'莫逆之交'也，是时汝亦自立道号，名曰'谷隐'，取太上'谷神不死'之义，不仅慕栖隐崖谷也。然子同无我先后修真，稍有不同，故今世竟遇亦有微异。"云。

度刘清虚

清虚子者，贵阳秀士也，既依函三宫演《参同经》，原议黔南举行，既而各首事散去，无我乃令清虚任之，仍请就鄂完黔。清虚以宦裔寒毡，力任其劳，不惮奔走往返，水陆经历太湖，前后凡十数次，险阻忧虞，初诚不二，洵称有志之士也，吕祖大爱之。

度黄一行

一行子者，江夏诸生也，有道而文，深于禅学，兼道元教，《楞严》《金刚》诸经，皆有注释，尝侍吕祖演《禅宗正指》。后复侍演《参同》三十二章，年七十余矣，精神不稍懈。庚申冬，刘无我量移赴都，由淮扬金陵过楚，握手欢然，时清虚亦在楚，因有汇刻《吕祖全书》之约。一行于次年即行抄阅，商酌纂辑，不惮往复，至十月而底本成，凡三十二卷，其一切撰校，清虚实左右之，而清惠、刘荫诚亦与焉。东岩在滇闻之甚喜，与丁村恕矢志勒刊，卒如其愿，书成，吕祖赐一行秘语，甚优云。

鹄矶现相

武昌涵三宫逸士顾行恕、吴一恕及黄诚恕三人，叩求吕祖现相，许以翌日赴黄鹤楼下相候，三子次早赴楼前静候良久，游人杂沓，无从物色，傍午有一人于太白亭前，背手徐行，三子亦忽之。俄见一老翁，须鬓皤然，意必有异，就与语，仍无奇，至薄暮怅惘而归，皆谓诳己，后示一绝云：

三生石畔殷殷望，太白亭前款款行。

春色不知何处去，空余皓首说幽情。

始悟亭前独步者即吕祖也。

村馆留字

涵三逸士顾行恕，一日自宫中赴馆，途遇一道人，与之语，顾赴馆心急，不暇接言辞去，及至馆，诸徒诧异曰："先生今日何以衣裾皆香？"顾亦不觉，视案上古文前，书"莫儿戏，回道人过此"数字，笔势飞舞，墨迹尚新，方悟吕祖降神所书，众未之见，而途中所遇道人，盖化相也。翌日述诸会友，无不叹羡，其字傅敬恕宝而藏诸秘笥。

飞剑亭仙迹

鄂州飞剑亭为吕祖道场，屡著灵异，尝伪为丐者，诣亭卧祖龛座前，众以其垢秽不堪，呼之令去，及去后方知，则已追悔无及。又一日天大雨雪，伪为京货郎憩亭上，作避雪状，以手拂衣，旋出亭外，使人视之不见，时雪甚厚，无足迹，始知其为吕祖也。

度陈德荣

德荣武兴人也，号密山居士，进士出身，官至贵阳布政使司，乾隆五年庚申夏月，夜坐谈，时幕客熊子兆周，自言黄平山中遇仙，授以符篆，语多奇异，诘朝布席焚香，而神果降，所为诗文各体，顷刻千言，判人心隐微事，洞若观火，尤鉴密山之诚，指示因缘，恍然有悟，凡所咨询，不谭吉凶，惟尽事理，及其后验，如鼓应桴，赐方疗疾，虽危笃无不愈者，每临坛座，即书"回道人至"，见者无不起敬，密山喟然曰："吾师乎，吾师乎。古人航海求之而不得者，胡乃惠然肯来？不我遐弃，有如斯也。"既闻师曾降神于江夏县之涵三宫前后四十余年，所演经典甚多，每购一册辄为梓行，好道之心，可谓至矣。癸亥冬，黔宰刘柯臣以所刊《吕祖全书》奉览，密山喜不自胜，并为长序以表之，时在湘江舟中也。

石室灵迹

乾隆戊寅冬，华阳王心斋纯一梓潼吕宣茂林与汉州张崇修仁荣，同肆业成都石室，闻扶乩傅姓者，素奉吕祖，甚著灵异，三人往问一生功名，各得诗一首，王云："光天化日，正好吟哦。种麻得麻，不虑蹉陇。驰驱云海，寄与岩阿。前程如漆，君自揣摩。"吕云："读书好，读书好，读书之乐真缥缈。蟾光光，照绿荷衣，曾见香风拂瑶草。长安得意早归来，方识仁亲以为宝。"崇修云："卅载风光竟若何？鉴湖一曲香烟波，知章没后无人识，蜀道难兮未是多。"

次年己卯，王就吴姓馆，额有"光天化日"四字，喜曰："乩验矣。'种麻得麻'，谓春播秋收，将应在本年。"是科果中。丙戌挑发安徽，借补池州府经历，调繁淮宁，檄委六安州，"驰驱云海"云云俱验。后以事被参，系狱十载，奉旨释还，始知"前程如漆"，指入狱而言，非虚言也。

吕为人风流潇洒，中壬午乡试，入都考授景山教习。丁亥秋期满赴桂，将得缺矣，忽病死旅邸，时太翁吕仪表犹在，柩得葬，所谓"仁亲"也。细绎诗书，一一皆应。

崇修屡试不第，甲寅乙卯乡会试，始以年老入场，具奏钦赐翰林院检讨，计戊寅请乩时已三十六七年矣，"卅载风光"，适与符合，且太白（李白）以知章（贺知章）荐授翰林供奉，仁荣以孙中堂神山荐授翰林院检讨，皆以浙人举蜀人也，故云。

仙才敏捷

乾隆癸未，吕祖降京师裘家街赵云松之寓园，云络名翼，字瓯北，乾隆辛巳探花，才思迅疾，性情洽峭，先寓椿树饰简（胡同），时晴斋中，不胜应酬之扰。癸未冬移寓裘家街，小园数笏，行乐有余。时孝廉王殿邦尝来请乩，一日毕秋帆状元，诸桐屿榜眼，均在座内，回道人至，运笔如飞，特与鼎甲三人拈韵斗捷，无能过者，方其挥洒之初，始书二字。云松以意续之，才动念而乩已录出，即彼所思字也。云松叹服。后在滇南幕府，将军果毅阿公子丰升额，亦能请仙，乩笔动而不成字，云松试代思一字，乩即书之，云松又以不思困之，果笔动而不成字，遂默为足成一绝。此云终所亲试者。然云格所思字，初不出口亦未尝扶乩，但一念动而乩即知，亦一奇也。惟回道人落想在云松之先，复不可及，滇鬼则云松思一字，方书一字耳。《瓯北集》中有诗记之，并见《西清余话》。

雁字诗

乾隆丁亥春，成都有诸生六人，请吕仙连日焚符不至。一日有老叟入访，自称"山西老进士何容心"，笑谓六生曰："请仙何事？"曰："作诗会耳。"老叟曰："仙犹人也，不必与仙会，请与吾会。吾甲子颇高，是亦现身神仙也。"六生戏其老，即拈雁字为题，分韵各赋五首，咸谓三十韵已占尽矣，令择其韵宽者为之，老叟略无难色，笔不停披，顷刻成三十首以示，视各生分韵五音初落稿焉，六生见而惊异，各呈所作，祈为斧正，老叟笑而诺之，随阅随改，改后批尾曰："合读诸君佳制，老人妄加涂抹，不知视原唱为何如矣。"掷笔而出，不知去留。六生读其诗，皆拜服焉。他日问山西客曰："贵都有老进士何容心否？"曰："无之。"既而有善悟者曰："此即吕仙也。'何'字之心，有一'口'；'容'字之心，又一'口'，两口为'吕'。老进士，指咸通及第也。"

汉皋文会

嘉庆初，吕祖降汉皋之齐云阁，时有杨、袁、易诸生者，相结齐云学社，奉吕祖甚虔，祖鉴其诚而降之，受业者十余人，雅言者皆文事，所刻《洗心语录》，其训文斐然可观，诗则率兴而成，前后八年，未尝招之入道，盖尝察诸生气色，谓皆功名中人也。诸子亦自忖根因浅薄，互相砥砺，严立式程，日以文会为重，每有课艺，必求吕祖改正，造就人材，胜于老师学究。厥后袁生举孝廉，杨生成进士，易生中翰林，入泮者尤甚多焉。方杨生之中式也，嘉庆丁卯上元节，吕祖与诸子同饮，笑谓杨曰："子可将钱一文，作报录行令。"上设乩盘，吕祖于沙中作圈如流水响钱，到杨而即止。及放榜之夕，杨与友行街衢，独见金钱一枚，拾之共庆其必中，杨归以此钱恭置神座，迄揭晓果报捷，见钱则无有焉。又尝与诸子选地择日，皆劝以修因积德，勿溺于风水之术云。

凤栖寺现相

嘉庆丁巳十月望日，吕祖约齐云阁诸子赴凤栖寺不果，蓟北黄生独往寺游，见有携饼者，风神清古，心窃异之。及归，未尝与诸友言也。次日入寺，祖乃即乩判曰：

手携麻饼坐台阶，静待诸生入寺来。

十月早梅都未见，只余黄菊一枝开。

黄读其诗大喜，乃以昨日事述之，众皆默然。

仙枣亭传声

嘉庆癸亥八月十五，降于黄鹤楼复之仙枣亭，与诸子玩月，空中闻笙鹤之声。

卉木林三次现相

嘉庆甲子，吕祖约齐云诸子游卉木林，至则见一僧身着新衣，立山门外，忽避去，怪询长老，言无是僧，及临坛上，祖示一诗云：

凤栖寺外显真颜，莫向人前信口宣。

恐似渔郎归去说，空劳子骥访桃源。

后再约游会卉木林，先示诗云：

独把渔竿向水投，锦鳞未得上鱼钩。

科头伫望招卉子，只桨摇来从我游。

诸子观之，视为临坛泛作，不经意也。及泛舟湖上，遥见一老人坐石把钩，垂丝如银。众诵前诗而疑焉，迫之不见。他日二三子及饮卉木林中，偕行而返，道过湖堤茶社，后遇两黄冠，其一年少者，状如妇人女子，众以为游方道人，卖唱渔鼓莲花者，及归坛示，则与何祖同游卉林也。

永宁道著诗

嘉庆壬申，吕祖降永宁道署，观察刘晴帆斌公，公余请乩，暮春染疾，因仙方健体，乃摘果斟醪，以将敬谢。是日也，新雨初晴，落花满地，斜阳照绿树之林，流水添烹茶之味。一时二十位人仙同降，吕祖次广寿翁唱诗云：

柳衙画尽鹤翩翩，一片清光落九天。

云护竹窗无俗韵，香分药圃结仙缘。

满帘旧雨茶初熟，半岭斜阳酒未干。

雅兴不教人寂寞，会将佳话谱新编。

清新俊逸，真仙笔也。观察序而刻之，读者无不叹赏。